中国地方公共服务组织结构变革

——基于服务需求复杂性的研究视角

曾维和 等 著

本书由以下基金项目资助：

1. 中国博士后科学基金第八批特别资助项目——特大城市基层社会治理创新与组织结构变革研究（2015T80197）

2. 第 55 批中国博士后科学基金面上项目一等资助——乡镇社会治理方式改进与组织结构变革研究（2014M550127）

3. 2011 年度教育部人文社会科学研究青年基金项目——基于服务需求复杂性的我国地方公共服务组织结构变革研究（11YJC630274）

科学出版社

北 京

内 容 简 介

公共服务组织结构变革是服务型政府建设的一个重要内容，它是提供高品质公共服务的保障。本书以公共供求关系理论与复杂性理论为分析工具，基于服务需求复杂性研究视角系统探讨中国地方公共服务组织结构变革的理论与实践问题。在现状分析和文献梳理的基础上，本书突破传统的单层级组织结构分析路径，构建一个服务需求复杂性下内外两层级组织结构变革分析框架。同时具体分析中国地方公共服务组织内层整合性结构变革和外层协同性结构变革的实践内容。借鉴发达国家公共服务组织结构变革优秀经验和结合中国的实际，构建一个地方公共服务组织复杂适应需求理论模型，从而形成一条中国特色地方公共服务组织结构变革优化路径。

本书以公共服务理论研究与实务工作者为读者对象。

图书在版编目（CIP）数据

中国地方公共服务组织结构变革：基于服务需求复杂性的研究视角/曾维和等著. —北京：科学出版社，2016.12

ISBN 978-7-03- 051303 -8

Ⅰ. ①中… Ⅱ. ①曾… Ⅲ. ①公共服务-研究-中国 Ⅳ. ①D669.3

中国版本图书馆 CIP 数据核字（2016）第 319407 号

责任编辑：王腾飞/责任校对：赵桂芬

责任印制：张 伟/封面设计：许 瑞

科 学 出 版 社 出版

北京东黄城根北街16号

邮政编码：100717

http://www.sciencep.com

北京教图印刷有限公司印刷

科学出版社发行 各地新华书店经销

*

2016 年 12 月第 一 版 开本：720 × 1000 1/16

2016 年 12 月第一次印刷 印张：16 1/4

字数：340 000

定价：99.00 元

（如有印装质量问题，我社负责调换）

目　录

第1章 导 论

本书在对中国地方公共服务组织结构变革的实践模式和内在机理进行系统分析之前，首先对研究背景及意义、国内外相关研究现状、研究思路、研究方法、研究创新及核心概念等进行了必要的总结和梳理，为下文的展开提供了基本条件。

1.1 研究背景及意义

重视公共服务提供的品质和公共服务组织改革是现代市场经济条件下的一个普遍现象。如何更好地进行公共服务供给成为全球化背景下一个国家应对内部和外部复杂性环境变化、满足公众需求的一个基本需要。“公共服务是连接政府与市场、政府与社会及政府间关系的关键点，是深化行政管理体制改革、推进政府职能转变的突破口，不断完善公共服务体制，逐步满足人民群众日益增长的民生需要，是构建和谐社会的题中应有之义。”①随着国家社会经济的快速发展、生产力与财政能力的提高，人民生活水平也不断地提高，公众对公共服务的需求必然日益增加。通过公共服务组织结构变革与创新，为公众提供方便、快捷、优质、高效的公共服务，已成为衡量现代政府执行能力与治理能力的重要标准之一。因此，如何通过管理体制创新，转变政府职能，进行公共服务组织结构变革，建立一种有效的公共服务组织结构，已成为当代国家行政改革的一个核心内容与基本议题。

在构建和谐社会的进程中，人民群众日益增长的公共服务需求与供给的矛盾变得更为突出。一方面民众的公共服务需求复杂性持续增加，另一方面公共服务供给能力提升缓慢，使得公共服务组织结构变革逐步提上了日程。党的十八大报告指出，“改进政府提供公共服务方式，加强基层社会管理和服务体系建设，增强城乡社区服务功能，强化企事业单位、人民团体在社会管理和服务中的职责，引导社会组织健康有序发展，充分发挥群众参与社会管理的基础作用”② 十八届

---

① 孙晓莉. 中外公共服务体制比较[M]. 北京：国家行政学院出版社，2007.

② 胡锦涛. 坚定不移沿着中国特色社会主义道路前进 为全面建成小康社会而奋斗[EB/OL]. 人民网：http://paper. people. com. cn/rmrb/html/2012-11/18/nw. D110000renmrb_20121118_3-01. htm?div=-1.

三中全会《中共中央关于全面深化改革若干重大问题的决定》提出，既要“加强各类公共服务提供”“加强地方政府公共服务”和“推广政府购买服务，凡属事务性管理服务，原则上都要引入竞争机制，通过合同、委托等方式向社会购买”，也要“优化政府组织结构，转变政府职能必须深化机构改革”。这说明必须把公共服务的提供与公共服务组织结构改革紧密结合起来，尤其是要把“政府购买服务”作为公共服务组织结构改革的一个基本措施。习近平总书记在江西考察时指出，要保障和改善民生没有终点，必须“不断提高公共服务共建能力和共享水平，织密扎牢托底的民生‘保障网’、消除隐患，确保人民群众安居乐业、社会秩序安定有序”①。因此，研究公共服务组织结构变革，在理论与实践上，都具有重要的意义。

在理论上，本书对地方公共服务组织结构变革的实践模式进行了深入系统的分析。在相关文献中，对公共服务组织结构变革的研究在数量上比较少，缺乏结合具体案例进行理论提升的研究，本书采用了单案例分析和多案例分析的研究方法，深入探索和分析了中国地方公共服务组织结构的变革情况，总结实践案例中公共服务组织结构变革内在机理和变革路径，最后总结并提出了中国地方公共服务组织结构变革的理论模型。因此，本书的理论意义在于通过对地方公共服务组织结构变革的深入研究，构建了相应的理论框架，并在此基础上进一步构建了地方公共服务组织结构变革的解释模型，将对具体案例的分析上升到了理论的高度，对地方公共组织结构变革的内容与模式进行了新的探索与讨论。

在实践上，地方公共服务组织结构变革是地方行政改革的一个重要组成部分，本书在实践上具有如下几个方面的意义：一是采用典型的组织结构变革经验指导基层公共服务实践。探究公共服务组织结构的变革，对于政府机构积极转变自身管理方式，提高政府部门组织管理能力和深入开展政府部门对于公共服务组织的管理活动都具有重大意义和至关重要的作用。公共服务部门作为一种非常重要的组织形态，因其以管理社会公共事务和提供公共服务为目标，一直由政府部门主导，致力于维护社会公平正义，对构建社会主义和谐社会具有重大意义。二是改善地方公共服务供给结构与提供机制。开展对公共服务组织结构变革的研究，对于公共服务组织本身同样具有重要作用。对组织结构的研究有利于促使公共服务组织改变原有不合理的地方，促进组织结构趋于完善，更大程度地发挥其服务社会的作用。本书以案例为主导，研究公共服务组织结构的变革情况，便于人们更

① 习近平. 织密扎牢托底的民生“保障网”[N]. 上饶日报, 2016-02-27.

加清晰地理解具有代表性的公共服务组织的运行方式，提出模型的建构和相关理论。三是增强地方公共服务提供的公众满意度。对于社会公众而言，市场经济的深入发展使得社会阶级的分层和矛盾进一步深化，个体发展的差异导致社会不公平现象愈发严重，而社会公共服务组织能够起到有效调节社会矛盾，合理分配公共利益与资源的作用。尤其在对于社会弱势群体的救助方面，公共服务组织更是起到了帮助弱势群体走出困境，提供基本生活保障和满足其基本社会需求的作用，有效地改善了社会不公平现象。同时，社会公众在公共服务组织结构的变革中，明确了自身作为被服务主体的资格，强化了对自身利益的认识与追求，对公共服务的组织变革起到自下而上的推动作用。总之，公共服务组织结构变革及优化，对于提高公共服务供给能力和共享水平，促进协调发展和共享发展具有重要的现实意义。

1.2　国内外相关研究现状

国内外学者对于公共服务组织变革的相关内容进行了多层次的讨论，为理论知识的学习与研究发展奠定了重要基础，便于人们在此基础上补充完善已有内容，打开研究新思路，得出新的结论与观点。本书分别针对国内和国外两部分文献内容进行梳理与总结。

1.2.1　国内文献述评

国内学界对公共服务组织结构变革的研究主要集中于组织的内层服务整合，是一种组织结构内部变革的研究视角，主要包括图书馆服务的整合、企业服务的整合和公共服务的整合三大内容，并在此基础上，形成了网络服务整合和信息服务整合的两大研究视角。

1. 三大研究内容

首先，关于对图书馆相关服务的整合方面，胡昌平（2005）在国家可持续发展的背景下对图书情报事业进行了讨论并作出了战略分析，他认为图书情报资源的组织与开发服务在网络环境下正处于从信息资源的共享到信息资源全面整合的转型发展期，并且从战略上提出了图书情报资源管理和服务平台建设的问题，制定了国家可持续发展背景下图书情报面向用户的资源整合和服务平台建设的战略方针。[①]黄丽萍等（2006）在对天津开发区的档案、图书、情报的一体化管理模式的实践中提出了通过整合区域的信息资源以达到构建公共服务信息平台的目的，以此满足区域发展和公众获取信息资源的需要，最后提出了通过整合相关网站资源以实现跨越时空服务的观点。[②]曾爱武（2009）以新闻单位报业集团为例，试图通过扩大图书资料部门的服务范围、整合图书资源、采集编写资料的一体化以及参与新闻策划的方法来整合图书资源，强化图书服务。[③]李静云（2010）基于语义网络的背景，对数字图书馆的服务整合进行了论述，语义网络和网格技术在数字图书馆之中的建设显得尤为重要，服务整合能够把现有的基本服务进行联合进而提供具有附加价值的新功能。[④]蒋亚华等（2010）对图书与随书光盘的整合进行了深入研究，针对随书光盘管理中数据不易提取、数据存储空间不足和图书与光盘异地存取的问题，提出了对图书和随书光盘进行整合服务的构想，以提高随书光盘的利用率。[⑤]由于北美大学图书馆在过去十余年存在着经费紧张、人员冗余等问题，徐惠芳（2012）以此为例，以服务整合视角对北美大学图书馆进行了分析，并为图书馆提供了解决了节省人力资本、提升工作人员素质等问题的方法。[⑥]温带宝（2012）以音乐图书馆为例，明确了特色资源建设与专业资源整合之间的关系，并且提出了专业资源整合具有技术性、自主选择性以及民俗性的特征。他建设性地提出了特色资源嵌入式服务的新构想和文献资源建设和数据库发展相融合的新举措。[⑦]丁亮（2013）在云计算的基础上对手机图书馆的服务整合进行了探析。随着手机图书馆成为图书馆服务的新领域，以云计算技术为基础的手机图书馆越来越多地代替了传统的图书馆服务，并展现出新的活力。他探究了手机图书馆服务整合的理念和模式，提出手机图书馆整合具有使用方便、成本低廉、用户体验较好等优点。[⑧]袁红军（2015）认为情境因素是图书馆知识服务整合的关键，而知识服务整合能够有效调节情境与知识服务整合新绩效的特点，将为图书馆知识服务

① 胡昌平. 面向用户的资源整合与服务平台建设战略——国家可持续发展中的图书情报事业战略分析 [J]. 中国图书馆学报, 2005（2）：5-7.

② 黄丽萍，鲍晓梅，王维兰. 整合区域信息资源：构建公共信息服务平台——天津开发区档案、图书、情报一体化管理模式分析[J]. 北京档案, 2006（8）：26-27.

③ 曾爱武. 整合资源，强化服务——论新时期报业集团图书资料服务工作[J]. 图书馆, 2009（4）：134-135.

④ 李静云. 语义网格环境下数字图书馆的服务整合[J]. 现代情报, 2010（8）：52-54.

⑤ 蒋亚华，朱原谅，张红亚，等图书与随书光盘整合服务探索[J]. 常熟理工学院学报，2010（11）：118-120.

⑥ 徐惠芳. 北美大学图书馆“服务整合”案例研究[J]. 大学图书馆学报, 2012（5）：53-57.

⑦ 温带宝. 特色资源建设与专业服务整合研究[J]. 图书馆学研究, 2012（6）：70-73.

⑧ 丁亮. 基于云计算的手机图书馆服务整合探析[J]. 无线互联科技, 2013（12）：181-182.

整合研究和管理实践提供新的思路。[①]陈朋（2015）针对民族高校图书馆的情况对馆内资源的服务与整合进行了初步探索，他结合了国内外数字图书馆服务整合的相关理论和实践，指出民族高校图书馆服务整合的必要性和可行性，定义了民族高校图书馆资源服务整合的内容包括其存在的特色资源的整合、虚拟联合目录的资源共享、联合采购的电子资源共建以及馆藏的个性化服务。[②]

其次，针对企业服务整合方面。李俊倩（2001）对于中小企业资金困难的问题提出了整合金融服务、促进中小企业发展的战略，具体方案有引进担保机构、资本运营的重新策划、提供新的财务运行方案等。[③]冯锋和刘斌（2003）对非服务型企业进行探索时，发现非服务型企业在获取竞争优势时，服务层面占据着相当重要的比重，竞争优势不仅是靠自身产品质量的获得。他们认为，非服务型企业的服务整合应该遵循整体导向性原则、优先性原则、一致性原则、先进性原则、同步性原则和总体性原则，以服务整合的方式来达到增强企业竞争力的目的。[④]徐剑等（2006）说明了中小物流企业联盟对订单的处理应该使用服务整合的方式，并且对整合模式进行了探究，最终得出了以接收订单、制定并完善方案、分配任务和财务管理为主要步骤的订单处理方式。[⑤]田毕飞（2008）指出，在跨国公司对华业务不断扩大的背景下，中国企业应该在由发达国家主导的全球价值链理论之下，对企业的外包服务进行整合。他概括出了中国企业承接外包服务的“三步走”战略，以实现达到掌握核心技术、进行自主创新的要求的目标。[⑥]在对水产品网络零售的分析中，吴维宁（2008）通过对中国水产品网络零售发展现状的研究，结合美国 pikeplacefish.com 网站关于水产品的相关营销策略，提出了对水产品的网络营销进行整合以提高水产品的销量的观点，服务整合的观点既包括将企业的网站定位为销售平台，又包括将网络技术应用于水产品的销售中，共同提升水产品的销售量。[⑦]在推进中小企业服务体系健康发展方面，广东省中小企业局（2011）提出了自己的新思路，为迎合中小企业成为广东省促进就业、加快经济转型、构建社会主义和谐社会的主要力量的现实情况，广东省中小企业局将积极整合各类

① 袁红军. 图书馆学科服务知识整合情境分析[J]. 现代情报, 2015（1）：141-144.

② 陈朋. 民族高校图书馆资源整合与服务集成初探[J]. 图书馆工作与研究, 2015（1）：63-66.

③ 李俊倩. 整合金融服务：促进中小企业发展[J]. 南方金融, 2001（4）：58-60.

④ 冯锋，刘斌. 非服务型企业的服务特点及服务整合的基本原则[J]. 软科学, 2003（6）：37-39.

⑤ 徐剑，盛清林，齐明. 中小物流企业联盟物流服务整合模式研究[J]. 中国科技产业, 2006（6）：67-68.

⑥ 田毕飞. 基于全球价值链整合的中国企业服务外包承接战略[J]. 商业研究, 2008（4）：135-141.

⑦ 吴维宁. 水产品网络营销中网络零售的服务整合[J]. 农业网络信息, 2008（10）：123-125.

资源，将加快推进综合服务机构的建设提上日程，面向市场发展综合性或专业性的服务机构，不断提升中小企业服务的质量。[①]李林和冉安平（2012）以美国品牌Apple为例，基于产品与服务的整合对商业模式进行了创新，基本思路为开发出“硬件+软件+服务内容”三位一体的商业模式，在此基础上形成“产品+服务”的盈利模式，由此为Apple公司提供了源源不断的利润并且通过售卖相关产品获取一次性的高额利润，验证了管理大师德鲁克所说的“当今企业之间的竞争，不是产品之间的竞争，而是商业模式之间的竞争”。[②]周勇义（2012）依托“首都科技条件平台建设”，整合优质资源，经过科学调查与研究，遵循实事求是的原则，建设出了高水平的企业科技服务中心，为其他基地建设提供了宝贵的经 验。[③]王晓伟（2013）提出了港前服务整合的概念，归纳了港前服务整合的优点，具体可以描述为能够提高港口的服务水平、更能满足于港口使用者的要求、降低供应商的物流成本以及满足货主对货物安全性的要求，进而优化了港口物流服务供应链。[④]在研究零售企业的整合服务和顾客忠诚度之间关系的研究中，齐永智和张梦霞（2015）通过调查267名在同一零售商线下及线上渠道都有购物经历的顾客，建立了相关模型，揭示了多渠道服务整合能够起到提升顾客忠诚度的作用，证实了商务部在《2012年度零售业发展报告》中所提到的“未来零售企业的战略重点是要实现各个渠道间的高度协调与合作，而不是简单地在单一渠道内达到最优”。[⑤]

最后，针对公共服务的整合方面。无锡市档案局局长盛晓奇（2008）指出，要以档案资源的服务整合为起点，进一步完善公共服务的功能，将地方特色档案、非物质遗产档案、房地产档案以及老企业老字号等的档案整合起来，建立起具有特色的档案数据库，将其在全市范围内联网，达到互通的效果，保障公共服务应有的功 能。[⑥]樊丽明和解垩（2009）提出了山东省医疗保险整合可以分为四个步骤进行：第一步，城镇职工基本医疗保险、城镇居民基本医疗保险与新型农村合作医疗相结合，扩大覆盖人群，使多元化的医疗保险制度覆盖全民；第二步，

① 广东省中小企业局. 创新机制，整合资源推进中小企业服务体系健康发展[J]. 中国经贸导刊, 2011（1）：68-69.

② 李林，冉安平. 产品与服务整合下的商业模式创新[J]. 中文核心期刊要目总览, 2012（5）：33-34.

③ 周勇义. 依托学科优势，整合优质资源，创建高水平企业科技服务平台[J]. 实验技术与管理, 2012（2）：20-23.

④ 王晓伟. 从港前服务整合角度谈港口物流服务供应链优化[J]. 世界海运, 2013（10）：11-14.

⑤ 齐永智，张梦霞. 零售企业多渠道整合服务质量能提高顾客忠诚吗 [J]. 经济问题, 2015（4）：71-77.

⑥ 盛晓奇、加强档案资源整合拓展公共服务功能[J]. 档案与建设, 2008（1）：4-5.

将城镇居民医疗保险和新型农村合作医疗合并为居民医疗保险网，与城镇职工医疗保险并行；第三步，两网并一网，区域内居民医疗保险和城镇职工医疗保险统一；第四步，构建出统一的全民健康保险制度，让全体公民平等地享有充分医疗保险。[①]丁国光等（2009）以统筹城乡改革发展的实验区——重庆为例，探究了重庆市集中建立的村级公共服务中心，此举既为村民提供了活动场所，又整合了卫生、文化、体育等方面的资金，建立了以村为单位进行资金整合的新模式。[②]公共文化服务是提升文化软实力，增强中国国际竞争力的重要组成部分，同时也是人民群众应该享有的权利，虽然中国的公共文化服务在近年来得到了一定的提升，但是依然存在竞争力弱、结构失衡、内需不足的问题，针对这些问题，李海娟（2011）提出要对公共文化服务进行整合的观点，积极推进政府和市场的有效整合，构建出以政府为主导，市场为辅助的全新公共文化服务格局。[③]通过对武汉柏泉农场的案例研究，吴春梅和乐琴（2011）指出应对公共服务项目中的政企合作主体之间的利益关系进行整合，柏泉农场是新农村建设中政府和企业共同打造的一种公共服务提供方式，公共服务建设中存在来自多方面的利益矛盾和不确定因素，因此需要通过利益关系的有效整合进行制约与权衡，具体包括健全利益均衡机制、培育公民意识精神以及强调合作精神。[④]唐任伍和赵国钦（2012）以公共服务的跨界合作为基点，对碎片化的服务整合进行了深度讨论，公共服务的跨界合作是通过部门间的协同来构建多样化的服务供给框架，从而使碎片化的服务整合到一个统一体中。他们提出了四点整合方式：纵向层次组合、横向功能组合、公私部门整合和信息整合方式。[⑤]杨庆国和陈敬良（2013）对农村公共文化服务中的出版服务进行了研究，出版服务作为农村公共文化服务的重要载体，建成之后的农家书屋因其覆盖范围广和资源丰富的特点而成为了农村出版公共服务的最佳平台，为了进一步提升农家书屋的公共文化服务能力，他们提出了将公共服务资源进一步优化整合的模式，涵盖了出版物及其信息资源的整合、服务资源信息的整合、人力资源的整合、监管资源的整合和服务资金的整合。[⑥]李传军和陈阳（2013）对烟草

① 樊丽明，解垩. 公共服务均等化背景的城乡医疗保险整合：山东的调查[J]. 改革, 2009（6）：86-92.

② 丁国光，吴孔凡，易赟. 以村为单位打造财政资金整合新机制——重庆市建立村级公共服务中心的做法与启示[J]. 中国财政, 2009（10）：37-38.

③ 李海娟. 试析公共文化服务发展的整合战略[J]. 毛泽东邓小平理论研究, 2011（11）：21-26.

④ 吴春梅，乐琴. 公共服务项目中政企合作主体间的利益关系整合[J]. 安徽农业科学, 2011（11）：6846-6848.

⑤ 唐任伍，赵国钦. 公共服务跨界合作：碎片化服务的整合[J]. 中国行政管理, 2012（8）：17-21.

⑥ 杨庆国，陈敬良. 农村出版公共服务资源整合及其评价指标研究[J]. 现代出版, 2013（2）：10-13.

行业的电子公共服务的整合进行了探索，设计出了烟草行业电子公共服务资源整合的相关模型，并且拓宽了烟草行业政府门户网站的发展空间，包含了行业电子公共服务资源整合的模型、行业政府网站个性化服务资源整合的模型以及行业政府网站群体性的资源整合模型。[①]吴长剑（2014）针对中国城乡一体化发展过程中的路径再造问题进行了深入的探讨，他认为中国当前城乡基本公共服务体系混乱问题已经成为限制城乡一体化的根本问题，对此类问题的解决方式应该采取公共服务的整合模式，对公共服务体系进行重新整合，具体分为“谁来管”“管什么”“怎么管”三个方面，从宏观视角对体系整合进行深层次的把握，由此形成了中国基本城乡一体化的新型发展路径。[②]侯雷（2014）以城市社会治安服务为例，对城市公共安全服务供给提出了整合的思路，他认为社会公众在中国转型时期对于公共安全的需求呈现出不断增加的状态，出现了多种需求类型，这将在很大程度上制约政府的单一供给机制。基于安全服务物品的属性各不相同的特点，决定了其应由不同的主体给与，以实现公共安全服务的整合。[③]

2. 两大研究视角

其一，网络服务整合的视角。李砚和卢海霞（2007）重点研究了水果的网络销售，提出了水果零售网站的销售新概念——服务整合的策略，致力于做大水果的网络零售，研究出了多渠道整合的营销策略，并且将客户定制与体验型营销相整合，即体验设计和体验味道，提高了客户的满意度。[④]诸大建和李中政（2007）深入探索了网络治理下的公共服务整合，20 世纪 80 年代在美国兴起的网络治理理论近年来在中国也得到了一定的实践。为降低政府部门的行政成本，为人民群众谋取福利，需加速对公共服务的整合以满足这些要求。[⑤]邓锁（2011）以政策网络理论的视角为基础，研究了与社会政策实施相关联的社会服务的整合，总结出了社会服务的整合存在两个基本方向：一是能够促进政府政策的结构变迁；二是可以促进服务的性质和发送方式的变迁。[⑥]林泽斐（2012）探讨了社会网络服务在

① 李传军，陈阳. 烟草行业电子公共服务资源整合实证分析[J]. 电子政务, 2013（10）：65-73.

② 吴长剑. 我国基本公共服务城乡一体化的路径再造——“并轨与整合分析框架”[J]. 湖北社会科学, 2014（9）：27-32.

③ 侯雷. 城市公共安全服务供给的基本机制及其整合[J]. 东北师大学报, 2014（3）：58-62.

④ 李砚，卢海霞. 网络营销新概念服务整合：做大水果网络零售[J]. 营销策略, 2007（23）：111-112.

⑤ 诸大建，李中政. 网络治理视角下的公共服务整合初探[J]. 中国行政管理, 2007（8）：34-36.

⑥ 邓锁. 政策实施的网络视角与社会服务整合[J]. 江苏社会科学, 2011（1）：26-31.

图书馆中的应用模式，并且结合实践分析了基于OpenAPI的图书馆社会网络服务整合的体系和关键问题的解决方案。①

其二，信息服务整合的视角。张为华（2009）浅析了复合图书馆时代信息服务整合的内容以及存在的问题，他认为加强数字信息的整合资源、加强用户研究、强化用户的服务互动、加强图书馆信息服务的协作发展应该成为信息服务整合新的研究领域。②随着国内相关机构对政府信息服务整合平台的建设，我们亟需从理论上回答与此有关的基本问题。周毅（2009）在借鉴了关于信息资源整合相关理论成果的基础上，对中国政府信息服务整合平台的建设问题进行了进一步的探索。他提出服务整合平台建设过程需分步实施的策略、服务整合平台构建的政策保障策略和主体的优先选择策略。③翁和永和郁笑春（2011）论述了信息资源与信息服务整合的必要性，探究了信息资源整合和信息服务整合的环境问题，指出了信息资源和服务整合中所存在的问题，并结合相关案例进行了深入细致的分析，提出了信息资源与服务整合的发展方向和应对策略。④刘昆雄和李游（2011）以长株潭公共图书馆为例，提出要在两型社会的建设中发挥出应有的作用，就要在资源、人才和技术平台方面进行深入的整合，借此满足两型社会建设中对于信息的要求。⑤李广建和王巍巍（2013）认为在用户日常生活中遇到的，并和政府公共服务相关联的生活事件来整合服务的方法被称为生活事件法，这种方法的出现改变了仅仅从信息资源属性的视角组织资源的情况，开始转变为以用户需求为中心。他们深入研究了这种信息整合的方法。⑥

等级制和网络式是组织结构的两种主要模式，据此对文献进一步进行梳理。下面以等级制为例进行分析。范绍庆（2005）谈到西方国家自20世纪70年代兴起行政改革浪潮，官僚制受到了前所未有的激烈抨击。但是，以科学观念、法治观念和契约观念为代表思想的官僚制精神并没有因为行政改革中对其的批判而被抛弃，甚至可以理解为官僚制精神在某种程度上的进一步扩展延伸。而中国正处

① 林泽斐. 基于OpenAPI的图书馆社会网络服务整合平台构建[J]. 图书情报工作, 2012（9）：105-109.

② 张为华. 论复合图书馆时代的信息服务整合[J]. 新世纪图书馆, 2009（5）：61-63.

③ 周毅. 论政府信息服务整合平台的构建[J]. 情报理论与实践, 2009（12）：51-55.

④ 翁和永，郁笑春. 从现状看我国信息资源整合、信息服务整合战略和发展方向[J]. 图书情报工作, 2011(19)：63-67.

⑤ 刘昆雄，李游. 面向长株潭两型社会建设的公共图书馆信息服务整合研究[J]. 高校图书馆工作, 2011（6）：63-65.

⑥ 李广建，王巍巍. 基于生活事件的信息服务整合方法及其应用[J]. 图书与情报, 2013（6）：32-40.

于从传统社会向现代社会转型的历史性时期，处于官僚制发展不足阶段，官僚制精神缺乏。因此，他提出了中国行政组织文化的重建设想，论述了在价值取向、思想资源和评价标准上的困境，并提出了重建组织文化的具体做法。①张康之（2008）提及官僚制组织虽然是在工业化社会背景下成功运作的一种组织形式，但它却是一个等级化的组织。官僚制组织的等级化模式虽然与自由、平等的政治文化相悖，却又必须存在于组织管理之中。在走向后工业社会的过程中，官僚制组织的等级化模式将被扬弃，它的控制导向也会因社会现实的复杂性和不确定性而成为不可能，后官僚制时代将是合作制组织的时代，合作制组织将取代官僚制组织而成为一种主导性的社会组织形式。②苗俊玲（2013）认为官僚制组织是工业社会中最为普遍应用的一种组织模式，对效率的追求是其极大的优势，但随着社会环境的不断变化，在后工业社会中，尤其在网络社会的影响下，官僚制组织先前通过强化自身的方式规避外来环境的影响已经不能适应社会的发展与管理，所以官僚制组织如何应对网络公共舆论便成为一种困境。她最后提出，为应对这种困境，官僚制组织必须以开放的姿态与合作的方式进行管理。③董健和李兆友（2014）认为，现代官僚制度虽然饱受争议，但其仍然能够在某些程度上适应社会的发展。官僚制组织作为新时期中国行政改革的目标和一种全新的政府治理模式，他们认为服务型政府的建设离不开现代官僚制度的支持，其中主要包含了服务型政府中服务者队伍的建设，服务型政府的服务供给制度，服务型政府的服务质量评估制度等内容。他们认为现代官僚制度在服务型政府的建设过程中仍将发挥重要作用，最后提出认真反思现代官僚制度在服务型政府建设过程中的价值将有助于推动中国服务型政府建设的进步和发展的观点。④

本书再以网络式组织结构为例进行分析。周艳和童勋（2005）分析了在知识经济的条件下，网络组织的兴起及其产生的主要影响。他们认为，在信息传播、人员激励以及推动创新等方面，网络组织都要优于传统的等级制组织结构，因而组织内部的结构会出现网络化的倾向。他们分析了组织内网络产生的效应和组织间网络产生的效应，提出未来的市场竞争更多表现为网络与网络之间的竞争。⑤何冰（2006）认为随着新经济时代的到来，传统科层组织已经不能适应外部环境的

① 范绍庆. 官僚制精神与中国行政组织文化的重建[J]. 行政论坛, 2005（1）：72-76.

② 张康之. 论官僚制组织的等级控制及其终结[J]. 四川大学学报（哲学社会科学版）, 2008（3）：5-11.

③ 苗俊玲. 论信息技术对官僚制组织沟通的维护[J]. 行政论坛, 2013（6）：25-29.

④ 董健，李兆友. 服务型政府建设中的现代官僚制[J]. 社会经纬理论月刊, 2014（5）：153-157.

⑤ 周艳，童勋. 网络组织的发展趋势[J]. 科学与管理, 2005（3）：31-32.

变化和内部有效的沟通，于是具有规模经济和高度灵活性的网络组织应运而生。他们提出网络组织可以带来实现规模经济扩张、共享网络资源、降低交易成本、实现优势互补和扩大信息来源五个网络利益，可以实现提高经营弹性，分散经营风险的目的。①林雄弟（2007）首先分析了等级制模式下的政府间关系和网络模式下的政府间关系，进而提出信息技术的发展需要政府压缩层级、市场经济发展的内在需求和复杂的政府事务推动政府间的横向合作，他们分析了市场失灵要求网络化的治理模式是中国政府间关系从等级制向网络式转变的原因，最后提出了政府间关系的调整需要简化政府间的层级结构、实现中央向地方的合理分权、加强地方政府间的横向合作、实行网络合作治理等，这四方面的内容为等级制向网络式转变的路径。②

上述研究为探讨地方公共服务组织结构变革提供了坚实的理论素材与实证资料，但尚存在如下几个方面的不足。

第一，研究视角单一。没有把制度层面的网络服务整合视角和技术层面的信息服务整合视角结合起来研究。在已有的研究中，都是对纯粹的制度层面的服务整合或纯粹的技术层面的服务整合进行研究，没有将二者进行结合，缺乏整体性的思考与探索，视角过于单一。

第二，缺乏具有深度的纵向案例和多案例分析。已有的研究主要采用以单个案例分析为主的研究方法。纵向案例和多案例研究能够较好地对事物进行深层次的剖析，适合于探索事物在某一段时间内的发展与变化，具有相对较强的稳定性与实践性，对于案例研究有着不可替代的作用。但已有关于服务整合的文献中，纵向案例研究的方法还处于空白状态。

第三，缺乏对地方公共服务组织结构变革理论模式的总结。现有研究仅仅对某个案例进行事实上的介绍或理论上的分析，没有总结出中国地方公共服务组织结构变革的基本模式与规律，只能通过现有研究离散化了解公共服务组织结构变革的基本情况。

本书弥补了这一不足，对地方公共服务组织结构变革的模式进行了规律性的总结与理论上的提升，为政府组织结构变革注入了体系化、综合化的研究思想。

---

① 何冰. 网络组织的兴起及其利益分析[J]. 科技信息, 2006（11）：18.

② 林雄弟. 政府间关系调整的一种新视野：从等级制模式到网络模式[J]. 南京财经大学学报, 2007（1）：15-17.

1.2.2 国外文献述评

国外研究主要从摒弃官僚制组织结构的角度出发，提出多种替代性公共服务组织结构变革理论，从公共服务组织结构的外层协同展开研究，是一种组织结构变革外层研究视角。

一是网络化组织结构。美国哈佛大学教授斯蒂芬·戈德史密斯（Stephen Goldsmith）和德洛特研究所研究员威廉·D.埃格斯（William D. Eggers）（2008）认为，当权力分散导致组织界限不固定时，社会问题变得愈发全球化与地方化，多元流动的人群反对用统一的方式处理复杂变化的问题，依靠刻板的工作限制和经验模式维系的传统官僚体制再也不能处理超越组织界限的多元问题；他们同时指出，网络化治理象征着世界上改变公共部门形态的四种发展趋势正在合流。一是利用私人公司和非营利组织来提供公共服务，以实现政策目标的第三方政府；二是能够使各机构、部门之间协同作战，共享资源信息，提供更为整体化服务的协同政府；三是利用信息技术的突破发展以降低合作成本，跨越组织之间界限的伙伴沟通，实现数据共享解决公共问题的数字化革命；四是为了回应在服务运行过程中愈发重要的多元化与用户化需求而不断提高的公民公共需求选择权。“网络化治理代表了四种发展趋势的集合，它将第三方政府高水平的公私合作特性与协同政府充沛的网络管理能力结合起来，然后再利用技术将网络连接到一起，并在服务运行方案中给予公民更多的选择权”。①

网络化组织结构因其强调政府部门与非政府部门之间相互合作、共同治理，探索出了多元行政主体之间平等互利的关系，解决了后工业化运动对社会治理的巨大冲击，而成为当代西方社会治理的最新制度形态，使政府部门实现了从统治到掌舵的转变。网络化组织结构的出现回答了多元异质的行政主体如何构建公民与政府间的合作关系，是一种具有针对性的治理方式。在这样的组织结构之中，治理主体之间通过各种体制化的合作网络与机制，实现了同力解决冲突矛盾，制定互惠互利政策，增进各方利益的目标，达到了建立起多中心的管理体系以适应公共行政的服务性目的。

二是协作性组织结构。美国学者罗伯特·阿格拉诺夫（Robert Agranoff）和迈克尔·麦圭尔（Michael McGuire）（2007）认为，“协作性管理描述了在多组

① [美]斯蒂芬·戈德史密斯，威廉·D. 埃格斯. 网络化治理：公共部门的新形态[M]. 孙迎春，译. 北京：北京大学出版社, 2008：8-17.

织安排中的促进和运行过程，以解决单个组织不能解决或者不易解决的问题。协作是一种用来解决问题的有目的的关系，它在既定的限定条件下（例如，知识、时间、金钱、竞争和传统智慧）创造或者发现一个解决办法。”他们还认为，“协作既存在于强调美国联邦系统内政府层级的纵向环境中，也存在于参与者是地方并代表社区内多种利益的横向环境里。”用“协作性管理”涵盖横向与纵向协作活动的重叠部分，横向活动源于大量公私利益之中，包括由非政府组织、私营机构和区域地方政府掌控的区域资源，纵向活动体现在全国或地区目标之间、政府间的项目和城市的特殊需要之间的平衡。①

协作性公共管理是目前公共管理的核心思想与内容，在全球化和市场化的双重背景与挑战下，各国政府组织都试图在纷繁复杂的环境中寻求一种适合自己的发展模式与治理方式。随着各国政府组织主体性趋于强化，经济实力持续增强，传统官僚行政模式已无力应对新型公共问题的出现，必须依靠多个部门、组织、机构等通力合作共同面对精细复杂的社会问题，以提供高质量的公共服务。虽然各国治理方式不尽相同，但基本都向协作与分权迈进。在此基础上，协作性组织结构作为一种新型的组织结构所表现出的协同性和多元化，为公共管理活动提供了新的契机。

三是整合性组织结构。英国行政学家佩里·希克斯（Perry Hicks）于1997年在其著作《整体政府》一书中首次提出了整体性治理的概念。整体性治理是对以“政府再造”为主要内容的新公共管理中形成的治理模式所导致的政府功能分化，有力批判并借此构建出一种整合性的政府治理新模式，整合性组织结构也在此基础上成为一种新型的组织结构模式。

Pollit（2003）认为，整体性治理是一系列试图通过横向和纵向相互协调的思想与行动来实现预期利益的政府治理模式。此理论包括四方面内容：一是消除政策相互之间破坏与腐蚀的情境；二是更好地利用稀缺资源；三是促使某一政策领域或网络领域中的关键利益相关者团结协作；四是为社会公民提供无缝隙的公共服务。②

整合性组织结构是针对整体性治理出现的一种组织结构。整体性治理是一种政府改革的治理模式，即在公共政策与公共服务的过程中，采用交互的、协作的

① [美]罗伯特•阿格拉诺夫，迈克尔•麦圭尔. 协作性公共管理：地方政府新战略[M]. 鄞益奋，李玲玲，译. 北京：北京大学出版社, 2007：20.

② Pollit C. Joined-up government：a survey[J]. Political Studies Review, 2003（1）：35.

和一体化的管理方式与技术，促使各种公共管理主体在共同的管理活动中协调一致，达到功能整合，消除排斥的政策情境，有效利用稀缺资源，为公民提供无缝隙服务的思想和行动的总和。“整体政府”改革既产生了许多成功的经验，也形成了系统的理论体系，已成为西方各国政府改革的基本趋势。“整体政府”在实践上取得积极效果的同时，也存在不少问题。如整合工作中责任与信任问题、多重政策协调问题、组织职能重叠问题等仍不同程度存在。这要求我们必须用一种理论发展的观点来辨证地看待“整体政府”。[①]

此外，Zorn（2000）提出了关于组织结构变革的基本论点：由于市场的全球化，企业经营环境也在不断变化，变得不可预知，由于越来越多的竞争和技术的发展以及客户的需求，纳税人和基金组织保证了坚持政府和其他非营利组织用更少的钱来做更多的事，这些建议回应了组织持续变革的压力，成为灵活的组织，能很快适应环境的变化。[②]Layne 和 Lee（2001）指出电子政务对公共管理者提出了许多挑战，帮助公共管理者思考电子政务和他们的组织结构。他们基于技术、组织、管理可行性和相应的例子提出了相应的模型结构，认为电子政务是一个进化的现象，因此电子政务的项目应该相应地不断变化和实施。在这方面，他们提出了电子政务发展模式的四个阶段：①编目；②事务；③垂直整合；④横向集成。四个阶段为各国政府提供了一条电子政务发展的路径，也在组织和技术方面向各国政府提出了挑战。[③]Mc Nulty 和 Ferlie（2004）通过英国国民保健服务医院实施企业流程再造来研究在一个大的组织形式和过程中复杂的公共服务组织的改革。该理论超越了企业流程再造，出现了新的组织形式和新公共管理中的新方法。数据显示组织转型和发展不是根本性变革，自上而下的激进变革局限性于专业化的公共服务组织。他们的研究表明，在当代公共服务组织内，有可能改变激进的形式障碍，特别是它可能很难打破既定的新公共管理模式。新公共管理浪潮产生了公共服务组织内的强垂直原则。在公共政策中，不断上升的“网络管理”“合作”“联合政府”等设计是显而易见的，这一切都说明横向原则对组织变迁的影响。这种深入的案例研究表明，影响再造的操作在一个有限的组织形式内，接受

① 曾维和. “整体政府”——西方政府改革的新趋向[J]. 学术界, 2008（3）：287-289.

② Zom T E, et al. Nuts about change: multiple perspectives on change-oriented communicationina public sector organization [J]. Management Communication Quarterly, 2000（4）: 515-561.

③ Layne K, Lee J. Developing fully functional E-government：a four stage[J]. Government Information Quarterly, 2001（18）：122-136.

组织的垂直原则，这使得它很难采取以连贯的过程为基础的逻辑组织。[①]Wimmer（2002）认为，一站式政府是当前的电子政务中一种极其重要的服务，它指的是一个单点访问信息通过不同的公共部门提供网上一站式服务。政府要求所有的公共部门是相互关联的，客户（公民、私人企业或其他公共管理单位）能够进入公共服务的站点。近几年来，电子政务提高了公共行政的现代化议程。他认为，实现单窗口带来的一个重要的转变是：组织结构从围绕公共行政的碎片化向对公共服务的顾客导向转变。这种转变意味着，一方面，根据客户的背景和情况进行一站式门户网站的服务；另一方面，公共行政的破碎化不得阻碍具体职责和有关服务的生产和提供。因此，两个截然不同的意见的顺利整合是必须的。他进而提出了三层理论框架：第一，战略框架。这一层观点是为实现一站式的政府系统而要达到的基本组织要求。第二，公共服务流程和工作流程。这一层奠定了对服务模式整合的过程，人与信息技术相关的数据和信息。第三，信息技术。这一层主要关于一站式的政府系统门户等 IT 组件技术的实现。[②]

毋庸置疑，国外学者对超越传统官僚制组织结构提出了多种具有创新性的替代性观点，对本书中地方公共服务组织结构变革具有重要的启发意义。但是，国外的理论研究是在现代社会制度与技术条件下研究现代公共服务组织机构变革的。换而言之，这种研究背景与中国既有的地方公共服务组织结构具有相似性，也具有显著的差异性。中国的制度与技术条件是：一方面具有现代社会组织结构；另一方面传统官僚制的组织结构也较为显著。因此，国外学者的研究一个重要的不足之处是：他们无法考虑到传统官僚制背景下生长现代组织结构的可能性。

1.3　研究思路、创新与展望

1.3.1　研究思路

基于公共服务需求复杂性的组织结构变革是一个跨学科的研究领域，需要跨学科的解释理论。本书以公共供求关系理论及当代最为前沿的复杂性理论作为理论基础，进行跨学科研究，分析中国地方公共服务组织结构变革的实践模式、内在机理和优化路径。

---

① Mc-Nulty T, Ferlie E. Process transformation:limitations to radical[J]. Organization Studies, 2004（8）：1389-1412.

② Maria A, Wimmer. Integrated service modelling for online one-stop government[J]. Electronic Markets, 2002（3）：149-156.

公共供求关系理论是一种研究社会公共需求与政府公共供给之间关系发展规律的理论，它主要研究公共服务需求与公共服务供给之间关系的问题；或者说，主要是公共服务供给与公共服务需求之间的平衡问题。当代西方公共供求关系理论包括三大理论体系：一是当代公共行政理论，主要包括公共选择理论、新公共管理理论与新公共服务理论。这些理论主要在重新界定政府、市场、社会三者在提供公共产品与公共服务不同功能与作用的基础上，确定社会公共服务需求的范围，并以此为依据来确定政府公共供给的范围。二是公共产品理论。它主要包括公共产品的需求弹性理论、公共产品的供给结构演变理论和公共支出结构发展模型理论。这些公共产品理论重点研究社会公共需求的弹性特点，公共产品的特点、公共供给结构与公共支出的演变规律。三是治理理论。治理理论主要研究治理的价值、方式与体制。治理理论的基本主张就是建立一种政府与社会合作的公共管理的善治模式，主张政府与社会通过一种多中心的制度安排与结构设计提供公共产品与公共服务。尽管当代公共供求关系理论流派繁多，观点主张也各异，但它们都认为公共需求与公共供给之间的关系是公共行政的基本主题。首先，公共供给必须适应公共需求的规律是公共行政的基本规律。社会公共需求决定了政府职能、活动范围与活动方式，社会公共需求的变化决定了政府职能、体制与行为的变化，公共需求与公共供给之间的矛盾运动构成了行政发展的动力。因此，公共供给必须适应公共需求（或者说与其相平衡）的规律是公共行政的基本规律。其次，公共需求与公共供给之间的关系是公共行政的基本关系。这一关系决定了政府、市场与社会三者之间的关系，决定了公共领域、公私领域的划分，也决定了政府公共供给的行为与方式，而政府公共供给的内容与方式直接决定了公共行政的其他关系。把公共供求关系理论运用到公共服务组织结构变革的研究中，可以推论，公共服务需求决定了公共服务组织的结构模式，公共服务组织的结构供给必须与公共服务需求相适应。在此基础上，本书得出基于公共服务需求复杂性的公共服务组织结构变革的选题（李军鹏，2001；2004；2007）。①

由于社会经济的迅速变化，复杂性成为公共服务需求的一个基本特征。单是公共供求关系理论还不足以解释应对公共服务需求复杂性的公共服务组织结构变

①关于公共供求关系及其理论的表述主要参照国家行政学院李军鹏教授的相关论著。李军鹏. 公共服务型政府[M]. 北京：北京大学出版社，2004：1-24；李军鹏. 公共服务学——政府公共服务的理论与实践[M]. 北京：国家行政学院出版社，2007：8-15；李军鹏. 研究公共供求关系，推进中国行政改革[J]. 江西行政学院学报，2001（3）：8-11.

革，即随着公共服务需求趋向复杂性，公共服务组织结构也必须是一个复杂性的适应系统，才能适应公共服务需求复杂性的状况，或者说才能与公共服务需求复杂性保持平衡。因此，复杂性理论也构成了公共服务组织结构变革的一个基本的理论基础。复杂性理论兴起于 20 世纪 80 年代的复杂性科学。复杂性理论的产生与 20 世纪 70 年代兴起的被称为继相对论和量子力学之后的第三次自然科学革命的混沌理论密切相关。复杂性理论也研究混沌边缘的复杂性，因此两种理论是一脉相承的。有学者认为，21 世纪管理学发展的主流方向将是复杂性管理。①混沌理论通常与“蝴蝶效应”联系在一起。把混沌理论集中地运用到公共行政中进行研究的是美国学者道格拉斯·基尔（Douglas Kiel），他在《政府管理中的无序和复杂性》一书中认为，非线性力学和混沌理论可以为管理者了解各种变化提供一种新方法和观察组织的新视野，从而为政府管理过程中的学习和行动提供理论指导。从某种意义上说，公共行政就是一个复杂适应系统（complex adaptive system, CAS）。复杂性理论对于公共服务组织来说，具有一系列核心概念，形成了一套独特的语言，改变了管理者与专家对组织秩序本质的基本看法，即没有任何完全意义上的控制和秩序，组织秩序是通过人类的互动和组织中的反馈建立的，它表现为一种动态平衡，即“组织需要有序和无序的特征。但解决的办法并不像寻找正确的平衡那么简单，而好似要发现任一时间和地点的合适的动态平衡。这种动态平衡需要在外部和内部环境的变化中不断地得到重新评估。（海恩斯，2008）”②复杂性理论对公共组织及其组织结构变革的理论贡献主要表现在三个方面：一是复杂适应性系统的组织观。在任何时候、任何地点都应该把组织系统看成是一个复杂的适应性系统，要素与个体之间的反馈是界定组织的重要方面。二是软渗透的组织结构。各种邻近组织之间，以及社会系统之间的界限可以视为软渗透。组织和人们之间的软边界导致“彼此联系在一起”。三是组织及其要素之间存在相互作用和相互反馈。组织之间及其要素彼此之间的联系是通过相互作用形成的，而反馈过程使不同的组织构成要素结合在一起和要求重新界定自己。相互作用和相互反馈是决定组织变革的速度和方向的重要因素（海恩斯，2008）。③根据复杂性理论的复杂性系统的组织观，公共服务是一个复杂性系统，只有复杂性的公共服

① McKelvey B. Complexity theory in organizatjon seience: seizing the promise or becoming a fad?[J]. Emergenee，1999, 1（1）: 5-32.

② [英]菲利普·海恩斯. 公共服务管理的复杂性[M]. 孙健译. 北京：清华大学出版社，2008：43-63.

③ [英]菲利普·海恩斯. 公共服务管理的复杂性[M]. 孙健译. 北京：清华大学出版社，2008：24.

务组织结构才能适应复杂性的公共服务需求的变化。尤其是公共服务组织之间形成的渗透结构或软边界对于适应复杂性公共服务需求具有重要的实践价值。

总之，公共供求关系理论与复杂性理论为公共服务组织结构变革提供了理论基础，它们的重要启示是：公共服务组织结构供给不仅要以公共服务需求为基础，而且是一种动态的复杂适应系统，才能有效地适应和满足公共服务需求复杂性的内在要求。本书沿着这一思路，一方面在认同理性-权变模型观点的基础上，借鉴公共供求关系理论，把公共服务组织结构变革看作是一个动态地适应公共服务需求的过程，而不是静止地或简单化地适应公共服务需求的过程。另一方面，也把复杂性理论引入到组织结构变革的过程中，突出渗透结构与软边界的重要性，并在公共服务组织的内层结构变革之外，增加一个外层结构变革的内容。

本书基于上述两大理论，主要研究的问题包括：单一化的公共服务组织内层结构变革是否存在着问题？现实中中国两层级公共服务结构变革形成了哪些实践模式？这些实践模式的内在变革机理是什么？如何构建一种新型公共服务组织结构变革的优化路径？基于这些问题提出一个基本的研究假设，即中国地方公共服务组织结构变革是一个应对公共服务需求复杂性的过程。在从解决这些问题与证明这个假设基础上，形成如下研究思路。

第 1 章是本书导论部分。主要包括对研究背景及研究意义、国内外相关研究现状、研究思路、研究方法、研究创新及相关概念等的梳理与总结，为下文的展开提供基本的背景和学理信息。本书在研究的过程中主要采用文献分析法，在评述国内外相关研究的基础上，提出研究思路。

第 2 章构建了本书的分析框架。首先分析了地方公共服务需求复杂性及其对组织结构变革的影响，然后从理论上分析了公共服务组织结构变革的组织内层和组织外层两个维度，最后结合中国地方公共服务组织结构变革的实践和前沿的公共服务组织结构变革理论，提出了一个基于服务需求复杂性的两层级地方公共服务组织结构变革分析框架。本章主要采用理论建构的方法，通过对地方公共服务组织结构现状和理论的分析，构建了一个理论分析框架。

第 3 章阐述了地方公共服务组织内层整合性结构变革。采用了多案例论证的方法，在信息化进程的背景下分析地方公共服务组织内层整合性结构变革的基础支撑，主要采用了纵向案例分析方法，以江苏省南京市鼓楼区江东街道社会救助服务中心为实证分析对象，阐述了地方公共服务组织内层整合性结构的内在机理和变迁过程，并提出了一个地方公共服务组织内层整合性结构变革的解释模型。

第 4 章阐述了地方公共服务组织外层协同性结构变革。首先采用了多案例论证的方法，从分权化改革和扁平化改革分析地方公共服务组织外层协同性结构变革的权力重组和层级压缩，然后从社会化改革中政府购买服务这一典型的实践案例分析公私合作伙伴关系结构中的社会组织承接服务的能力体系结构，并提出相关的解释模型。

第 5 章借鉴了发达国家公共服务组织结构变革的优秀经验。采用了比较的研究方法，着重分析了整合性服务组织结构、协同性组织结构和承接性组织结构三种主要的理论模式和实践类型，为中国地方公共服务组织结构的优化提供了参照。

第 6 章总结了地方公共服务组织结构变革优化路径。具体探讨了深化地方公共服务行政体制改革和完善承接政府购买服务能力体系建设的具体措施，构建了一个地方公共服务组织结构复杂适应需求理论模型，从而形成一条中国特色的地方公共服务组织结构变革优化路径。

1.3.2 创新与展望

本书试图从研究视角、研究内容以及研究方法层面有所创新：在研究视角上，从公共服务需求的复杂性切入，研究地方公共服务组织结构变革，这相对传统的组织结构变革内部取向具有一定的创新性；在研究内容上，构建了一个地方公共服务组织结构变革的两层级分析框架，从内层整合性结构和外层协同性结构全方位地分析了地方公共服务组织结构变革，并结合对实践案例的分析分别提出这两层级组织结构解释模型，同时借鉴了国外公共服务组织结构变革的优秀经验，提出了一条中国特色地方公共服务组织结构的优化路径，构建了一个地方公共服务组织结构变革复杂适应需求模型。两层级组织结构变革分析框架在一定程度上突破了封闭系统模型内部组织结构研究的缺陷和开放系统模型外部组织结构研究的不足，本书把两种视角结合起来，形成了一个公共服务组织结构变革的综合分析框架，这具有一定的创新性。在研究方法上，综合采用个案研究方法、多案例研究方法和纵向案例研究方法，对地方公共服务组织结构变革的实践模式进行多视角、多层次的分析，并探讨了两层组织结构变革的内在机理。

本书在研究过程中，无论是对地方公共服务组织结构变革的两层级分析框架的构建，还是对内层整合性结构和外层协同性结构的分类都是初步性的；关于内层整合性结构和外层协同性结构各自的解释模型，以及在这两层级组织结构变革基础上提出的优化路径，都还比较粗糙；在研究方法方面，本书收集的实证案例和实证访谈的深度尚不够充分，资料收集也还不够全面。在今后，本书的研究团队将结合提出的公共服务组织结构变革两层级分析框架继续深化拓展性分析和深化研究。

1.4 核心概念界定

本书是在服务需求复杂性视角下研究地方公共服务组织结构变革，其核心概念主要与“复杂性”“公共服务组织”“组织结构变革”三个概念密切相关。

1.4.1 复杂性

复杂性（complex）起源于联系、交互作用或联系与交互作用形成的结构，它是复杂性系统理论的一个核心概念（许正权和宋学锋，2009）。[①]在自然科学中，复杂性是指系统由于元素非线性交互作用而产生的行为无序性的外在表象，复杂性主要包括逻辑复杂性、认知复杂性和计算复杂性（刘洪，2011）。[②]在社会科学中，复杂性主要包括逻辑复杂性和认知复杂性两个方面，具体到公共服务与组织改革过程中，公共服务是一个复杂性系统，“组织再造过程中的实践过于单纯化、文化变革、绩效管理和基于简单界定的标准，这些都不可能掌握复杂性理论中难以预料和动荡的世界。这里需要一种新的方法：‘使管理的重点从事件转移到过程；从整体转移到互动’（海里斯，2008）”[③]

公共服务的复杂性推动了公共服务组织从封闭系统走向开放系统。本书的公共服务需求复杂性主要包括公共服务的渐增性、多样性和交叉性三个特征。

1.4.2 公共服务组织

公共服务组织是公共组织的一种基本类型。学术上对于公共组织性质和类型的划分有大量的文献。归纳这些文献的研究，大体上可以分为三个角度：①性质界定论。代表人物是罗伯特·登哈特，他主张通过重新界定公共行政的领域来界定公共组织：“公共行政是指为谋求实现公众的社会价值而对社会变革进程的管理。”罗伯特·登哈特，2003 因此，谋求以实现公众的社会价值作为使命的组织

① 许正权，宋学锋. 组织复杂性管理——通过结构敏感性管理组织复杂性[M]. 北京：经济管理出版社，2009：113.

② 刘洪. 组织复杂性管理[M]. 北京：商务印书馆，2011：10.

③ [英]菲利普·海恩斯. 公共服务管理的复杂性[M]. 孙健，译. 北京：清华大学出版社, 2008：28.

才属于公共组织。[①]性质论界定了公共组织的性质，即利用公共权力来管理国家和社会公共事务，以维护和实现公共利益为基本职责，在生产和提供社会公共产品和公共服务的过程中，不以营利为目的。②范围划分论。与性质界定论不同，雅米尔·吉瑞赛特（2003）则从公共组织与私人组织的范围区分上来认知公共组织。他认为，从总体上看，对公共和私人组织进行比较的文献主要是在三个宽泛的因素中进行了有区分的论述[②]：从环境方面的因素进行区分，公共组织经常面临着特定法律和其他方面的限制，并受到政治的影响，尤其在自治和灵活性方面更是如此。而私人组织只需遵守法律和公共法规；从公共服务的性质上进行区分，公共组织可以采取强制性的措施进行公共服务，而私人组织在提供公共服务中主要通过市场机制进行运作，并以利润作为基本标准；从组织内部的结构和程序上进行区分，公共组织在内部的结构和程序方面具有更大的多样性和多重性，而私人组织的内部结构相对单一，其目标就是获取盈利，实现利润最大化。③类型划分论。一般地，可以把公共组织划分为政府与非营利组织两大类。公共服务组织属于公共组织的一种基本类型。公共组织主要职能就是管理公共事务。公共事务的基本内容包括公共产品、公共服务、公共安全、公共秩序，以及公正、民主的政治经济环境等。因此，从功能性质分类，可以把公共组织分为政治性公共组织、经济性公共组织、社会性公共组织、文化性公共组织。

上述三种划分虽然侧重点不同，但都认为公共组织的公共服务与社会管理职能呈现日益强化的趋势，各国的政府组织通过职能转变，把公共服务与社会管理职能作为一项重要的职能。在公共服务供给的实践中，公共服务组织的外延极其广泛，管理学大师德鲁克认为，我们所处的社会是一个多机构的社会（multi-institutional society）。他把服务机构分为两大类：第一类是公共服务机构，主要包括政府机构、军队、大中学校、研究机构、医院和其他保健机构，工会、大型法律事务所和大型会计事务所等专业机构、专业的、工业的和商业的协会，以及其他的诸多机构。第二类是大型工商企业内的服务机构，主要包括参谋人员、研究部门、计划部门、协调部门、管理信息系统等一些服务集团和服务部门（Drucker，1974）。[③]本书所研究的公共服务组织主要是德鲁克所阐述的第一类

① [美]罗伯特·登哈特. 公共组织理论[M]. 扶松藏，丁力，译. 北京：中国人民大学出版社，2003：18-45.

② [美]雅米尔·吉瑞赛特. 公共组织管理：理论和实践的演进[M]. 李丹，译. 上海：上海译文出版社，2003：35-36.

③ Drucker P F. Management：Tasks, Responsibilities, Practices[M]. New York：Harper & Row, 1974: 95-97.

公共服务机构，并且以政府组织为研究的主体部分，同时研究各种非营利组织、企业组织在公共服务提供过程中所形成的跨界性协同的组织结构。

基于此，本书采用一种广义的界定，即凡是以从事公共服务为目的的组织都属于公共服务组织，主要包括政府组织及其所建立的公共服务机构、广大非营利组织，以及参与公共服务项目的一些私人组织。这种界定既有利于从内层整合性结构研究公共服务组织结构变革，也有利于从外层协同性结构研究公共服务组织结构创新。本书将从内外两层结构系统分析中国地方公共服务组织结构变革，总结实践模式和内在机理，并提出优化路径。

1.4.3 组织结构变革

组织结构是一个静态与动态相结合的概念。静态的组织结构是指组织的各构成要素的配合与排列组合方式。主要包括组织的各成员、单位、部门和层级之间分工协作与联系沟通的方式。动态的组织结构主要强调其形成过程中人们的相互作用，强调组织结构的动态变化性，它是“在相互作用过程中不断形成并得以重新创造，同时反过来相互影响、相互作用的一种控制媒介”。[①]（Stewart et al.，1980）不管是静态的组织结构，还是动态组织结构，它都具有两种基本的联系方式，即成反比关系的纵向联系的管理层次与横向联系的管理幅度。在组织结构的设计中必须根据组织环境的需要有效地处理好管理层次与管理幅度的关系。

组织结构的变革动力可能来自内部或外部的刺激源（Drucker，1974），但“最基本的因素是系统界限的开放性”。公共服务需求复杂性推动了公共服务组织结构的变革和创新，推动着公共服务组织结构日趋复杂化，传统的管理层次与管理幅度的二维分析结构已不能完全满足理论分析的需要，一种三维组织结构分析框架逐步得到学界的认可。有学者主张在传统二维结构的基础上增加一个管理深度的维度，从而构成组织结构的三维分析模型（李勇金，2007）。[②]也有学者把组织结构复杂性归结为水平分化、垂直分化和地域分散三个要素（霍尔，2003）。[③]三维组织结构要素成为组织结构研究的新趋向。在三维结构的基础上，跨部门协同

① Stewart R, Hinings B, Greewood R. the structuring of organizational struactures[J]. Administrative Science Quarterly, 1980（25）：1-17.

② 李勇金. 三维行政组织结构：一种新的研究视角[J]. 云南行政学院学报, 2007（3）：18-19.

③ [美]理查德 · H · 霍尔. 组织：结构、过程与结果[M]. 张友星等，译. 上海：上海财经大学出版社，2003：60-63.

结构、网络化结构、公私合作伙伴关系结构等创新性公共服务组织结构不断地涌现出来。

由于传统的管理层次和管理幅度主要存在于单一层级组织的内部，称其为公共服务组织的内层结构；又由于在三维结构的基础上形成的跨部门协同结构、网络化结构，公私合作伙伴关系结构需要政府组织与其外部组织的协同作用，称其为公共服务组织的外层结构。本书的公共服务组织结构变革主要指这两层级组织结构变革。

第 2 章　服务需求复杂性下两层级组织结构变革分析框架

随着中国社会主义市场经济体制的建立和完善，地方公共服务的需求也日趋复杂。这对地方公共服务组织结构进行变革提出了新的要求与挑战。传统的封闭式政府组织结构难以适应新的需求，组织结构开始分化和向开放系统转变将成为必然趋势。基于此，本书结合中国地方公共服务组织结构变革的实践和前沿的公共服务组织结构变革理论，建立了一个基于服务需求复杂性的两层级地方公共服务组织结构变革分析框架。

2.1　地方公共服务需求复杂性及其对组织结构变革的影响

公共服务需求是公共需要的一个重要组成部分，它是“人类社会共同体对公共产品和公共服务的共同需要”（李军鹏，2007）。[①]公共服务需求主要由公共产品和公共服务满足，公众享用公共服务时不需要交费。公共服务具有社会成员享用的互不排斥性和平等性等特征。

2.1.1　公共服务需求复杂性的基本特征

公共服务需求复杂性是公众对公共服务需求的规模总量、差异性数量和交叉性内容的综合表现，它具有渐增性、多样性和交叉性三个基本特征。

1. 公共服务需求的渐增性

公共服务需求的渐增性是衡量公共服务需求规模总量的一个基本变量，它是指公共服务需求总量不断增加的特性。改革开放以来，随着中国经济社会不断发展，人民生活水平持续提高，人民群众对公共服务的需求不断增加。一般来说，过渡期是人均 GDP 超过 1000 美元后、公共产品和服务需求都快速增长的时期；从目前国内人均 GDP 的水平来说，中国正处于社会公共需求全面快速增长的过渡期（姜晓萍，2015）。[②]

① 李军鹏. 公共服务学——政府公共服务的理论与实践[M]. 北京：国家行政学院出版社, 2007：9.

② 姜晓萍. 建设服务型政府与完善地方公共服务体系[M] 北京：中央编译出版社，2015：613.

公共服务支出是测量公共服务需求渐增性的一个重要指标。中国国家统计部和民政部社会发展统计公报中有关数据表明，社会公共服务支出呈现出逐渐增加的趋势。这个渐增趋势表明了当代中国社会公共服务需求的发展具有明显的渐增性特征，既表现为横向服务需求份额的增加（表 2-1），也表现为纵向服务需求份额的增加（图 2-1）。从横向看，中国社会公共服务表现出强大的需求份额。社会保障，教育和社会卫生已成为社会服务的重要组成部分，社会保障包括基本养老保险、城镇基本医疗保险、失业保险、工伤保险和生育保险五个主要部分，其中，基本养老保险支出占据社会保障的主要部分，占 GDP 的 2%~3%。教育支出也是一个重要的支出部分，始终在 GDP 的 3%上下浮动，表现出人民群众对基础教育服务的极大需求。从纵向看（图 2-1），公共需求的渐增则表现得更为显著。2010~2014 年中国社会公共服务支出逐年增长，并且在部分领域，社会公共服务支出占 GDP 比重也逐年增长。例如，公共交通支出从 2010 年占 GDP 的 1.33%到 2014 年占 GDP 的 1.62%；社会卫生支出从 2010 年占 GDP 的 1.74%到 2014 年占 GDP 的 2.09%，其他项目的支出也呈现类似的递增态势。

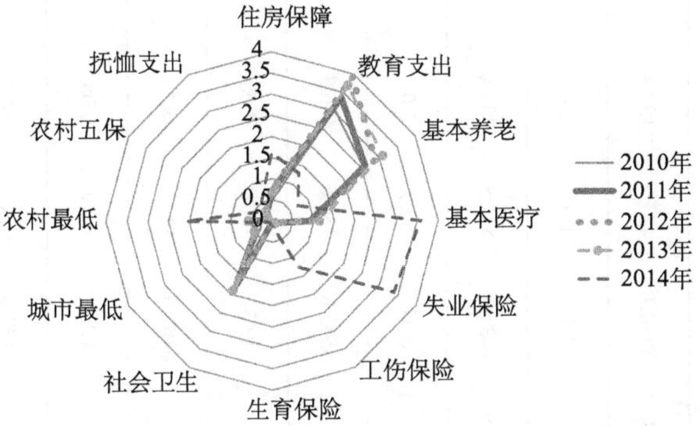

图 2-1　2010~2014 年中国社会公共服务支出数据雷达图

资料来源：中国国家统计局数据中心，http://data.ststa.gov.cn/；中华人民共和国民政部社会发展统计公报，http://www.mca.gov.cn

图 2-1 还表明，中国社会公共服务的数据雷达图呈包裹状布局，突出部分主要在养老等社会保障领域和教育领域，且随着年份递增，线条分布逐渐扩大，表现出中国社会服务支出的逐年增长和公共需求的渐增。

表 2-1　2010~2014 年中国社会公共服务支出统计

年份	指标	地方财政住房保障	教育支出	社会保障支出					社会卫生支出	社会救助支出			
				基本养老保险基金支出	城镇基本医疗保险支出	失业保险基金支出	工伤保险基金支出	生育保险基金支出		城市最低生活保障	农村最低生活保障	农村五保供养支出	抚恤事业费支出
2010 年	支出/亿元	1990.40	12 550.02	10 554	3538.1	423.3	192.4	109.9	7196.61	1376.1	1097（4）	282.3	731.6
	占 GDP 比重/%	0.48	3.04	2.56	0.86	0.10	0.05	0.03	1.74	0.33	0.27	0.07	0.18
2011 年	支出/亿元	3491.87	16 497.33	12 764.9	4431.4	432.8	286.4	139.2	8416.45	2322.8	2163.6	453.8	1150.9
	占 GDP 比重/%	0.71	3.37	2.61	0.91	0.09	0.06	0.03	1.72	0.47	0.44	0.09	0.24
2012 年	支出/亿元	4068.71	21242.10	15 561.8	5543.6	450.6	406.3	219.3	10 030.70	2535.3	2728.5	545.4	1402.9
	占 GDP 比重/%	0.75	3.93	2.88	1.03	0.08	0.08	0.04	1.86	0.47	0.50	0.10	0.26
2013 年	支出/亿元	4075.82	22 001.76	18470	6801.0	531.6	482.1	282.8	11 393.79	2964.9	3519.7	685.2	1674.4
	占 GDP 比重/%	0.68	3.70	3.10	1.14	0.09	0.08	0.05	1.91	0.50	0.59	0.12	0.28
2014 年	支出/亿元	4638.31	23 041.71	21 754.7	8133.6	614.7	560.5	368.1	13 437.75	2731.3	3331.7	734.9	1796.5
	占 GDP 比重/%	1.62	1.30	0.72	3.58	3.38	1.26	0.10	2.09	0.06	2.09	0.42	0.52

资料来源：中国国家统计局数据中心，http://data.ststa.gov.cn/；中华人民共和国民政部社会发展统计公报，http://www.mca.gov.cn。因数据发布残缺，以每年的数据均以 10 个月计算，2010 年社会救助支出只有 4 个月份数据。

总体是由部分构成的，总体特征在一定程度上聚集了个体的特征。国家公共服务需求总体的渐增性解释了地方公共服务需求的渐增性。这种公共服务渐增性不仅表现为宏观上逐年增加，也表现为微观上的年内递增，以江苏部分县农村低保服务为例，2015 年四个季度内，其农村低保服务需求也表现为逐渐增加的趋势（表 2-2）。

表 2-2　2015 年江苏省部分县以上农村低保数据

地区	农村最低生活保障人数/人				农村最低生活保障金累计支出/万元			
	第一季度	第二季度	第三季度	第四季度	第一季度	第二季度	第三季度	第四季度
溧水县	5663	5870	5752	5989	739.6	1490.6	2414.1	3359.1
射阳县	21999	21999	22443	23574	1353	2706	3723	4371.8
海安县	13880	13838	13844	14101	875.2	1749	2749.4	3768.8
宿豫县	14569	14502	14515	14624	806.7	1613.6	2419.6	3419.2
涟水县	34768	33915	34043	32947	1742.7	3445.4	5199.5	6884.6
盱眙县	14214	14214	13678	13892	855.9	1711.8	2633.1	3563.6
洪泽县	6121	6121	5489	5735	355.9	710.8	1050.1	1406.8
宝应县	15175	15125	15174	15159	865	1727.8	2696.4	3665.7
灌南县	22407	22350	22254	22569	1317.3	2629.6	4072.5	5660.7

资料来源：中国民政部江苏农村低保数据统计季报，http://www.mca.gov.cn/article/sj/tjjb。

如表 2-2 所示，2015 年江苏省部分县以上农村低保支出都在以较快速度增长，溧水县 2015 年第一季度农村低保支出是 739.6 万元，到了第四季度增长到 3359.1 万元；海安县 2015 年第一季度是 875.2 万元，到了第四季度增长到 3768.8 万元；宝应县 2015 年第一季度是 865 万元，到了第四季度增加到 3665.7 万元。这些县的农村最低生活保障支出从年初到年末增加了 4 倍左右。短时间公共服务需求的迅速变化，表明了中国地方公共服务需求呈现出高度的复杂性特征。

2. 公共服务需求的多样性

公共服务需求多样性是指公共服务需求表现形式多样化及个性化服务需求内容增多的特性。在实践中，公共服务需求的渐增性和多样性相互促进，二者往往呈现成正比的关系。

改革开放 30 年以来，人民生活水平从温饱向小康迈进，公共服务需求种类出现了急剧的增加。有学者根据多个标准（公共支出领域、政府职能体系、公共服务性质等）将中国公共服务种类构建一个分类框架（表 2-3）。从这个框架的“主

表 2-3　中国现有公共服务分类的典型框架

标准	类型	主要内容
公共支出领域	维持性公共服务	国防、外交、公共行政服务等
	经济性公共服务	国有企业（如经营活动补贴）与公共事业的投资
	社会性公共服务	教育、社会保障、公共医疗卫生、科技补贴、环境保护等
政府职能体系	主权服务	国家管理、司法、警察、国防、国家财政等
	社会和文化服务	教育、卫生、社会保障、社会救济和文化活动等
	经济服务	供电、供气、铁路运输、邮政和电信等
公共服务性质	基本公共服务	法律法规体系、公民权利保护、合理的财政税收和金融政策、社会保险和福利政策、国防、外交、国家安全、环境保护、航天科技、公费中小学教育与医疗等
	混合公共服务	下水道系统、电话电讯系统、电视广播系统、邮政服务系统等政府管理私人部门所产生的
	管制性公共服务	政府要求企业生产的产品符合统一的质量标准、卫生标准、技术标准、安全标准等
公共需要内容	政权性公共服务	立法、司法、行政、外交、国防等
	社会性公共服务	社会就业、社会保障、教育、医疗卫生、文化体育等
	经营性公共服务	邮电、通信、电力、煤气、自来水和交通等
专业知识领域	公共工程建设	垃圾收集和处理，墓地的维护和管理，检查，供水、排污系统的设置与管理，淤泥的处理，危险材料的处理等
	公共交通服务	道路维修，道路、停车场清洁，交通信号设置与维修，停车计数器维修和费用收集，行道树种植，公共交通系统的停车点和维修站的经营，公共交通系统和辅助客运系统的经营与维持等
	公共安全服务	警察（包括预防犯罪、巡逻），消防，医疗急救服务，强制交通管制，拖车和存车服务等
	人类健康和社会服务	公共卫生检查、动物控制、动物避难所的经营、托儿所的经营、儿童福利计划、老年人计划、医院的经营和管理、公共健康计划、药品和酒精治疗计划、精神病院和救助站的运营等文化和休闲服务休闲设施的运营、公园的建设和维护、会议中心和大礼堂的运营、文化和艺术计划的操作、图书馆的运营、博物馆的运营等
	支持服务	法律服务、建筑和地面维护、建筑安全、交通工具的维护、薪水登记造册、征税、秘书服务、人员服务、公共关系、公共信息等
	公共设施	电力、煤气设施的经营与管理、维护、建设等
资本和劳动力投入比例	劳动密集型公共服务	劳动量占据总成本 80%或者以上的公共服务:教育、警察、消防等
	资本密集型公共服务	资本量占据总成本 80%或者以上的公共服务
消费空间范围	全国性公共服务	国防、外交、中央政府劳务、邮政设施、交通输送设施、环境保护等
	地方性公共服务	地方政府劳务、地方环境保护、城市基础设施建设、公园等

资料来源：《公共服务的分类框架：反思与重构》（王海龙，2008）。

要内容”栏目看，每一类公共服务都具有多个小类别的公共服务，少的有 3 类以上，多的达到 10 多类，如公共交通服务、人类健康和社会服务这两类的具体内容都包含了 10 多类个服务项目。

随着经济和现代化建设的发展，人民的生活水平不断提高，中国公民对公共服务数量和质量的要求不断提高，需求呈现多样化的趋势，主要体现在两方面：一方面体现为纵向上的层次性，即同一划分标准下，公共服务种类类别增多，且由低层次向高层次拓展与延伸。比如按消费空间范围的标准分类，在传统的二维分类（全国性公共服务和地方性公共服务）的基础上，根据公民的需求（如社区绿化与环境、社区治安、农村的灌溉设施的需求），增加了社区性公共服务这一类（孙晓莉，2007）；①另一方面体现为横向上的单一化需求向多样化需求的发展，即同一类公共物品的优化与提升。尤其体现在公共服务需求行业多样化趋势，以生产领域为例，社会对公共服务需求的重点已经不再停留在生产设备、资金投资等方面，其对公共需求的重点正转向对行政指导、法律建设、信息提供、科技扶持、经营补贴等相关服务等方面（社会公共问题研究课题组，2005）。②由此可见，公民需求水平在不断提高，趋于层次多样化。总体而言，人们对公共服务的需求中精神方面的需求有较为明显的提高，显现出高层次、多样性的特点。

在公共供给的实践中，地方政府更具公共服务需求的多样性特征，对公共服务机构进行整合、对公共职能进行归并，形成富有特色的“一站式”公共服务平台（表 2-4）。

地方公共服务需求的多样性也反映在政策规划上对服务指标的细化上，以《福建省城镇县乡社会类公共服务发展规划（2016）》为例，其公共服务分类及指标呈现细化的趋势（表 2-5）。在城镇县乡主要表现在社会福利、社会保障、社会救济、社区自我管理和基层政权建设、公共设施管理和公共事业管理、环境保护与污染治理、卫生保健与疾病预防等社会类公共服务与公共产品的纵向树杈式逐项深化发展，细化新增优抚安置设施建设、防灾减灾设施建设等公共服务，从而反映出公民日益增长的公共服务需求。正是民众公共服务需求的提升，促使公共服务分类的分层细化、种类增多，二者相互作用，相互促进。

① 孙晓莉. 公共服务论析[J]. 新视野, 2007（1）：51.

② 社会公共问题研究课题组. 公共需求增长与有效供给不足探析[J]. 国家行政学院学报, 2005（4）：53-56.

表 2-4　江苏、广东和甘肃三省基层公共服务平台建设情况

地方	具体内容
江苏省徐州市各县（市）、铜山区、贾汪区、经济技术开发区	①合理确定地点和面积，村级平台室内服务场所面积不少于 20 平方米；有条件和人口较多的村，可以在村部或者综合服务中心附近单独设立服务场所
	②科学设置功能和窗口。农村基层平台设置信息发布栏；其余按统一规范进行功能布局。镇级平台设置就业失业登记、就业培训、创业服务、用工服务。村（社区）平台应当推行劳动就业社会保障一站式服务；有独立服务场所的，可以分别设置劳动就业、社会保险等服务窗口（桌牌）
	③规范配置办公设备。镇级村级统一设备配置标准，设备趋于电子化与先进化（档案柜、计算机、一体机，有条件的采用电子信息发布栏）
广东省江门市开平县、肇庆市德庆县、揭阳市揭东县、云浮市新兴县等	①争取到 2016 年年底，广东省全省所有村居建成集文化教育、卫生计生、人力资源社会保障、食药安全、民政、人口党建于一体的多功能公共服务平台，为基层群众提供更加高效、快捷的公共服务，打通联系服务群众的“最后一公里”
	②政府主导、整合资源，统一建设、规范运作，信息共享、便民高效的原则，机构人员统一、场所标识统一、流程内容统一、信息系统统一、经费保障统一的要求
甘肃省张掖市各乡镇	①张掖市全市 43 个社区已全部建起人力资源社会保障服务大厅；60 个乡镇已建起服务大厅 24 个（占 40%）
	②张掖市全市人社系统共有 157 个基层公共服务平台，机构组建率达到 100%，人社工作服务触角已延伸到全市 65 个乡镇（街道）、43 个社区、840 个行政村和 128 万城乡各类人群，工作职能基本涵盖就业创业、社会保险、劳动者权益维护等各项民生服务，真正发挥了政府保障改善民生、落实惠民政策、创新社会管理、服务人民群众前沿“阵地”和坚强“堡垒”的作用

资料来源：《关于加强农村基层劳动就业社会保障公共服务平台建设意见的通知》（徐州市人力资源和社会保障局，2011）；《广东省推进基层公共服务综合平台建设工作方案》（广东省财政厅，2015）；《张掖市人社局多措并举加强基层公共服务平台建设》（甘肃省张掖市局政策法规科，2013）。

表 2-5　福建省城镇县乡社会类公共服务发展规划（2016）

内容	分类	具体指标说明
民生保障	防灾减灾设施建设	减灾救灾体制机制的完善
	社会救助建设	托底功能不断增强，各项救助标准形成科学合理的动态调整机制
	低保供养建设	农村低保标准每年提高 350 元，逐渐实现与扶贫标准相衔接城乡一体的特困人员供养机制基本建立，供养标准按不低于上年度当地城乡居民人均消费支出的 70%确定
	医疗救助保障	医疗救助筹资标准逐步提高；救助申请家庭经济状况核对机制全面实施；临时救助工作更加规范有效
民政服务	养老服务建设	养老服务供给能力大幅提升，基本实现结构优化、布局均衡、功能完善。全省每千名老年人拥有养老床位数达 35 张以上，护理型床位占总床位 30%以上，养老服务设施覆盖所有城市社区和 60%以上建制村

续表

内容	分类	具体指标说明
	儿童福利建设	适度普惠型儿童福利服务体系基本建立
	残疾人救助与康复	建设集养护、康复、托管于一体的综合性社会福利中心
	殡葬设施建设	惠民利民，城乡公益性骨灰存放设施实现全覆盖，全省火化率保持在 99%以上，节地生态安葬率达到 50%
	慈善事业建设	鼓励和引导社会资本投资兴办福利性社会福利机构
	婚姻收养管理	加强基层民政办和民政服务窗口建设，登记服务优质便捷
	地名区划管理	界线管理，提高服务办事效率与规范化
	优抚安置设施建设	双拥模范城（县）创建成果巩固提升。普惠与优待共享、城镇与农村一体、物质与精神并重的优抚安置制度体系更加系统完备。烈士褒扬工作更加深入人心。军供保障能力不断提升
社会治理	社区与社会组织建设	城市社区综合服务设施覆盖率达 98%，每百户居民拥有社区综合服务站面积不低于 20 平方米。农村社区建设示范点覆盖率不低于 10%。全省每万人拥有社会组织 10 个，服务社会能力明显提升
	基层民主与社会自治	全省城市社区居委会 50%以上实行居民直选或户代表选举；全省社会工作专业人才达 4.5 万人，人才培养、使用、评价和激励更加完善

资料来源：《福建省出台“十三五”民政事业发展专项规划》（中华人民共和国民政部办公厅，2016）。

3. 公共服务需求的交叉性

公共服务需求的交叉性是指某一公共服务需求问题在内容上具有交叠、交互、模糊等交叉性特征，它需要多个公共服务组织或机构协同工作，才能够有效地满足其需要。这种交叉性的公共服务需求问题，在学术上也被称为“邪恶问题”（wicked problems）。康克林（Conklin，2001）在《邪恶问题与社会复杂性》中总结了邪恶问题的六大特征：[①]在发现解决问题之前一般不能理解问题；具有“永不停止的规则”（no stopping rule）；解决邪恶问题的途径没有简单的正确与错误之分；每个邪恶问题在本质上都是独特的与新颖的；每一个解决邪恶问题的方案都是一次性操作（one-shot operation）的；解决邪恶问题通常没有既定的替代性解决方案。邪恶问题是社会复杂性的产物。他把社会复杂性界定为“参与解决社会问题的社会网络的一种特性”。当今社会快速发展，公共服务需求越来越复杂化，

① Conklin J. Wicked Problems and Social Complexity. CogNexus Institute[EB/OL]. Available from the World Wide Web: http：//cognexus. org/wpf/wickedproblems. pdf. 2001.

交叉性特征愈加明显，公共服务需求的交叉性问题成为公共服务需求中的重要内容，如预防犯罪、污染治理、反恐斗争、社会救济等公共服务需求问题都具有交叉性特征。传统的单一主体（政府）供给模式早已无法适应当代的公共服务需求，只有参与者由单一方变化为多方参与者，联合多个公共服务组织或机构跨越组织边界进行协同作战，才能有效解决。

在中国地方公共服务组织变革实践中，区域性公共服务供给呈现出交叉性问题的特征。当前，跨行政区划的区域公共服务问题频繁发生，并朝着多元化、复杂化和规模化的方向发展（周伟，2011）。[①]京津冀雾霾治理问题就是一个典型的交叉性公共服务问题。京津冀地区一体化发展早已上升为国家战略，作为首都经济圈，工业科技发展迅猛，但与此同时，京津冀地区雾霾污染日益严重，为全国所诟病。2015 年 12 月北京甚至出现了空气重污染、霾和大雾三个“橙色预警”同时发布的严重情况。2009~2013 年，京津冀三地区空气中 PM10 的浓度均超过《环境空气质量标准》（GB3095—2012）的标准（图 2-2）。

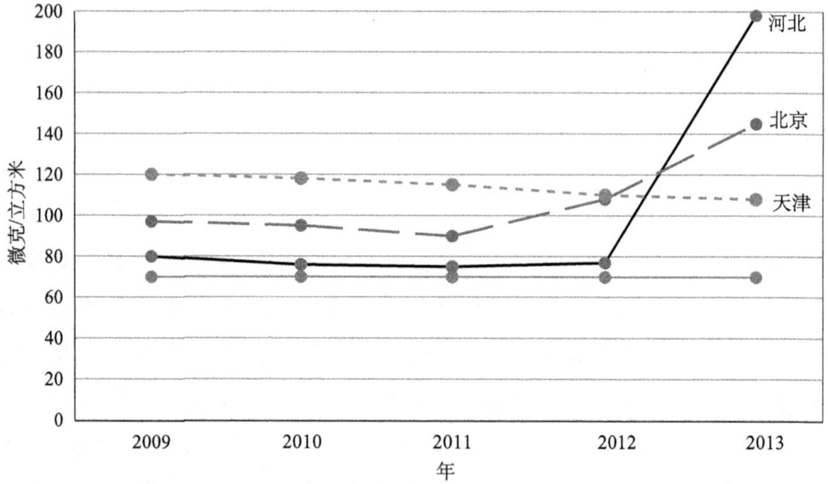

图 2-2　京津冀三地历年 PM_{10} 浓度与新空气质量标准比较

资料来源：《京津冀区域政府间大气污染治理政策协调问题研究》（赵新峰和袁宗威，2014）

由图 2-2 可知，河北、天津、北京三地区 PM_{10} 浓度在 2009~2013 年均超过环境空气质量标准，尤其是在 2012~2013 年，其空气质量恶化趋势更加明显。可以说，京津冀地区的雾霾治理问题是当前该地区面对的最紧迫的问题之一。京津冀

① 周伟. 区域公共问题治理与地方政府协作机制构建[J]. 吉首大学学报（社会科学版），2011（4）：104.

地区的雾霾治理问题具有突出的交叉性，需要多个公共服务组织或机构协同工作，进行联合治理才能奏效。从气候条件看，雾霾流行主要是受区域气候影响，是复合污染产物；但是，我们在治理雾霾问题时往往容易忽视交叉性的复杂特征，导致治理效果甚微。有学者具体分析了京津冀地区雾霾治理问题在观念和行动上存在的三个方面问题：一是地区内的行政主体各自为政，缺乏合作理念，有“搭便车”的想法；二是三地政府仍然以 GDP 增长作为基本价值导向，将经济发展作为第一要务，对具有基础性、服务性、防性和隐性特征的公共服务职能疏于重视，没有意识到雾霾治理问题才是当务之急；三是面对雾霾治理问题，京津冀三地政府存在着被动应付的心态，甚至需要中央政府直接干预才出现协同治理的格局(陈绍军，2014)。①

除了上述区域性的雾霾污染问题之外，群体性事件、环境污染治理、自然灾害防治、社会救济等公共服务问题也具有交叉性特征，这些问题的解决往往涉及多方参与者，与诸多利益相关者相联系，是社会复杂化的产物。由于社会变化速度加快，这些问题进一步趋于复杂化，且不存在明确和正确的解决方案，一般性的防治措施与建设并不能够从根本上解决问题。以自然灾害为例，它涉及环境、气象、社会救济等多方面问题。最近十多年来，中国的自然灾害呈现日益增多的趋势（表 2-6）。

表 2-6　中国 2004~2013 年地质灾害及防治情况统计表

年份	地震灾害情况/次	地质灾害及防治情况				
		发生地质灾害数量/处	人员伤亡/人	直接损失/万元	地质灾害防治项目数/个	地质灾害防治投资/万元
2004 年	11	13 555	1 407	408 828	2 247	175 231
2005 年	13	17 751	1 223	357 678	3 179	166 860
2006 年	10	102 804	1 227	431 590	2 914	193 570
2007 年	3	25 364	1 123	247 528	3 492	244 885
2008 年	17	26 580	1 598	326 936	5 325	529 939
2009 年	8	10 580	845	190 109	28 061	542 368
2010 年	12	30 670	3 445	638 509	28 106	1 159 813
2011 年	18	15 804	413	41 351	20 871	928 085
2012 年	12	14 675	636	625 253	26 882	1 024 183
2013 年	14	15 374	929	1 043 568	36 984	1 235 363

资料来源:中华人民共和国国家统计局历年年鉴，http://www.stats.gov.cn/tjsj/ndsj/。

① 陈绍军. 加快建立我国联防联控机制的建议[J]. 前进论坛, 2014（4）：55.

如表2-6所示，地质灾害防治项目的数量与投资额度不断地上升，2004年地质灾害防治的项目数是2247个，防治的投资金额是175 231万元，到了2013年，地质灾害防治的项目数变为36 984个，防治的投资金额变为1 235 363万元，不管是项目数和还是投入经费都急剧增加。不过，灾害数量与损失并未有明显的下降，呈现一种不稳定的发展状态，由此可见，此类问题亦非国家机构单一方付出可以解决的问题。这类问题存在多方参与者，需要跨越组织边界，寻求多机构协同工作的方法，协调多方利益冲突才能得到解决。

2.1.2　公共服务需求复杂性的主要成因

地方公共服务日趋复杂性是中国经济社会快速发展的产物，是社会价值观、人口结构、城镇化和信息化快速发展的结果。

1. 经济社会快速转型

改革开放的30年是中国经济社会的“快速转型期”，社会转型是“中国的社会生活和组织模式从传统走向现代、迈向更加现代和更新现代的过程。或者说，中国社会转型是中国的社会生活和组织模式即社会实践结构不断从传统走向现代、走向更加现代和更新现代的变迁过程”（郑杭生，2009）。[①]经济社会转型使中国的经济社会从二元结构转向了四元结构，即突破了传统工业化和城市化的二维格局，形成了城市非正规部门、城市现代产业部门、农村就业部门和农村工业部门四元经济社会结构，中国未来发展朝着城乡一体化、农村内部一体化和城市内部一体化的方向发展，正走向实现“共同富裕”的社会主义现代化（胡鞍钢和马伟，2012）。[②]中国社会转型推动了经济社会的高度复杂性，使当代中国经济社会形成了一种“‘双转’交织”的复杂态势：一方面是农业社会向工业社会转型，从自给自足的生产方式转向大力推进新型工业化；另一方面是计划经济向市场经济转型，从高度集权的政府管制转向充分发挥市场的决定作用（杨振闻，2016）。[③]在经济社会转型过程中，社会经济发展方式和人民的生活方式都发生巨大的变化。

经济社会的快速转型也推动社会价值观的转型。20世纪90年代之后，改革开放推进到新的发展阶段，社会主义市场经济的体制颠覆了传统的指令性计划经

① 郑杭生. 改革开放三十年：社会发展理论和社会转型理论[J]. 中国社会科学，2009（2）：17.

② 胡鞍钢，马伟. 现代中国经济社会转型：从二元结构到四元结构（1949—2009）[J]. 清华大学学报（哲学社会科学版），2012（1）：16.

③ 杨振闻. 中国社会转型与生存方式变迁[J]. 理论探讨，2016（1）：54-56.

济，进而引发了社会价值观整体性的变革。价值观念中主体意识被唤醒，集体主义下的个人不再遭到否定，整个社会从单一的价值观念过渡到了多元主体相统一的价值观念。与此同时，人们的价值思维和价值选择也发生了变化，公共服务需求从原本的固化和单一化变为现在开放度和自由度都显著增长的个性化和多样化，实质是一种 “人的生存标尺的转变”。①新中国建立后，中国形成了高度集权的政治体制，与之相辅建立起固化单一的计划经济体制，传统社会价值观也随之占据公众思想观念。在传统的社会价值观下，群众的吃穿用住全部不受个人主体支配，统统不可自由选择。在这种价值体系之下，所有事情不可自主，只能照办。这是一种标准化、程式化的、单一的社会组织形态。因此，改革开放以来，这种传统的固化统管社会价值观最先受到质疑与冲击，随后僵硬的一体化的观念、思维分崩离析，向多元化、自由化发展，多元价值观得以复苏，迅速崛起（唐秀英，2012）。改革开放作为社会价值观范型转换的一个节点，而社会主义市场经济体制的确立作为价值体系变迁深层次的原因，对公共服务需求都产生了显著影响（表 2-7）。

表 2-7　中国改革开放前后的时代背景及社会价值变化比较

	改革开放前	改革开放后
经济政策	计划经济体制，也称指令型经济。这种经济政策体系下，国家在生产、资源分配以及产品消费各方面，都是由政府事先进行计划	社会主义市场经济体制。社会主义市场经济是同社会主义基本社会制度结合在一起的，市场在国家宏观调控下对资源配置起决定性作用
社会政策	社会主义改造完成后，形成了条块分割的、封闭的社会福利体系。国家通过“高就业、低工资、高福利”的方式，在单位内保障就业职工的福利；对于未就业的、单位以外的人员，通过民政福利的方式实行保障；在农村实行“五保”制度	当代中国的社会政策包括卫生服务、农村社会保障、住房政策、老年服务、非营利组织等多个方面，注重民生条件的改善，社会保障全覆盖，公共服务覆盖尽可能完善，实施多样化的社会福利体系
政治政策	高度集权的政治体制	民主法治的社会
文化政策	在 1978 年真理标准大讨论之前，仍然存在“文化大革命”时期观念、原则崇拜，思想陈腐和观念固化的残余。文化主张形式单一、内容陈旧刻板，缺乏科学认识，对马列主义仍持一种教条化的理解，没有树立起实践的权威	中国特色社会主义文化，是以先进的世界观和方法论为指导的先进的思想文化。文化建设的根本任务和目标，是要创造出先进的、健康的社会主义崭新文化，繁荣社会主义的文化事业，不断满足人民群众的精神文化需求

① [德]马克斯·舍勒. 人在宇宙中的地位[M]. 李伯杰，译. 贵阳：贵州人民出版社，2015：12。

续表

	改革开放前	改革开放后
社会价值观	大一统的社会价值观，主流可归结为伦理道德及其理想化人格为中心的价值观，道德作为最高的选择、评判标准，主张社会传统的价值观	不再把道德作为最高的评判、选择标准，道德只是人们度己度人的一个维度、一个向度。关注全面的、完整的人，终极指向是人的自由发展
公共服务需求	公共服务需求单一	公共服务需求多元化，对数量规模和质量提出了更高的要求

资料来源：《论改革开放以来中国社会价值观的变迁》（徐贵权，2007）。

在当代社会转轨及经济不断发展的大背景之下，人们的思想观念发展问题不可回避。随着社会条件的改善，人民的主体意识觉醒、自主性增强、权利意识提高、自由度扩大。目前，中国正处于社会主义市场经济时期，政治上向建立自由平等的民主法治社会转变，人的利益追求趋向也发生变化。需要是对事物的欲望和要求，它是人类的一种本能特性，而这种社会价值观的转变就充分体现在公共需求方面。人民更主动地关注社会的多元化倾向，折射到公共事务方面即公共服务需求数量规模和质量的渐增。

2. 人口老龄化的加剧

人口结构的变化，尤其是老年人比重的不断上升对公共服务需求具有重要的影响。人口结构（人口构成），即按照不同的标准将人口进行划分。人口结构反映了一定地区、一定时间人口总体内部各种不同阶段质的数量比例关系。目前，中国人口结构已严重失调，少子化和老龄化现象加剧。人口老龄化是指总人口中因年轻人口数量减少，年长人口数量增加而导致的老年人口比例相对增长的态势。人口老龄化有两重含义：一是指老年人口数量相对增多，在总人口中比例不断上升；二是指社会人口结构呈现老年状态，进入老龄化社会。国际上通常看法是，当一个国家或地区 60 岁以上老年人口占总人数的 10%，或 65 岁以上老年人口占总人数的 7%时，就意味着这个国家或地区的人口处于老龄化社会（表 2-8）。

表 2-8　2000 年和 2010 年人口结构统计

人口结构	2000 年	2010 年
人口普查 0~14 岁人口所占总人口比重/%	22.9	16.6
人口普查 15~64 岁人口所占总人口比重/%	70.2	74.5
人口普查 65 岁以上人口所占总人口比重/%	7.0	8.9

资料来源：国家统计局网网站，http://data.ststa.gov.cn。

如表 2-8 所示， 2000~2010 年，中国人口结构发生了较明显的变化，年轻人口比重有所下降，老年人口比重从 2000 年的 7.0%增长为 2010 年的 8.9%，这表明中国已步入老龄化社会，且程度逐渐加深。结合表 2-1 可以看出，社会服务支出中的养老保险支出也在不断增长，这表明人口老龄化在加剧的同时，公共服务需求也在不断增长。

按照公共服务的发展运行和理论基础，可将公共服务划分为维护性公共服务、经济性公共服务和社会性公共服务三类（李军鹏，2007）。[①]维护性公共服务主要可分为产权保护与市场秩序服务、一般政府服务、国防支出等几种；维护性公共服务旨在保证国家机器的存在和运作，如政府的一般行政管理、国防等。这类服务的需求层次较低，人们不论生活条件和水平如何，对此类服务也有基本的需求，是缺乏弹性的“必需品”。经济性公共服务是政府为促进经济发展而提供的公共服务。社会性公共服务主要是指政府提供的文化、教育、卫生、体育和社会保障等服务，具有公民权利的性质，体现了社会财富的再分配功能。随着人口结构的老龄化，社会性公共服务需求逐渐增长，尤其是卫生、体育和社会保障的变化较为显著。下面以浙江省为例，其人口老龄化的形势严峻（表 2-9）。

表 2-9 2010～2014 年浙江省老年人口和老龄化数据统计

指标	2010 年	2011 年	2012 年	2013 年	2014 年
60 岁以上老年人口总数/万人	789.03	823.23	857.69	897.83	945.08
占总人口的比例/%	16.6	17.25	17.87	18.63	19.44

资料来源：《浙江省老年人口和老龄事业统计公报》。

如表 2-9 所示，2010~2014 年浙江省 60 岁及以上老年人数量不断增长，且占总人口比重也不断上升，数值趋向 20%，这表明浙江省已经进入了严重老龄化阶段。随着人口老龄化的加剧，地方财政支出中部分社会性公共服务项目也随之增长（表 2-10），说明人口结构的变化对公共服务需求的影响。人口老龄化促使了社会性公共服务的需求增长。

① 李军鹏. 公共服务学——政府公共服务的理论与实践[M]. 北京：国家行政学院出版社, 2007：10-12.

表 2-10　2010~2014 年浙江省地方财政部分支出项目统计（亿元）

指标	2010 年	2011 年	2012 年	2013 年	2014 年
地方财政文化体育与传媒	77.15	85.09	94.18	106.00	115.36
地方财政社会保障和就业	206.39	291.82	345.44	397.06	435.54
地方财政医疗卫生	224.53	278.98	305.91	350.73	433.80

资料来源：中华人民共和国统计局数据中心,http://data.stats.gov.cn/easyquery.htm?cn。

3. 城镇化的快速发展

城镇化也称为城市化，是指随着一个国家或地区社会生产力的发展、科学技术的进步以及产业结构的调整，社会由以农业（第一产业）为主的传统乡村型社会向以工业（第二产业）和服务业（第三产业）为主的现代城市型社会逐渐转变的过程。2011 年年底，中国内地城市化率首次突破 50%，达到 51.3%，这意味着中国进入了城市化加速发展的阶段。① 在该阶段内，大量农民工涌入城市，并在城市生活，成为城镇化的主要推动力。这批力量既促进了城市经济的发展，也给城市公共服务带来了新的挑战。

城市化进程对公共服务需求的影响主要体现在两个方面：一方面，农民工代次阶段不同导致公共服务需求的差异。第一代农民工群体，主要以个人进城为主，他们属于最早流动到城市的农民工群体。第一代农民工群体大多选择城市工作农村消费的生活方式，因而在城市的工作时间较长，主要是为了满足个人生活需求，对社会公共服务的需求层次也较低。第二代农民工的公共服务需求处于中级层次，迫切度高于第一代群体。第二代农民工外出打工除了赚钱之外，也是为了提供给子女更好的教育机会，因此他们大多采取到城市安家落户的方式。其子女多处于义务教育阶段，他们面临子女教育和照顾老人等现实问题，对教育和社会保障、医疗卫生等公共服务的需求也更为迫切。第三代农民工在流入城市时平均年龄还较小，在农村生活时间很短，甚至一部分第三代农民工很小就同父母随迁到城市。相比于前两代群体，第三代农民工的城市性更强，维权意识也渐强，所以对个人权益维护等高层次需求更为突出。另一方面，是农民工在城市生活阶段的差异。农民工是中国独有的社会现象，农民工在涌入城市后的生活阶段可分为初级、中级和高级三个层次。初级阶段主要是为了满足个人生存需求；中级阶段主要是为

① 孟兆敏. 快速城市化背景下城市公共服务需求偏好研究——以上海为例[J]. 南方人口，2014，29(5)：21-31.

了满足家庭需要，解决子女教育、老人照料等现实问题；高级阶段则追求更高层次的需求，为了实现个人追求和更好的发展。这三个阶段对公共服务的数量规模和质量都提出了更高的要求。①

4. 信息技术及信息社会的快速发展

信息技术（information technology，IT）是指利用电子计算机和现代通信手段获取、传递、存储、处理、显示信息和分配信息的技术。②在全球化背景下，一场以计算机与网络为核心的信息技术革命在全国范围内普及开来。中国信息技术获得快速的发展，近年来中国互联网普及率的变化（图 2-3）和软件行业收入变化（图 2-4）充分说明了这点。

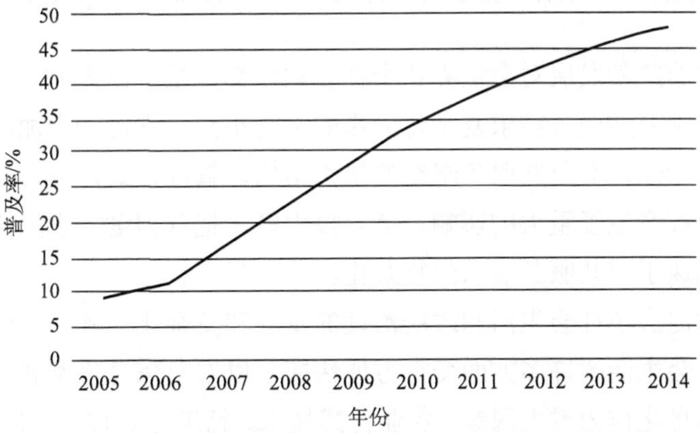

图 2-3　2005~2014 年中国互联网普及率变化图

资料来源：中华人民共和国国家统计部历年统计年鉴，http://www.stats.gov.cn/tjsj/ndsj

从图 2-3~图 2-4 中的数据中可以看出，中国从第五次信息技术革命开始后，在计算机信息技术领域有了大幅的进步，互联网普及率从 2005 年的 8.5%，发展到 2014 年的近 50%。而软件业务收入在 2010~2014 年实现了近 3 倍的上升。信息技术的飞速发展，给人们的生活带来了巨大改变，同时，也给公共服务组织管理和组织结构带来了许多变化。

① 杜巍等. 中国城镇化背景下农民工公共服务需求层次的代次差异研究[J]. 西安交通大学学报（社会科学版）2016（3）：77，79.

② 贾丽坤. 信息技术的发展及其对公共行政的影响[J]. 改革与开放，2011（4）：143.

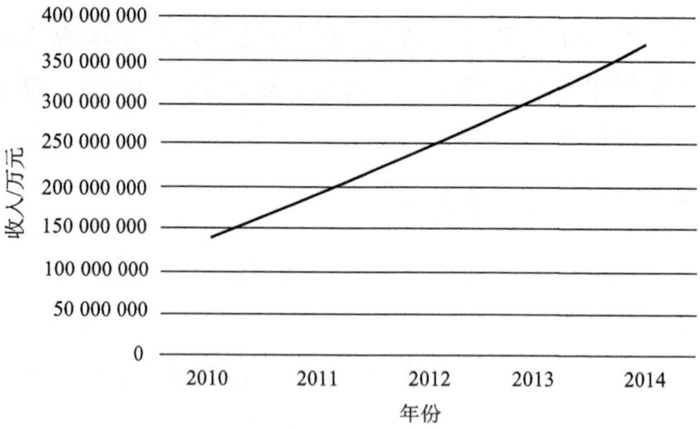

图 2-4　2010~2014 年全国软件业务收入统计

资料来源：中华人民共和国国家统计部历年统计年鉴，http://www.stats.gov.cn/tjsj/ndsj

信息技术的蓬勃发展对全世界各个社会领域都产生了巨大的影响。信息技术的发展对于中国公共服务需求复杂化的影响不可小觑，它进一步加剧了中国公共服务需求的复杂性，对公共服务组织的组织结构、管理方式，以及公共服务主体的心理和行为都产生了重大的影响。信息技术是一把双刃剑，它的快速发展分别从正反两面加速了公共服务需求的复杂化。

信息技术促进了社会生活和政府治理的发展和复杂化。其一，信息技术的蓬勃发展使得社会生活的许多方面变得方便快捷，以农业信息化发展为例，中国政府已将农业信息化作为重大国策，农业传感技术、精细作业技术、智能装备技术、农业智能机器人技术、农业物联网技术、装备和农业信息服务技术等农业信息化前沿技术的应用，对于中国农业产业结构的优化和农业发展整体素质的提升都具有重大意义。①信息技术的发展带来了社会发展的新机遇，除了农业信息化发展，中国工业、商业等都与信息技术发展有密不可分的联系，由于信息技术对于社会生产方式的改变以及社会结构的分化有着密切联系，信息技术也使得公共服务需求进一步复杂化。其二，信息技术也为各级政府及政府的各部门与公众沟通与互动提供了技术性条件，使公共服务组织与公众的沟通变得更加便捷。信息技术对行政人员、行政政策、行政方法、行政组织和行政公文都产生了深刻的影响。②这些影响进一步推动了公共服务管理模式的变革，例如，网络问政、网上评议等方式的兴起，为公众的参政议政提供了便捷的渠道，提高了公众参政议政的意识和

① 陈威，郭书晋. 中国农业信息化技术发展现状及存在的问题[J]. 农业工程学报，2013，29（22）：196-205.
② 李传军. 信息技术对公共行政的影响[J]. 中国行政管理，2000（8）：28-30.

能力，政府信息化及电子化政府得以实现。由此可见，信息技术的发展对政府行政方式产生了极大的改变，传统的官僚制公共服务组织结构下被动式的管理与服务已经完全不能满足公众的需要，公众对于个性化、差异化和优质高效的公共服务需求变得突出，公共服务需求就实现了从一元向多元化的转变。

信息技术的发展给公共服务带来了许多的挑战。其一，以农业信息化发展为例，农业信息化的高速发展固然带来了许多优势与便利，但是当传统型农业转化为信息化农业时，信息技术对于经济结构和社会结构的影响也体现出来：传统型农业需要大量的劳动力，而农业信息化依靠信息化技术，对于劳动力则不再有过高的需求。信息化农业对于环境、就业分工结构、城乡结构等许多方面都存在影响，具有连环效应。如何面对由信息技术发展带来的这些改变，是未来公共服务管理面临的问题之一。其二，信息技术在为公民与政府沟通提供条件的同时，也产生了公共服务需求信息超载和信息质量危机。这些危机给公共服务组织结构提出更高要求，从而推动着传统公共服务组织结构及管理方式的变革。

5. 环境和社会问题的急剧变化

随着社会变化的速度加快，中国的环境问题和社会问题也急剧变化，由这些环境问题和社会问题带来的负面影响加剧了公共服务需求的复杂程度。随着工业化进程的加快，环境污染的深度和广度都有所加剧。工业化过程对环境污染产生了巨大影响。工业污染对于环境的破坏，空气污染首当其冲，详见各省、自治区、直辖市主要空气污染物排放量（表 2-11）。

表 2-11　2010 年和 2014 年各省、自治区、直辖市主要污染物排放量统计表（万吨）

	2010 年				2014 年			
	化学需氧量排放量	氨氮排放量	二氧化硫排放量	氮氧化物排放量	化学需氧量排放量	氨氮排放量	二氧化硫排放量	氮氧化物排放量
全国	2284.68	238	1957.5	2062.63	2551.7	264.4	2267.8	2273.6
北京	16.88	1.9	7.89	15.1	20.03	2.2	10.44	19.77
河北	126.85	10.27	118.99	151.24	142.2	11.61	143.78	171.29
山西	44.13	5.37	120.82	106.99	50.73	5.94	23.84	23.84
内蒙古	84.77	4.93	131.24	125.38	92.13	5.45	139.74	131.41
辽宁	121.7	10.01	99.46	90.2	137.34	11.25	117.2	102.02
吉林	74.3	5.31	37.23	54.92	83.43	5.87	41.69	58.24
黑龙江	142.39	8.49	47.22	73.05	161.17	9.45	51.34	75.27

续表

	2010年				2014年			
	化学需氧量排放量	氨氮排放量	二氧化硫排放量	氮氧化物排放量	化学需氧量排放量	氨氮排放量	二氧化硫排放量	氮氧化物排放量
上海	22.44	4.46	18.81	33.26	26.56	5.21	25.51	44.27
江苏	110	14.25	90.47	123.26	128.02	16.12	108.55	147.19
浙江	72.45	10.32	57.41	68.79	84.19	11.85	68.36	85.33
安徽	88.56	10.05	49.3	80.73	97.33	11.2	53.82	90.92
福建	62.98	8.93	35.58	41.17	161.17	9.45	51.34	75.27
江西	72.01	8.6	53.44	54.01	77.71	9.45	59.43	58.22
山东	178.04	15.5	159.02	159.33	201.63	17.64	188.11	174
河南	131.87	13.9	119.82	142.2	148.24	15.58	144.03	158.97
湖北	103.31	12.04	58.38	58.03	112.38	13.29	69.45	63.13
湖南	122.9	15.44	62.38	55.28	134.14	16.95	70.96	60.43
广东	167.06	20.82	73.01	112.21	193.26	23.52	83.91	132.34
广西	74.4	7.93	46.66	44.24	80.73	8.45	57.22	45.11
海南	19.6	2.29	3.26	9.5	20.41	2.29	3.11	8.03
重庆	38.64	5.13	52.69	35.51	42.61	5.59	60.87	38.22
四川	121.63	13.48	79.64	58.54	132.44	14.56	92.7	62.04
贵州	32.67	3.8	92.58	49.11	34.83	4.03	116.18	49.29
云南	53.38	5.65	63.67	49.89	56.36	6	70.38	51.98
西藏	2.79	0.34	0.42	4.83	2.75	0.331	0.42	3.83
陕西	50.49	5.82	78.1	70.58	56.98	6.44	94.77	76.58
甘肃	37.32	3.81	57.56	41.84	40.24	4.33	62.24	42.04
青海	10.5	0.98	15.43	13.45	10.45	0.962	15.7	11.57
宁夏	21.98	1.66	37.71	40.4	24.01	1.82	38.29	41.76
天津	21.43	2.45	20.92	28.23	23.84	2.79	23.81	34.02

资料来源：中华人民共和国环境保护部数据中心网站，http://datacenter.mep.gov.cn/main/template-view.actio。

从表2-11中数据可知，中国2010~2014年各省份空气污染物排放量均有上升，且空气污染情况本就严重，日益严重的环境问题对公共服务组织结构及管理提出了巨大考验。

环境污染不仅表现为空气污染，还表现为城市的环境问题严重化。以城市垃圾清运量为例，中国各个地区的城市垃圾数量也呈现逐年增加的趋势（表2-12）。

垃圾量的增加最为明显地体现了城市环境的恶化，也使得垃圾处理这项公共服务的需求逐年增加。

表 2-12　2004～2014 年分地区城市生活垃圾清运量统计表（万吨）

	北京	河北	上海	江苏	河南	云南	新疆	全国
2004 年	491	741	609.7	817.7	681.5	200.1	345.3	15509.3
2005 年	454.6	680.1	622.3	834.8	756.7	205.7	343.6	15576.8
2006 年	538.2	678.2	658.3	851.3	722.6	218.3	307.2	14841.3
2007 年	600.9	686.5	690.7	898.4	737.5	256.6	340.2	15214.5
2008 年	656.6	622.8	676.0	934.5	757.0	283.7	292.6	15437.7
2009 年	656.1	678.1	710.0	957.3	679.5	282.1	298.2	15733.7
2010 年	633.0	589.3	732.0	1017.1	694.6	265.5	303.3	15804.8
2011 年	634.4	584.6	704.0	1119.8	729.5	300.2	344.5	16395.3
2012 年	648.3	577.4	716.0	1210.1	795.8	306.7	352.7	17080.9
2013 年	671.7	585.3	735.0	1202.7	805.6	324.1	352.3	17238.6
2014 年	733.8	614.1	608.4	1352.4	832.8	349.5	360.6	17860.2

资料来源:中华人民共和国国家统计局网站，http://www.stats.gov.cn/tjsj/ndsj/。

中国城市生活垃圾的清运量呈逐年增加的趋势，但是对于垃圾的处理方式还是以填埋和焚烧为主。垃圾填埋对于土地具有一定的损害，而垃圾焚烧又进一步污染了空气。在中国，垃圾无害化处理的比例约为 90%，而剩余未被处理的垃圾则加剧了环境污染。垃圾填埋对周围环境往往会产生许多不可逆的负面影响，垃圾填埋过程中会产生各种有害气体和大量细菌，这些有害气体和细菌都对人体有害。垃圾填埋后产生的大量渗滤液会渗透到地下水中，污染地下水，同时也会改变土壤性质。垃圾产生的地热会影响植物的种植，甚至使地面无法种植。由此可见，日益严重的环境问题已对社会产生了巨大的影响，如何处理这些由环境问题带来的负面影响，对公共服务组织结构和管理提出了巨大挑战。

与环境问题一样，近年来，中国的社会问题也发生了急剧的变化。反恐斗争、预防犯罪、抵制毒品、社会救济等社会问题进一步趋向复杂化，需要多个公共服务组织或机构跨越组织便捷进行协同作战，才能有效解决。这些问题推动了公共服务组织结构和管理方式的变革。以群体性事件为例，近十年来，中国各省都发生了数量不小的群体性事件（表 2-13）。 群体性事件是指没有合法依据的规模性聚集，对社会造成负面影响的群体活动。其目的或为表达诉求和主张，或为直接争取维护自身利益。群体性事件的增加一方面表现出社会环境的复杂化，另一方面也表现出中国公民公共服务需求的意识增加。许多的潜在公共服务需求变成了现实需求。[①]由此可见，这些社会问题从一定程度上加剧了公共服务需求复杂化程度。

表 2-13　2000～2013 年中国境内群体性事件数量统计表（件）

省份	黑龙江	吉林	辽宁	北京	天津	河北	山西	山东	宁夏	内蒙古	甘肃	新疆
数量	11	9	7	35	5	19	14	19	1	6	18	5
省份	河南	江苏	四川	重庆	湖北	安徽	上海	浙江	江西	湖南	贵州	云南
数量	39	43	54	15	19	21	22	35	27	29	17	32
省份	福建	海南	青海	陕西	广西	广东						
数量	22	23	7	22	29	267						

资料来源：中国社科院法学院研究所发布.2014 年中国法治发展报告，http://www. guancha.cn/society/2014_02_25_208680.shtml。

公共服务组织所面临的环境发生了急剧的变化，公共服务需求也变得更具有交叉性，环境污染、恐怖主义、毒品控制、群体性事件等环境和社会问题的急剧变化，成为公共服务需求复杂化重要成因之一。

6. 科技促使公共服务需求的品质提升

除了人口变化、环境和社会问题、科学技术的发展这些外部原因，人民对公共服务需求的品质提升也加剧了公共服务的复杂性。全国的公共服务支出增多，公共服务需求水平与品质得到一定程度的提升。以国内社会服务业为例，2004~2015 年，其社会服务事业费等支出逐年增多；2004~2007 年，社会服务事业费支出不足 1000 亿元；而至 2015 年，这一数值已经逼近 5000 亿元，可见增长速度十分迅速（表 2-14）。

科学技术的发展促进了人们对社会服务等公共服务的需求水平不断提高，对公共服务的品质要求提高。以中国的卫生保健服务为例，这种品质提升的需求体现在中国国内各省卫生技术人员逐年稳步增长，除极少数省份的个别年份出现小范围上下浮动之外，其每千人口卫生技术人员数量都呈现逐渐上升的趋势（图 2-5），这种上升趋势不管是城市，还是农村，都呈现出迅速的增长需求。

① 迟福林. 公共需求变化与政府转型[J]. 中国经贸导刊，2015（13）：32-33.

表 2-14　我国社会服务业事业费支出基本情况（亿元）

指标	2004	2005	2006	2007	2008	2009	2010	2011	2012	2013	2014	2015
社会服务事业费支出	577.4	718.4	915.4	1215.5	2146.5	2181.9	2697.5	3229.1	3683.7	4276.5	4404.1	4926.4
基本建设投资总额	29.2	31.6	33.5	47.7	66.6	157	183	218.5	235	292.8	282.2	239.9
社会服务机构固定资产原值	1818.4	3097.8	4066.7	3973.0	4592.8	5198	6589.3	6989.8	6675.4	6810.2	7213.0	9099.0

资料来源：　中华人民共和国民政部网站，http://www.mca.gov.cn/article/sj/。

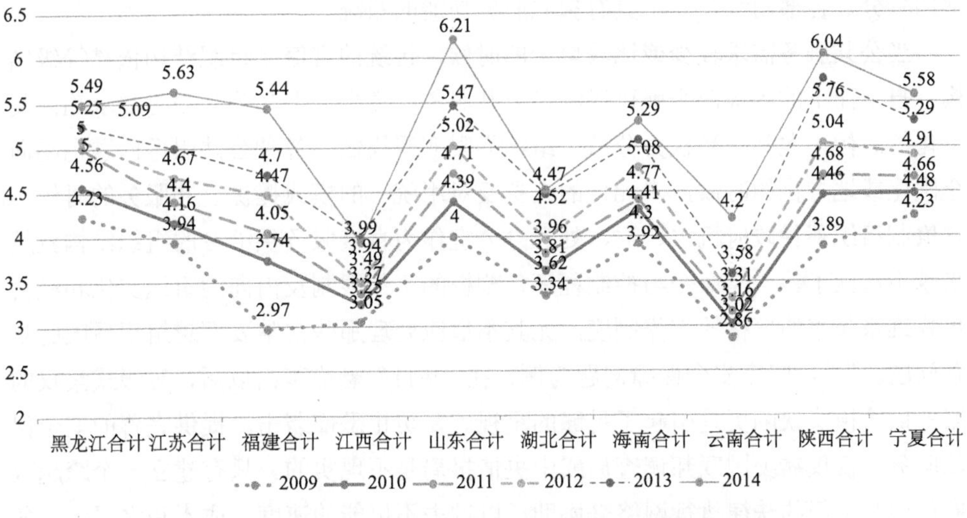

图 2-5　中国部分省每千人口卫生技术人员数量增长趋势

资料来源：中华人民共和国国家统计局网站，http://www.stats.gov.cn/tjsj/ndsj/

卫生技术人员的增多反映出人们对卫生保健技术性和质量性要求的提高，而越来越发达的科技与知识是提高卫生保健服务技术含量和品质，满足人们日益增长的要求的必要保障，随着城乡统筹规划的发展，科技作用下公共服务需求品质的提升不仅体现在城市，在农村也有着较为明显的作用。这表明，伴随着科技的进步，人民对公共服务的需求不断提高，对公共服务的品质不断提出新的要求，从而进一步促进了地方公共服务需求的复杂性。

2.1.3 公共服务需求复杂性对组织结构变革影响

公共服务需求复杂性对公共服务组织结构产生了严峻的挑战。大工业时代的公共服务组织结构已经越来越不能适应公共服务的内在要求了。在大工业时代下，公共服务组织结构模式是一种金字塔型结构，是一种纵向等级制和横向职能制的二维结构模式。这种公共服务组织结构的基本特征是：纵向上是各种层次模块和权力等级构成的科层制结构，每一个层级依据行政单位划分为若干模块，层级越高模块越少，权力也越集中，最高层是权力的网络中心，公共服务的信息往往采取自上而下或自下而上的单向流动，很少有横向的信息流动。在横向上，传统的公共服务组织由若干个具有单一管理职能的职能部门组成，其部门的设置按业务部门划分，各部门都是一个具有独立服务功能的系统。

当公共服务需求较少或比较单一的时候，传统的官僚制组织结构依靠等级结构，自上而下的等级命令就可以满足公共服务的需求。但当公共服务需求趋向复杂化的时候，尤其是当权力分散、组织界限变得模糊，各种公共服务问题也趋向全国化或地方化的时候，多元化的人群反对用统一的模式提供公共服务的时候，官僚制组织那种政府机关、局、处和办公室作为直接服务供给者的组织结构就越来越不适应了。“靠命令与控制程序、刻板的工作限制及内向的组织文化和经营模式维系起来的严格的官僚制度，尤其不适应处理那些常常要超越组织界限的复杂问题。”①以国家安全保障问题为例，在“9·11”恐怖袭击以后，等级式集权的服务供给模式缺陷更是引起了足够的重视。要防止恐怖袭击，提供完善的安全保障服务，仅仅靠美国联邦调查局或中央情报局是不现实的。只有建立一个跨越政府部门和层级的法律执行网络来协助，以过去不可能的速度、成本和水平跨越各种公共和私人组织，进行情报的搜集、分析、转换和行动，建立一种网络式的应急安全模式才能有效地进行反恐斗争。

与等级式组织结构相比，网络式组织结构在应对公共服务需求复杂性时显示出了强大的生命力。有学者具体分析了传统等级式服务模式和网络式服务模式的支持性因素（表 2-15）。

① [美]斯蒂芬·戈德史密斯，威廉·D. 埃格斯. 网络化治理：公共部门的新形态[M]. 孙迎春，译. 北京：北京大学出版社, 2008：6-7.

表 2-15　决定公共服务模式的支持性因素

支持网络模式的因素	支持等级式模式的因素
需要灵活性	喜欢稳定
需要区分客户回应还是顾客回应	需要统一的、靠法规驱动的回应
需要不同的技能	仅需要单一的专业技能
可以利用许多潜在的私人参与方	政府为主的供应商
明确的既定成果和产出	成果不明确
私人部门填补了技能差距	政府拥有必要的经验
平衡各种私人资产很重要	外部能力不重要
合作伙伴拥有更大的活动范围或可信度	政府在该领域与公民同甘共苦
多种服务面对同一顾客	服务相对独立
第三方能够比政府以更低的成本提供服务或实现目标	内部服务更加经济
技术的快速改变	服务不受技术变化的影响
多级政府提供服务	单级政府提供服务
多个机构使用或需要类似的功能	单一机构使用或需要类似的功能

资料来源：《网络化治理：公共部门的新形态》（戈德史密斯和埃格斯，2008）

从表 2-15 中两种模式的支持因素看，支持等级式模式的因素越来越具有理想成分，而支持网络模式的因素却在现实中具有很多的案例。目前，西方国家大多数的公共服务都是通过第三方参与或公私伙伴关系来提供的。正如凯特尔教授（Donald Kettl）所言："第二次世界大战后，美国联邦政府所提倡的每一个主要的政策行动，包括医疗与卫生保健、环境清理与修复、扶贫项目、岗位培训项目、州际高速公路，以及污水治理厂等，都是通过公私合作伙伴关系进行管理的。"这表明，单纯的等级式公共服务组织结构模式在美国等西方国家已经失去了市场，取而代之的是各种网络式公共服务组织结构模式的流行。

总之，公共服务需求复杂性对地方公共服务组织结构变革产生了巨大的影响。通过组织结构变革，建立新型组织结构成为公共服务组织的主要挑战。换言之，只有通过组织结构变革，建立一种能够满足公共服务需求复杂性三个特征内在需求的地方公共服务组织结构才能适应未来的挑战。

2.2　两层级地方公共服务组织结构变革分析框架构建

要构建一种基于公共服务需求复杂性的公共服务组织结构变革的分析框架，

首先必须对公共服务组织结构变革的基本内涵与基本要素进行系统的分析，才能梳理出哪些是适应公共服务需求复杂性的组织结构变革的主要维度，从而建立一个可操作性的分析框架。

2.2.1 公共服务组织结构变革的维度选择

组织结构变革实质就是公共服务组织的结构性要素的优化组合，实现结构重新设计和关系再造的过程。其目的是为了更好地适应地方公共服务需求复杂性的现实和有效地提升地方公共服务的供给水平。为了体现一般性和特殊性的统一关系，先从组织管理理论的历史演进过程中对一般意义上组织结构维度进行分析，然后结合公共服务组织结构特殊性，从而形成一个新的公共服务组织结构分析维度。

古典管理理论一般认为，组织结构具有纵向层级和横向幅度两个基本的维度。古典理论是指20世纪二三十年代由韦伯、泰罗、法约尔等经典的行政理论学家创立的行政理论。这一时期的理论主张是建立基本的组织理论模式和学科体系。经典理论学家从组织内部管理的视角系统地分析了行政组织变革的构成要素和原则设计。德国社会学家马克斯•韦伯（1998）在《经济与社会》一书中提出了官僚制组织结构变革的基本思想，他从“统治的类型”划分上对官僚制进行了深刻阐述，认为合法统治的合法性具有三个方面的来源：一是建立在制度、指令基础上合理的性质，这种统治的合法性来自合法的权威；二是建立在先例和惯例基础上的传统的性质，这种统治的合法性来自传统的权威；三是建立在个人崇拜、迷信基础上的传统的性质，这种统治的合法性来自魅力的权威。韦伯认为合法型统治对应的组织结构形态就是官僚制。官僚制组织结构的主要设计原则是：“职务等级原则，也就是说，任何机构都有固定的监督和监察制度，下级机构都有权向上级机构投诉或提出异议。同时，接受投诉的机关是否以及什么时候亲自用一项‘正确的’法令去取代必须改变的法令，或者把这委托授权提出异议的、它的下级机关去处理，这个问题可以有不同的解决办法。”①因此，官僚制组织结构一个最基本特征就是等级制，采取自上而下的权力节制式的集权模式。科学管理理论的创立者弗雷德里克·泰罗（1984）在《科学管理原理》一书中具体分析了科学管理的组织结构设计，要求以提高劳动生产率为中心，采取标准化的操作方法，实行职能工长制等进行组织控制与管理。①一般管理理论的创立者法约尔在《工业管理与

① [德]马克斯·韦伯. 经济与社会[M]. 林荣远，译. 北京：商务印书馆. 1998：242-246.

① [美]弗雷德里克·泰罗. 科学管理原理[M]. 冯风才，译，北京：中国社会科学出版社. 1984：33-41.

一般管理》一书中提出了组织管理的计划、组织、指挥、协调和控制五要素和十四项原则。他指出，组织结构的“管理就是实行计划、组织、指挥、协调和控制”。[①]古典组织管理理论针对组织结构内部的结果要素设计的一个基本取向采用科学的原则与方法，优化组合权力、职能、规则、机构、人员等组织结构性要素，建立一个以集权等级为特征的高效运转的组织结构，它为现代组织结构设计与管理奠定了体制化管理的框架结构。

现当代组织理论开始走出政府组织结构的单一主体供给视角，力求寻找一种多元主体联合提供公共服务的思路。协作性公共管理理论、公私合作伙伴关系理论、整体政府理论、网络化治理理论等都提倡在公共服务组织中构建一种跨部门协同的组织结构，以提升公共服务供给的效率和品质。协作性公共管理主张通过横向联络和地方伙伴关系的方式构建协作机制，构建组织间的协作结构，进行跨政府管理，“包括在一个复杂的规则、规定和标准的系统中协作以及对各种机会的利用……如何动员共同体内部和外部的力量以建立支持；获得必要的资金、专门知识和其他资源，同时规定行动的过程。”[②]公私合作伙伴关系（public private partnerships, PPPs）理论，也称公共部门与私人企业的伙伴关系理论。PPPs 兴起于后新公共管理改革时期，它主要是通过公私合作的制度安排，以充分发挥公共部门和私有部门各自禀赋优势的一种跨组织结构模式。公私合作制已经成为合作规则下公私合作伙伴关系的一个典范。达霖·格里姆赛（2008）等学者把 PPPs 定义为如下内容：“私营实体参与或为基础设施供给提供支持，PPPs 项目的结果是：在达成的合同项目下，私营实体为公共基础设施提供服务”。在 PPPs 模式的服务供给过程中，其机制的制度安排包括：“公共部门实体将其控制的土地、财产或设施移交给私营部门实体（同时支付或无须支付对价），通常是根据合约的条款而定；私营部门实体新建或扩建设施；公共部门实体规定该设施的运营服务；私营部门实体使用该设施在规定的时间段内提供服务（通常在运营标准和定价方面还有限制）；以及私营部门实体同意在合约结束时将该设施移交公共部门（付费或不付费）”[③]，格里姆赛公私合作伙伴关系理论构建的组织机构包括参与者、关系、资源、分享和工单、连续性等基本特征。整体政府理论主张构建一种跨部门协同结构，包括正式结构、非正式结构和混合结构三种类型：正式结构主

① [法]法约尔. 工业管理与一般管理[M]. 周安华，林宗锦，等，译. 北京：中国社会科学出版社. 1982：5.

② [美]罗伯特·阿格拉诺夫，迈克尔·麦圭尔. 协作性公共管理：地方政府新战略[M]. 李玲玲，等，译. 北京：北京大学出版社, 2007：24-27.

③ [英]达霖·格里姆赛，[澳]莫文·K·刘易斯. 公私合作伙伴关系：基础设施和项目融资的全球革命[M]. 济邦咨询公司，译. 北京：中国人民大学出版社, 2008：5-6.

要有部际委员会、专项任务小组、部际伙伴关系（联合小组）、跨部门伙伴关系（代理制安排）、特殊的机构（special-purpose agencies）等；非正式结构主要有辅助结构、网络结构等；混合结构即综合采用正式结构和非正式结构所形成的组织结构类型。[①]网络化治理把先进技术与依靠各种伙伴关系建立起来的横向合作关系有机地结合起来，把新公共管理松散的组织结构连接成为一个有机整体，在公共服务提供中进行整体性运作。网络化治理模式有效地克服了新公共管理分散化治理的限度问题，并充分地吸收了其优点。在网络化治理模式中，“许多优势成为迈向网络化模式的特别强大的驱动力：专门性、创新性、迅捷性、灵活性和扩大的影响力。”[②]可见，网络化治理提供了一个使相互依赖的行动者互动合作及利益水平协调的框架，把数字时代的治理提升到了一个新的层次。

总而言之，古典管理理论研究的组织结构（纵向层级和横向幅度）是单一政府层级的内部组织结构，可以归结为公共服务组织的内层整合性结构；现当代组织理论研究的政府组织及其机构与外部的非营利组织、企业组织等所构成的公共服务协同提供结构是一种政府外部边界合作结构，可以归结为外层协同性结构。这样，地方公共服务组织变革就包括内层整合性结构和外层协同性结构两个维度。

2.2.2 两层级公共服务组织结构变革的分析框架

地方公共服务组织结构变革是包含了多种要素的优化组合过程。因此，有必要确定：哪些是非核心或派生的要素？不同的要素在公共服务组织结构变革维度上的权重有什么不同？核心的组织结构要素之间具有哪些内在的联系？它们是如何进行优化组合推动着地方公共服务组织结构持续性进行变革的？

本书从中国地方公共服务组织的两层级结构来具体分析上述问题。对公共服务组织内层整合性结构而言，集权与分权关系到公共服务组织结构的权力和权威集中程度与分化程度，它对公共服务组织结构的纵向层级关系具有重要的影响。公共服务组织是采取分权结构还是集权结构将导致其行为上的显著差别，权力关系的调整成为公共服务组织纵轴结构变革的一个重要内容；对于公共服务组织的横向管理幅度来说，政府组织职能转变、政府组织内层以提供公共服务为目的的公共服务执行机构的数目、公共服务人员的增减状况是影响公共服务组织的管理幅度的三个重要因素，它们的优化组合状况反映了公共服务组织横向结构变革的

① 孙迎春. 发达国家整体政府跨部门协同机制研究[M]. 北京：国家行政学院出版社：2014：73-86.

② [美]斯蒂芬·戈德史密斯，威廉·D·埃格斯. 网络化治理：公共部门的新形态[M]. 孙迎春，译，北京：北京大学出版社, 2008：25.

基本内容，因此，本书把机构、职能与人员作为基本要素来考察地方公共服务组织内部整合性结构的变革状况。对公共服务组织的外层结构来说，一些跨部门公共服务协议、工作程序、合作协议框架等组织结构性规则对于各种公共服务组织形成跨界性的协同结构起着刚性的约束作用，而组织间的责任共享、信任关系构成的机制对于各种公共服务组织形成跨界性的协同结构起着软性的支撑作用，因此，本书主要通过考察规则与机制这两个要素来分析公共服务组织外层协同性结构的变革状况。

公共服务需求复杂性是公共服务组织结构变革的直接驱动力，它驱动着公共服务组织两层级组织结构持续的变革，形成一个复杂适应服务需求的组织结构变革分析框架（表 2-16）。

表 2-16　两层级公共服务组织结构变革的分析框架

基础	维度	要素	变革内容	优化路径
公共服务需求复杂性	内层整合性结构	权力、机构、职能、人员	扁平化、网络化、信息化改革	组织结构复杂适应服务需求
	外层协同性结构	规则、机制	组织间合作规则和运作程序；组织间责任共享与信任关系	

2.3　分析框架的应用价值

两层级公共服务组织结构变革的分析框架是以公共服务需求复杂性为基础，根据中国地方公共服务组织结构变革的两个维度及其主要要素构建起来的，目的是通过对中国地方公共服务组织结构变革的主要要素进行系统分析，从原生态的视角描述中国地方公共服务组织结构变革的实然状况，揭示变革过程中的内在规律，并提出优化公共服务组织结构变革的对策建议。具体而言，两层级公共服务组织结构变革的分析框架具有如下几个方面的应用价值。

首先，分析框架较好地体现了公共服务需求复杂性对公共服务组织结构变革的决定性作用。公共服务需求复杂性从根本上决定了中国地方公共服务组织两层级组织结构变革内容。这为适应公共服务需求复杂性组织结构优化提供了基础与可能。

其次，分析框架较为系统地分析中国地方公共服务组织结构变革的实际状况，找出问题并总结规律。两层级组织结构分析框架既可以分析公共服务组织的内部整合性结构，也可以分析公共服务组织的外部协同性结构。分析能够以两层级组织结构为主线，较为全面地分析中国地方公共服务组织结构变革的实践模式。

最后，分析框架可以为优化中国地方公共服务组织结构变革提供决策参考。本书通过系统地分析中国地方公共服务组织结构变革的实践模式的优秀做法，并借鉴当代西方发达国家公共服务组织结构变革的成功经验，从而提出一些可资借鉴的建议。

公共服务需求复杂性是中国地方公共服务组织结构变革的直接驱动因素，驱动着公共服务组织从内层整合和外层协同两个维度进行持续的变革，这种变革反过来又较好地适应了地方公共服务的复杂性需求。这个新的公共组织结构变革分析框架具有两个方面的工具性作用：一方面，它从理论上突破了公共服务组织结构研究的单一化政府内层研究视角，即已有的研究主要关注政府组织如何建立服务型政府结构的问题，而忽视了政府组织与其他组织协同建立服务型组织结构的现实；另一方面，它也为实践上具体分析中国地方公共服务组织结构变革的实际状况提供了可靠路径，即通过中国公共服务组织结构实践分析，并借鉴西方发达国家公共服务组织结构变革的成功经验，从而提出一个综合性的建议。

第 3 章　地方公共服务组织内层整合性结构变革

地方公共服务组织内层结构主要指单一层级地方政府的内部组织结构及政府组织内部服务机构的组织结构。党的“十八大”召开以后，中国地方政府开启了以大部制改革为内容的行政管理体制改革，由于地方公共服务组织结构变革的主线是机构和职能整合，因此，本书把地方公共服务组织的内部结构变革称为“整合性组织结构变革”。本章首先分析了信息化进程中整合性结构变革的技术支撑，然后采用纵向案例的研究方法，以江苏省南京市鼓楼区社会救助中心为实证研究对象，分析了整合性组织结构变革实践模式及解释模型。

3.1　技术支撑：信息化进程中的整合性结构变革

信息化发展在许多国家都提升到了国家战略的层面。美国早在 20 世纪就提出了“信息高速公路”计划和“数字地球”的发展战略，先进的信息技术极大地推动了美国经济的发展。新加坡从 1980 年开始，总共制定了 5 次信息化发展战略，信息技术助推其经济发展进入快车道。党的十八大报告中明确提出了“坚持走中国特色新型工业化、信息化、城镇化、农业现代化道路”，这表明信息化已上升为国家经济社会发展的战略。信息是组织结构变革的一个重要构成要素，信息化是组织结构变革的一个基本方向，通过信息化变革，可以在公共服务组织结构中实现“先进技术和先进制度的结合”，[①] 从而改进公共服务提供的效率和品质。

3.1.1　信息化进程的理论分析

中国十分重视信息化的发展战略。《2006~2020 年国家信息化发展战略》把信息化定义为“充分利用信息技术，开发利用信息资源，促进信息交流和知识共享，提高经济增长质量，推动经济社会发展转型的历史进程”。2012 年，国务院下发的《关于大力推进信息化发展和切实保障信息安全的若干意见》中提出，“要全面提升电子政务公共服务能力，提高社会管理和城市运行信息化水平”。2015

① [美]简·芳汀. 构建虚拟政府：信息技术与制度创新[M]. 邵国松，译. 北京：中国人民大学出版社, 2004: 1-6.

年，国务院颁发了《促进大数据发展行动纲要》，从战略的高度提出，要“通过促进大数据发展，重塑国家竞争优势，迎接全球信息化的快速发展”。中国在政策上对信息化的重视，引起了学术界对组织结构信息化变革的广泛关注。

1. 关于城市与农村各自对信息化适应性研究

有学者分析了现阶段城市信息化的不足，提出应当促进城市公共服务信息化，克服信息组织无序、安全性弱、共享性弱等城市信息化变革阻力。[①]有学者进一步提出建设拥有城市综合智能服务、城市智能交通和公共安全服务等系统，具有基于互联网的协同性、强大的信息感知性、智能化的技术融合性的“智慧城市”。[②]而农村的信息化改革不同于城市，有学者研究发现：[③]，农村的基础化设施较为薄弱，“三网”基础较为薄弱，但也有更广阔的市场和发展空间；因此，各级政府应当抓住机遇，大力建设农村公共服务信息平台，开展“三网融合”农村试点。有学者还把关注点集中于作为农村社会治理主体的“农民”上，认为应同时强化农民信息化意识与信息素养，加强农民技能培训，使农民真正成为农村信息化的主体。[④]

2. 关于公共服务分类分层的信息化变革研究

信息化改革主要涉及公共教育、医疗卫生、科教文化等方面。例如，在公共教育方面，有学者提出发展以教材多媒化、资源全球化、管理自动化、环境虚拟化等为特征的教育信息化，[⑤]通过体制变革、创新扩散，使教育信息化呈现服务型业务特征。[⑥]在医疗卫生方面的研究分为两个方向：一是建立区域卫生信息系统，即采用先进的计算机技术与网络技术实现医疗卫生信息共享一体化系统。[⑦]二是通过信息化提供个性化医疗公共服务，即运用物联网采集人体信息建立电子健康档案和信息数据库，通过健康云计算提供个性化公共卫生服务，促进移动健康服务

---

① 李德仁，姚远，邵振峰. 智慧城市的概念、支撑技术及应用[J]. 工程研究, 2012（4）：313-323.

② 高慧军，高萍，郝东英. 信息可视化推进城市公共服务信息化研究——基于“智慧城市”公共服务功能的分析[J]. 现代传播：中国传媒大学学报, 2015, 37（9）：139-143.

③ 李瑾，赵春江，张正. 三网融合与农村信息化：机遇、困境及路径选择[J]. 农业经济问题, 2009（10）：105-109.

④ 李长江，陶诚华. 中国农村信息化境况与公共信息服务网络平台建构——以浙江金华市为例[J]. 华东经济管理, 2011（11）：35-42.

⑤ 祝智庭. 现代教育技术：走向信息化教育[M]. 北京：教育科学出版社, 2002：259-260.

⑥ 黄桂晶，黄荣怀，张进宝，江新. 我国教育信息化发展的三大趋势[J]. 教育发展研究, 2007, 33（19）：13-17.

⑦ 牟忠林，袁清，刘谦. 区域卫生信息系统建设初想[C]. 2007 年中华医院信息网络大会论文集, 2007：777-781.

和远程医疗建设。[①]

3. 关于地方政府组织信息化变革的研究

有学者提出，地方政府应确立政府服务理念定位，重视电子政务和政府业务流程再造建设，借助政府网站创造积极条件，提供全方位的公共服务。[②]有学者提出由层级制和职能制组成的传统政府组织结构，因其行政成本大、办事效率低，已经不再适应这个信息化的社会，政府应适当建立动态网络机构服务社会。[③]还有学者提出地方政府更应重视信息平台建设，落实信息平台的有效性、及时性和真实性，加快推进“一站式服务”建设的步伐，给公众带来长效的公共信息供给机制，使地方政府公共信息平台成为实现社会公共信息均等化和公共服务信息化的有效途径。[④]

从以上学者的研究成果中，不难看出，信息化改革与组织结构变革之间具有密切的关联性，信息在当今的大数据时代甚至可以作为组织结构变革的一个要素而存在。目前，中国国内有关信息化在组织结构变革中的体现与影响方面的研究不够全面，这为从信息化切入研究公共服务组织结构变革提供了深度推进的空间。

3.1.2　组织结构信息化改革的实践模式

公共服务组织结构的信息化变革就是以信息技术作为组织结构整合的技术支撑，整合部门与机构，推进公共组织内部资源与数据的共享，从而实现组织结构的再造与重组，提高公共服务能力的过程。信息化变革在地方公共服务组织中形成了多种实践模式（表 3-1）。

1. 信息平台共享模式

信息平台共享模式是指政府通过互联网与大数据应用，创造信息平台，实现政府基础信息资源跨部门共享，打破固有的封闭分离的组织结构，面向公众提供全方位公共服务，组织内部协同合作的模式。一方面，该模式实现了信息资源在组织内部跨部门共享，且面向公众提供公共服务，因此具有公共共享性；另一方面，该模式中组织结构运作主要通过信息共享平台与公众产生交流与互动，因此

① 姚志洪. 医疗卫生信息化十大视点[J]. 医学信息学杂志, 2013, 34（1）：2-9.

② 姜晓萍. 政府流程再造的基础理论与现实意义[J]. 中国行政管理, 2006（5）：37-41.

③ 于凤荣，孔繁娟. 网络时代政府组织结构与管理战略的变革[J]. 国家行政学院学报, 2001（5）：41-42.

④ 张创新，滕霞. 地方政府信息化平台建设存在的问题与对策分析[J]. 行政与法, 2011（5）：1-3.

具有强烈的开放透明性，同时也具有一定的互动性。

表 3-1 地方公共服务组织结构信息化变革模式-案例表

模式	改革主要内容	典型案例
信息平台共享模式	政府通过互联网与大数据应用，创造信息平台，实现政府基础信息资源跨部门共享，打破固有的封闭分离的组织结构，面向公众提供全方位公共服务，组织内部协同合作的模式	青岛信息平台共享模式
一站式服务模式	通过考察组织结构间的可能关联性，有目的地利用信息系统或组织间协议，联合各级政府部门、私人机构、非营利组织、社会组织等，实现权限分离、地理分散的组织和服务的整合，进一步通过一体化信息平台提供“一站式”公共服务的模式	青岛市一站式服务模式示范
大部制机构整合模式	通过信息系统与大数据对政府部门职能进行分类，以此作为依据，对部门进行规划性整合与重组，使其成为一个新的部门，提供更为全面、不会重复的公共服务的模式	广东省佛山市顺德试点城市
整合性服务模式	各种公共服务组织或机构为了应对公共服务需求复杂性的需求，在不断交互作用下跨越地方层级（甚至国家层级）利益相关者的组织边界，提供整合性公共服务的过程中形成的一种区别于碎片式供给模式的新模式	京津冀民政事业协同发展合作

伴随信息通信技术的发展，传统的韦伯的官僚制组织结构弊端突现：以层层分级的上传下达为主要运作方式，以工作程序化、标准化等为特征，由层级制和职能制组成的传统政府组织结构，因其行政成本大、办事效率低，已经难以适应这个信息化的社会的需要。[①]这需要对传统政府组织模式进行三个方面的变革：一是减少政府管理层次，削减职能重复的职位；二是围绕工作程序或过程而不是部门职能而重组和再造组织结构；三是政府应适当建立动态网络机构服务社会。[②] 政府组织结构变革的要求促进了信息共享平台的建设与信息平台共享模式的建立。20 世纪 90 年代，中国开始推进“政府上网工程建设”“信息公共服务平台建设”“智慧城市建设”等信息化建设工程，出台了《2006~2020 年国家信息化发展战略》《电子信息产业调整和振兴规划》《促进大数据发展行动纲要》等政策文件，逐步实现组织内部跨部门基础信息共享平台建设，并逐步向组织外部扩展，积极与非政府组织、社会组织等其他组织进行信息共享与协同合作，将信息化作用发挥到极致，利用新型的组织结构关系与模式服务社会公众，向终极智慧城市建设冲击。

① 吴娟. 基于电子治理的政府组织结构变革展望[J]. 重庆科技学院学报, 2011（2）：12-14.

② 于凤荣，孔繁娟. 网络时代政府组织结构与管理战略的变革[J]. 国家行政学院学报, 2001（5）：41-42.

信息化变革政府组织结构的变革提供了一定的技术和数据支撑，促使了政府的信息共享平台建设。这一平台建设的关键是政府网站，促进政府组织内部的政府基础信息资源跨部门共享与整合。政府网站建设在中国多个省份多个城市持续开展，甚至很多县、镇也都有各自的政府网站，这些网站作为政府部门信息的整合与共享平台，方便信息公开和政府与人民间的交流。1999 年，40 多个部委的信息主管部门共同倡议发起了“政府上网工程”，该工程一直处于推进建设中。据新华社统计，中国目前已有 70%以上的地市级政府在网上建立了办事窗口，国务院上报的政府网站已经多达 3216 个，地方政府上报了 82 674 个政府网站，总数超过 8.5 万个。[①]在“政府上网工程”的推动下，网络化信息服务平台建设获得了长足的进展，逐步形成了信息平台共享模式。这一模式在集合政务应用、政府服务社会、完善政务流程、促进政府组织结构变革等方面发挥了重要的作用，进一步提升了政府部门电子政务的能力，[②]同时，也促进了政府职能的转变，即由管理型政府逐步转变为服务型政府，达到了最终的目标，使公众真正地受益于该模式下的组织部门处理政务的高效性。信息平台共享模式实践见案例 1。

案例 1：青岛信息平台共享模式

20 世纪 90 年代以来，伴随着通信技术的迅速发展，各省、市开始建设信息平台。1996 年，青岛市建立了青岛政府计算机中心；1998 年，青岛政务网也建立运行。2002 年，青岛市出台了《青岛市电子政务工程规划纲要》，政府部门信息共享与信息平台建设正式作为一项工程投入建设。根据信息化集约发展需求，青岛市投入 4000 万元建成“861”核心信息技术体系（8 个平台、6 个中心、1 套目录），完成“2355”门户网站建设（2 个理念、3 大主功能定位、5 个转变、5 项保障）。

截至 2007 年，青岛政府计算机中心管理和运行了 76 个部门和 12 个区市的自动化办公系统、80 多个部门的内部信息网站、44 个部门的网上审批系统、56 个部门的公众服务网站，逐步形成了一个数据信息系统，从而实现了各组织内部部门基础信息资源的高度聚集与共享，促进了组织性质向服务性政府的转变。这种组织机构的变革促进了良好的政民互动模式，进而逐步建成了信息平台共享模

① 李强.全国政府网站“家底”首次摸清，总数超 8. 5 万个[EB/OL].http：//news. xinhuanet. com/info/2015-07/31/c_134465765. htm.

② 卢晓慧. 中美政府网站及其信息资源的比较分析[J]. 中国信息导报，2003（8）：30-32.

式。[①] 2009 年，组织部门和区市领导开展了 73 次“在线访谈”，2359 个现场回答的问题，45 次市级媒体宣传和报道，32 次网上意见征集和调查。网站建设实质性地推进了公共服务组织结构内的信息共享，提升了公共服务水平。

信息平台共享模式在取得成功的同时也存在不少问题，这些问题主要集中在政府网站建设方面。例如，网站内容更新的不及时、不准确导致单一化；又如，网站内容无法调动网民的积极性从而导致缺乏互动性等。这些问题容易致使政府网站成为“空幌子”，缺乏实质性作用。实现政民信息互动交流是信息共享平台的本质功能，但是目前国内有 70%以上的政府网站内容更新不及时。政务信息不透明，互动窗口平台缺乏，公众参与性不高，公共门户的流量小，这些问题很容易使政府门户网站变成摆设。信息共享实质性才是信息平台共享模式最终追求的目标，这需要地方政府加强跨部门的信息资源共享与整合，加快组织体系建设，加强部门人力资源建设，重视电子政务与政府信息平台的作用。其中最能体现其信息平台共享模式的高效性的是农村公共服务平台的建设，为农村广大人民提供了更为便捷、高效、有质量的公共服务。农村的信息化改革不同于城市，其基础化设施薄弱，“三网”基础薄弱，但同时，其组织结构与部门组合没有城市那么复杂，因此具有更广阔的市场和发展空间（图 3-1）。

总之，农村信息平台的建设涉及范围很广，不仅是各级政府部门、机构的信息共享，还包括政府外部的各类组织机构——信息服务站点、高等院校、企业、社会组织、基层治理的村委等的信息共享。该信息平台建立在各类先进的通信技术上，通过建立信息数据库、设专门的单位或者部门进行管理，从而成为与农户、企业的重要信息通道，这些措施对地方公共服务组织的整合性结构变革提供较好的技术支撑。

2. “一站式”服务模式

一站式服务模式是通过考察组织结构间的可能关联性，有目的地利用信息系统或组织间协议，联合各级政府部门、私人机构、非营利组织、社会组织等，实现权限分离、地理分散的组织和服务的整合，进一步通过一个信息平台一体化地提供“一站式”公共服务的模式。一方面，该模式能够在很大限度上进行组织与服务的整合，在组织结构的优化重组与协同合作方面具有极大意义，因此具有

① 吴玉征. 不可复制的青岛模式[N]. 计算机世界, 2007-4-9, B07.

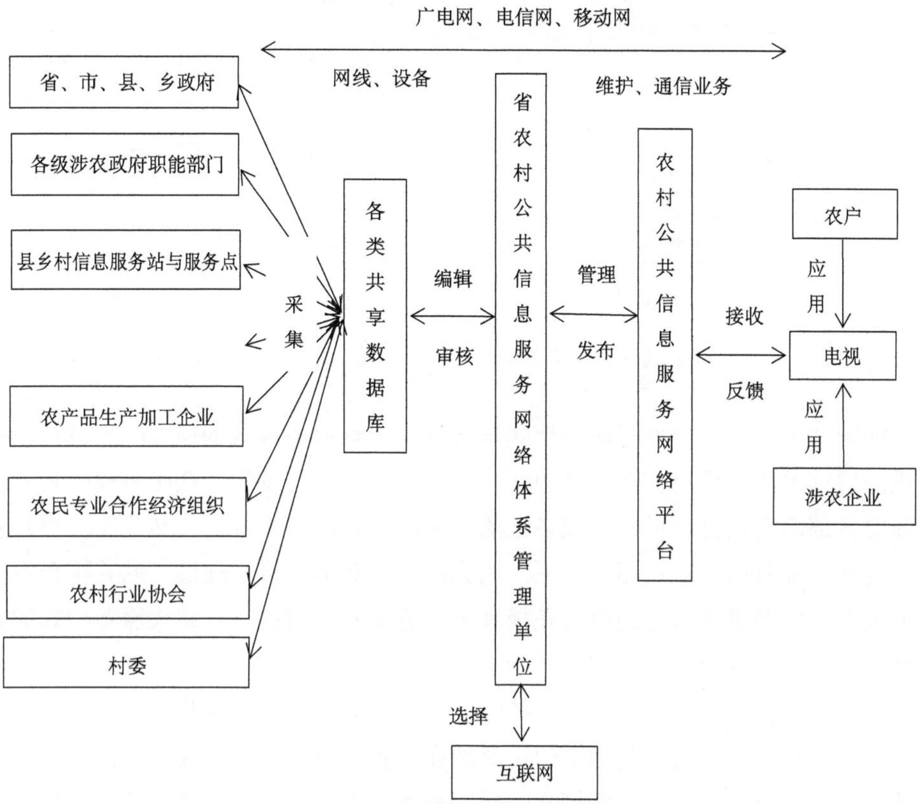

图 3-1 农村公共服务信息平台管理体系结构拓扑图

资料来源：《中国农业信息化情况与公共信息服务网络平台建构——以浙江金华市为例》（李长江和陶诚华，2011）

综合性与协调性。另一方面，该模式主要表现形式为，以为公众办理业务提供便利，节约时间、精力等为主要特点的“一站式公共服务”，因此具有极大的高效性与便民性。

信息技术的发展使政务资源与数据资源全面集合与共享变得简单方便，有利于政府组织内部部门与服务的整合，促进电子政务的高效性发展，可以说在一定程度上促使了以“一站式公共服务”为表现形式的政府一站式服务模式的形成。“一站式”服务模式内在机理就是从群众角度出发，对传统政务业务流程进行流程优化和再造，将各部门内部的业务通过政府统一的信息交换与共享平台，将政府按部门的业务提升为面向公众服务的协同功能群，针对不同的服务对象，按其需求设定具体的办事内容的过程（王慧军，2008）。“一站式”服务模式与传统公众服务模式具有显著的区别（图 3-2）（王清和庄骐，2004）。

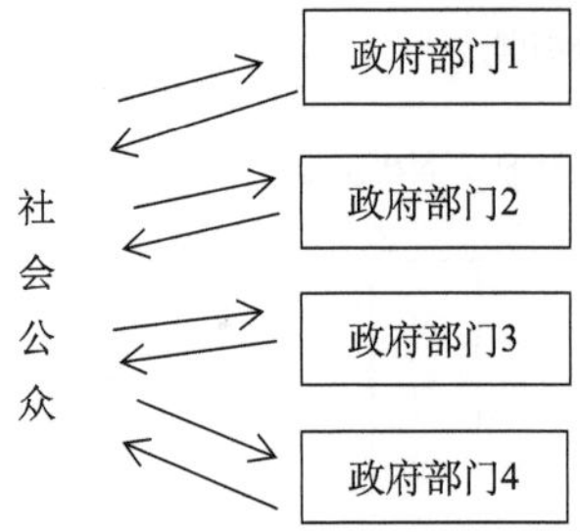

(a) 传统公众服务模式

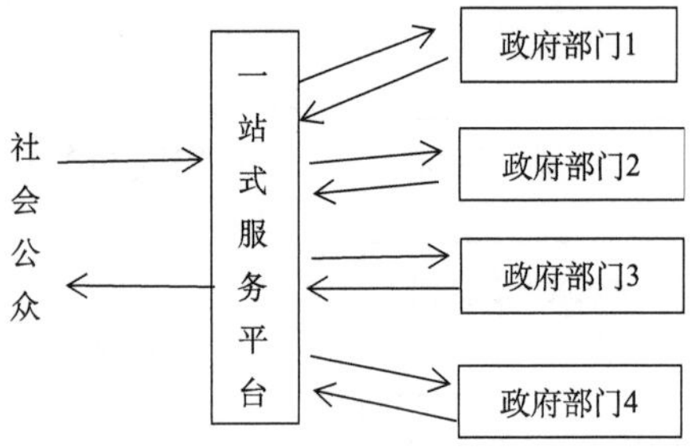

(b) “一站式”服务模式

图 3-2 传统公众服务模式与“一站式”服务模式比较

如图 3-2 所示，一站式服务模式与传统的公众服务模式的最大区别就是依托先进通信技术和信息科技而建立的一站式服务平台。传统的公众服务模式是公众与政府各部门直接打交道，形成多维的交叉相互作用关系；而一站式服务模式省去了这些错综复杂的直接相互关系，达到组织服务的整合，通过一站式平台进行业务关系。这种组织服务的整合是极具进步意义和价值的。一站式服务模式的独特性还在于各个政府部门之间在职能上都是有紧密关联的，因此，该模式下的政府机构部门的重组更具整体性与系统性，也更具有综合性的优势。一站式服务模式促进了各级政府部门及其他部门广泛地在各自或联合领域内提供、推进一站式服务，逐步实现了一站式服务模式的横扫覆盖。青岛市的一站式服务模式是十分典型的案例，它为我们展示了政府信息化建设基础上的组织机构变革所形成的一站式服务模式的便利性与高效性（见案例 2）。

案例 2：青岛市“一站式”服务模式

1998 年，青岛市建立了青岛政务网。从 2002 年开始，青岛市制定形成一站式服务模式的目标，以“内部一网式办公，支撑对外一站式服务”为重要思路，逐步实现一体化技术到一体化政府再到一站式服务的层层跨越。截至 2007 年，青岛政务网在全国绩效评估中连续三年排名第一，目前已开通英语、日语、韩语三个外文网站，整合了 60 多个部门、1300 多项服务事项、349 项行政许可事项、1200 多个审批表格、4700 多个公文法规。形成了政府服务于公众的较完整的信息资源体系，整合了各部门的信息资源，集一网式协同办公、一站式信息发布、一站式政民互动、一站式审批服务于一体。[①]青岛市在机构信息整合、机构和部门重组提

① 张福宾. 一站式服务的门户网站[N]. 计算机世界, 2007-8-13, B15.

供有效的一站式服务上取得巨大成功，最大程度地实现了组织与服务的整合与聚集，极大地促进了组织机构的协同合作，逐步形成了相对成熟的一站式服务模式。青岛相对成熟的一站式服务模式对其他城市的组织机构变革、部门重组、信息整合以及一站式服务模式形成起到积极示范作用。①

一站式服务模式的优势显而易见：有利于简化部门间资源共享的程序；有利于政府对组织机构、部门的监管加强；有利于政府为大众提供一体化的便利服务；②有利于促使政府职能向服务性的转变等。不过，一站式服务模式在实践中也存在不少问题：其一，多环节交叉重叠、多部门并联导致并未完全突破旧有形式；其二，窗口委托不足使服务机械而生硬性，导致一站式服务形同虚设；其三，进驻人员与各职能部门的派驻人员的交叉双重管理方式，导致管人不管事，缺乏积极性与主动性。对此，应采取一些措施改善一站式服务机制，如：首先，服务窗口应树立服务理念，提供人性化服务；其次，政府应完善一站式服务机制与区域协调机制，加快流程再造建设，强化组织结构的作用；最后，应加强政府监管和人力资源管理，权利人事整合，实现权责统一。③因此，地方公共服务组织结构变革中应当注意：在实践中，充分发挥“一站式”服务模式的优势，克服其弱点。

3. 大部制机构整合模式

大部制机构整合模式是通过信息系统与大数据对政府部门职能进行分类，以此作为依据，对部门进行规划性整合与重组，使其成为一个新的部门，提供更为全面、不会重复的公共服务模式。大部制机构整合模式不同于其他模式：一方面，该模式的一大特点是为了最大限度地避免机构重叠、职能交叉而进行的机构与部门的重组与再造，而不是单纯只是为了公共服务的便利性而进行机构整合，因此该模式具有系统性与集中性特征；另一方面，该模式下的部门的整合在一定程度上对政府权力机构的重构和政府机构运行机制都产生很大影响，因此该模式具有制约性与协调性特征。④

一般而言，大多数公共服务的完整程序都需要经过多个行政部门办理，而政府机构在地理上的聚集是不方便、不实际的，因此需要政府通过信息平台进行组

① 吴玉征. 不可复制的青岛模式[N]. 计算机世界, 2007-4-9, B07.

② 王清，庄骐. 电子政务一站式服务框架[J]. 计算机工程, 2004, 30（5）：45-48.

③ 赵定涛，卢正刚. 我国行政服务中心存在的问题及对策研究[J]. 行政论坛, 2004（2）：21-23.

④ 张创新，崔雪峰. 当前中国大部制改革研究述评[J]. 成都行政学院学报, 2009（4）：4-7.

织部门职能的划分，进行组织服务机构的整合。新的政府部门的建立，不仅是对相关机构的重组，更重要的是通过信息数据对职责的规划性整合。①党的十七大报告提出，要规范垂直管理部门和地方政府的关系，加大机构整合力度探索实行职能有机统一的大部门体制、健全部门间协调配合机制。②大部制组织机构改革是组织结构信息管理从离散状态转向聚合、一体化发展的重要激励因素，信息化对推动政府职能转变、加快权责整合、促进机构人员重组起到推动和促进作用，体制改革与服务机构改革需要借助信息化手段。③大部制机构整合模式对政府内部的机构进行深度整合，合并了职能类似的部门，减少了职能的交叉、重叠，较好地适应了公共服务复杂性作用，提高了政府部门在不确定环境中保障性地提供优质公共服务能力。

案例 3：广东顺德大部制改革试点

大部制机构整合模式实现了职能相似机构的合并，有效地减少了组织机构的重叠、职能的交叉现象，因而弱化了公共服务的复杂化特性。以大部制改革试点城市典型样板：广东省佛山市顺德区为例进行分析。2009 年开始，广东省佛山市顺德区作为试点进行大部制改革，截至 2010 年，顺德将原有的 41 个党政机构精简为 16 个（党政 6 个、政府 10 个），打破了原有的框架，最大程度地合并同类项，有机整合了党政职能，实现了大保障、大经济、大文化等宽职能的组织运行架构和政务格局。顺德的大部制改革不仅大幅度精简了政府部门，还在很大程度上矫正了权力结构中的错位，逐步形成了典型的大部制机构整合模式。

近 5 年来，顺德根据实际情况组织结构的重组进行进一步的调整与完善，最终确定了 18 个大部门。由此也可以看出，大部制机构整合模式的形成是一个漫长的过程。由于顺德的成功样板示范作用，大部制改革在广东大规模进行，取得了很大成就。

大部制机构整合模式具有诸多优点，它有利于政府加强组织监管、加快组织机构人员重构，这种对组织结构适当的控制力有利于组织内部的发展与电子政务

① 张红娟等. 政府机构改革——六大要点解读[N]. 华商报, 2015-3-1.

② 胡锦涛. 高举中国特色社会主义伟大旗帜为夺取全面建设小康社会新胜利而奋斗[EB/OL]. 中央政府门户网站：http: //www. gov. cn/test/2012-10/18/content_2246548. htm.

③ 张菊梅. 以大部制改革促进城市管理信息化——基于广州城市建设管理监控指挥中心的分析[J]. 广州大学学报：社会科学版, 2013, 12（2）：35-39.

能力的提高。以大部制改革典型样板 2013 年“两会”特别报道的国家食品药品监督管理总局为例进行分析。国家食品药品监督管理总局由国务院食品安全委员会办公室、国家食品药品监督局、国家质量监督检验检疫总局、国家工商行政管理总局合并而成。国家食品药品监管总局的建立将部门、机构的分段管理改为综合管理，进一步加强了政府对各部门的科学管理。大部门机构改革只是一个开端，伴随着大部门机构改革的是有关权责的界定和相关法律的严格保障，这使得中国组织结构的优化有综合性与突破性的进展，具有长足意义。① 不过，现阶段这种服务机构重组还未完全成熟，仍存在着信息化决策与管理不完善、电子政务的效率较低、“大部”缺乏有效的监督与制约等问题，对此应当完善政府与其他组织的协同治理、不断调整并加快转变政府职能、加强政府的监管与政策落实等措施。② 今后仍需要深化行政体制改革，完善大部制机构整合模式。

4. 整合性服务模式

整合性服务模式是指各种公共服务组织或机构为了应对公共服务复杂性的需求，在不断交互作用下跨越地方层级（甚至国家层级）利益相关者的组织边界，在提供整合性公共服务的过程中形成的一种区别于碎片式供给模式的新模式。③ 整合性模式是针对公共服务的分散化和碎片化治理困境提供的方案选择，该模式下的公共服务组织机构跨部门资源聚集的规模效应对其他组织发展或政府内外部部门、组织的协同合作都起到了积极的示范作用。

整合性公共服务模式有效地克服了传统的分散化服务模式的弊端。传统的分散化组织服务模式政府机构设置与组织机构职能中重合、交叉的现象比较严重，这会导致政府控制乏力、效率低下，资源不能进行合理配置，且缺少正确的服务意识，存在较为严重的分散性和碎片化趋势。随着经济的迅速发展与公共服务供给能力的提高，公共服务需求的内容和种类增多，呈现多样化与复杂性趋势，人们对公共服务的质量需求与效率需求有很大的提高，传统的趋于碎片化的服务模式已经不能满足人们日益增长的公共服务需求。因此，应发展整合性公共服务（又称协同性公共服务），形成整合性服务模式。整合性公共服务模式是

---

① 李涛等. 国家食品药品监督管理总局是大部制改革典型样板——专访国家行政学院公共管理教研部教授、《大部门制改革推进策略研究》课题组组长宋世明[N]. 中国食品安全报, 2013-3-12.

② 齐琳娜. 大部制改革的特点、目的与难点思考[J]. 人民论坛, 2013（18）：34-35.

③ 曾维和. 整合性公共服务——当代西方国家公共服务提供的新模式[J]. 上海行政学院学报, 2012, 13,（1）：42-49.

为解决城市的分散性与碎片性问题，各级公共服务组织机构积极开展整合性公共服务建设，积极跨越组织边界寻求协同合作，共同应对公共服务的复杂性问题的模式。

案例 4：京津冀民政事业整合性服务模式

2015 年 12 月，在京津冀民政事业协同发展工作会议上，京津冀三地民政部门将规划重点立足养老服务并围绕社会组织、社会救助、防灾减灾、殡葬管理等 10 个领域进行合作，签署了《京津冀民政事业协同发展合作框架协议》。三地将建立跨区域的核对信息共享机制，协同规划布局养老机构，对养老机构进行再造与重建，在探索跨区域养老新模式的同时，促进养老机构的逐步完善，并逐步推至整个民政事业，促进民政部门协同联动机制的发展与制度体系的渐进融合，最终打破分散化与碎片化的公共服务提供模式，逐渐发展成整合性服务模式。①

整合性服务模式的优势较为明显，但该模式形成过程中还存在着一些不可忽视的问题：其一，地方政府跨层级组建新部门以利益为衡量标准，采取突击化管理方式，或地域上刚性边界而导致协作困难与匮乏；其二，政绩考核与计划经济，造成了组织机构发育不良、公共服务提供与公民需求背离等。②由此不难发现，形成整合性服务模式要把握两个重点：第一，协同工作，政府应加强引导地区间组织机构协同合作，加强跨地域部门的协作。第二，电子政务的作用，通过信息化提供的有利平台与基础，加强政府与人民的沟通，促进服务机构的整合，提高电子政务的效率性和公共服务供给品质。

3.1.3 公共服务组织结构的信息化基础

公共服务组织结构信息化变革以信息和数据为核心驱动因素，推动着资源与数据的聚集、组织与服务的整合、机构的再造和重组、跨部门协同合作，从而形成多种实践模式，有效地适应了地方公共服务的复杂性需求（图 3-3）。

① 汤海帆. 京津冀跨区域购买养老服务[N]. 法制晚报, 2015-11-11.

② 唐任伍，赵国钦. 公共服务跨界合作：碎片化服务的整合[J]. 中国行政管理, 2012（8）：17-21.

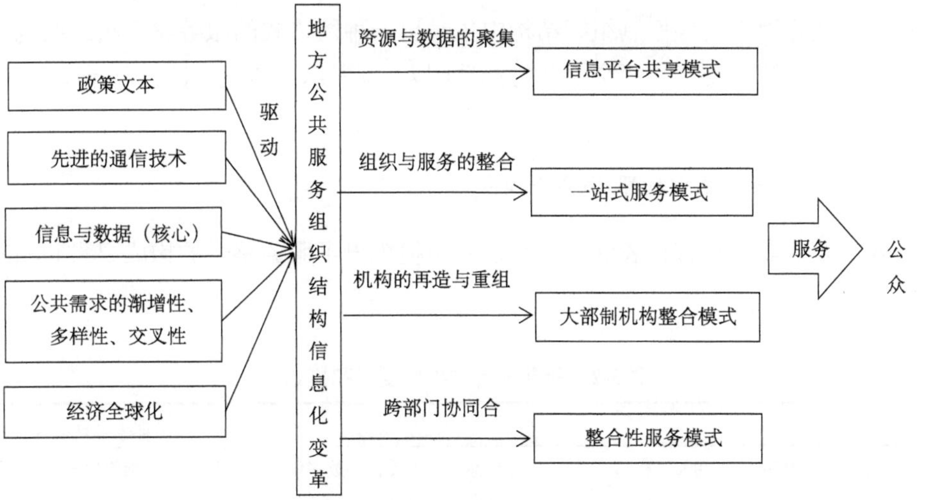

图3-3　地方公共服务组织结构变革的信息化基础

公共服务组织结构的信息化进程中的四种实践模式对于推进地方公共服务组织结构变革、提升公共服务质量发挥了重要的作用。首先，信息平台共享模式的主要功能为实现组织部门之间信息的整合与共享，资源与数据的聚集，并形成与公众的良性互动，从而提供全面的公共服务；其次，一站式服务模式的主要功能是能通过对权限分离、地理分散的组织与服务的整合，实现部门服务流程的再造，从而提供便利的公共服务；再次，大部制机构整合模式的主要功能是通过服务、功能相似的部门的整合有效地避免机构重叠、职能交叉，从而提供有效的公共服务。最后，整合性服务模式的主要功能是打破传统的分散化与碎片化的供给模式，进行跨部门、跨层级协同合作，从而提供整合性的服务。

3.2　一站式服务：整合性结构“江东模式”纵向案例分析

通过对江东街道社会救助服务中心社会救助一站式服务实践进行纵向案例分析，得出一站式平台的建立所形成的组织结构变革是在原有等级政府结构内部生长的一种服务整合结构，我们把它称为公共服务组织整合性结构变革的“江东模式”。

3.2.1　整合性组织结构变革的理论框架构建

通过文献回顾，可以初步地发现，中国基层公共服务组织结构变革的一个基本路径是从等级式的官僚制组织结构中生长出一种网络式的服务整合组织结构，且需求驱动和技术变革是两个主要的推动因素。本书综合该变革路径与推动因素，提出了理论分析框架。

1. 核心文献研究中的服务整合模式

表 3-2 选取了具有代表性的文献，从中提炼出了服务整合的构成要素和相应模式。

表 3-2 服务整合的构成要素和模式

文献	构成要素	服务整合模式
Stephen and William（2008）①	信息化、多元化、数字化	网络协同式
Robert and Michael（2007）②	协作性、高质量、目的性	分权协作式
Pollit C（2003）③	整体性、互通性、团结性	一体交互式
Robert Agranoff（1991）④	多样化、程序关联度、系统改革	组织设计式
Layne and Lee（2001）⑤	系统集成、一体化、交叉引用	集成化
冯锋和刘斌（2003）⑥	一致性、先进性、总体性、同步性	竞争式
诸大建和李中政（2007）⑦	创新、快速、低成本、高效率、专业化	网络治理式
周毅（2009）⑧	有序性、层次性、动态性、结构升级	平台建设式
李海娟（2011）⑨	统筹、激励、引导	驱动式
翁和永和郁笑春（2011）⑩	互动、重组、竞争、个性化、一体化	信息共享式

①[美]斯蒂芬·戈德史密斯，威廉·D·埃格斯. 网络化治理：公共部门的新形态[M]. 孙春迎，译. 北京：北京大学出版社, 2008：8-16.

②[美]罗伯特•阿格拉诺夫，迈克尔•麦圭尔. 协作性公共管理：地方政府新战略[M]. 李玲玲，鄞益奋，译，北京：北京大学出版社, 2007: 20.

③ Pollit C. Joined-up government：a survey[J]. Political Studies Review, 2003（1）：35.

④ Robert Agranoff. Human service integration：past and present challenges in public administration[J]. Public Administration Review, 1991（6）：533-541.

⑤ Layne K, Lee J. Developing fully functional E-government：a four stage model[J]. Government Information Quarterly, 2001（2）：122-136.

⑥ 冯锋，刘斌. 非服务型企业的服务特点及服务整合的基本原则[J]. 软科学, 2003（6）：37-39.

⑦ 诸大建，李中政. 网络治理视角下的公共服务整合初探[J]. 中国行政管理, 2007（8）：34-36.

⑧ 周毅. 论政府信息服务整合平台的构建[J]. 情报理论与实践, 2009（12）：51-55.

⑨ 李海娟. 试析公共文化服务发展的整合战略[J]. 毛泽东邓小平理论研究, 2011（11）：21-26.

⑩ 翁和永，郁笑春. 从现状看我国信息资源整合、信息服务整合战略和发展方向[J]. 图书情报工作, 2011(19)：63-67.

续表

文献	构成要素	服务整合模式
邓锁（2011）①	网络、整合、项目与服务连接	政策网络式
唐任伍和赵国钦（2012）②	协同、权力共享、动态传输、弹性责任	综合协同式
王晓伟（2013）③	专业、精细、柔性、高效、低风险	一体化
吴长剑（2014）④	统一、协调、多中心、渐进化、综合化	体系化
侯雷（2014）⑤	协同、综合、共识、多层次	多元合作式
齐永智和张梦霞（2015）⑥	协同、高质量、可靠性、一致性	多渠道式

从表 3-2 服务整合的相关构成要素中可以看出，虽然不同学者对于服务整合的内涵定义稍有不同，但还是可以将其归纳为：服务整合是组织的统筹、重组能力，通过不同层面的协同和引导，实现组织间的良性竞争，提高组织间的互动能力，建立起多层次、多中心的组织结构模式。还通过汇总不同学者的观点，将其进行分类，总结出了不同类型的服务整合模式。为了进一步丰富服务整合的理论内涵，将其界定为公共服务组织在技术执行过程中满足服务多元化需求而进行的公共服务组织结构变革及其运行机制。其中，满足不同服务主体的需求是服务整合的前提和基础，公共服务组织的技术执行过程是服务整合的实现手段。由此，我们对服务整合的含义有了更加准确深刻地理解，对于帮助我们下一步研究的开展奠定了重要的理论基础，提供了前提条件。

2. 需求驱动因素

需求驱动是组织结构变革的一个重要因素。公共服务组织结构的变革的核心要素在于建立一种全新的动力机制——以需求驱动代替被动给与的机制。目前，基层公共服务组织应当立足于内外环境的变化，实现从“被动要求”向“群众需求”的跨越式转变。“需求驱动”既代表了组织内部的整合需求，又代表了组织外部的资源需求，本质上可以看做是一种服务模式的增长。需求驱动不是依靠资

① 邓锁. 政策实施的网络视角与社会服务整合[J]. 江苏社会科学, 2011（1）：26-31.

② 唐任伍，赵国钦. 公共服务跨界合作：碎片化服务的整合[J]. 中国行政管理, 2012（8）：17-21.

③ 王晓伟. 从港前服务整合角度谈港口物流服务供应链优化[J]. 世界海运, 2013（10）：11-14.

④ 吴长剑. 我国基本公共服务城乡一体化的路径再造——“并轨与整合分析框架”[J]. 湖北社会科学, 2014（9）：27-32.

⑤ 侯雷. 城市公共安全服务供给的基本机制及其整合[J]. 东北师大学报, 2014（3）：58-62.

⑥ 齐永智，张梦霞. 零售企业多渠道整合服务[J]. 经济问题, 2015（4）：71-77.

源的增加，而是依靠资源的整合。可以确定的是，“需求驱动”的概念在组织当中形成，将会在很大程度上降低资源的浪费，提高资源的利用效率，帮助形成一种新的组织结构模式。

在当前的社会转型期中，公众对于公共需求的持续增加及地方政府提供的公共服务不足已成为制约中国地方政府发展的主要因素之一，也是中国公共服务领域的一对基本矛盾。对于基层政府公共需求与公共服务供给的研究，将会改善基层政府的服务水平和质量。公共服务需求随着社会经济的发展和人民生活水平的提高也日益呈现出复杂性的基本特征。公共服务需求的复杂性表现为公众对公共服务需求的规模总量、差异性数量和交叉性内容的综合体现，呈现出渐进性、多样性、交叉性三个基本特征。而公共服务需求的复杂性是当代社会经济发展的产物，是生产与消费模式、劳动力构成、信息技术、环境和社会问题、科技等多因素综合作用的结果。①

3. 信息技术因素

信息技术是指为了处理信息资源所运用的技术手段的总称。信息技术作为一种新兴的生产技术，因其能够延伸信息传递渠道、缩减内外沟通时间、节省上下协作成本而被广泛运用至政府组织之中。公众可以从各种政府网站获取可靠的信息资源，并与工作人员展开交流，据此满足自身需求。信息技术的使用会在一定程度上改变政府组织以往的运作模式，促使组织结构向新的方向变革。

技术上的任何进步都会对政府结构产生一定的影响，其中信息技术发展的影响力最为强大。信息技术不仅改变了政府系统内部的信息基础，也成为了推动政府结构变革的内在动力和重要手段。在传统政府组织结构中，大部分的信息都集中在较高管理层之中，从而产生信息传递速度慢、沟通成本高等问题，经常会出现信息误传的状况，严重阻碍了政府部门的沟通。现代信息技术的开放性和网络化使得人们对信息的获取更为便捷，信息沟通的方式和途径也随之发生了根本性的变化。信息技术的运用改变了传统的政府沟通模式，打破了原有政府部门之间等级森严的局面，使政府的结构形态向扁平化的趋势发展。政府部门充分利用网络和信息技术，借助电子政府，解决了信息孤岛的问题。②

---

① 曾维和. 当代西方国家公共服务组织结构变革——基于服务需求复杂性的一项探讨[M]. 北京：中国社会科学出版社, 2010：63-70.

② 俞晓波. 大都市政府结构扁平化研究——以上海市为例[M]. 上海：复旦大学出版社, 2014：175-176.

20 世纪 50 年代，英国学者 Woodword 通过调研近 100 家小型制造企业发现，组织结构因技术而发生不同变化，他认为组织和个人的要求随技术的改变而作出相应改变，此种要求需经过与之相符的组织结构加以满足。他进而提出了“技术决定论”的观点，即技术类型与组织结构互相对应，这一观点成为了解释组织结构多样性的主流观点。[①]这一观点与传统管理学的理论相比，其共同点是认为组织结构都是为了满足追求最大经济效益的目的而设计，都作为满足经济需求的工具和手段而存在，“技术决定论”的观点有力地反驳了以科层制为代表的传统管理思想。但是，“技术决定论”也随着历史的推进暴露出自己的缺陷，它仅仅用技术的变化来阐释组织结构的不同，认为组织结构只因技术因素作出改变，二者之间只存在决定与被决定的关系，缺少其他改变组织结构的参与元素。“组织决定论”是另一种对技术和组织结构相互关系的讨论，此种观点认为信息技术在组织中运用的目的是满足组织对信息材料的需求以及组织管理者的政治意图，组织结构变革的方向和模式在技术引进之前已经确认，而不是因技术的应用而改变了组织结构。[②] 这种观点正好与“技术决定论”相反，认为推动组织结构变革的根本力量是管理者而非技术应用。本书则主要利用“技术执行”这一概念讨论技术与组织之间的关系。美国学者 Jane Fountain（2004）在《构建虚拟政府：信息技术与制度创新》一书中提出了一个技术执行（technology enactment）的分析框架，她首先区分了客观的技术（objected technology）和被执行的技术（enacted technology）。客观的技术包括因特网、其他数字电信传媒技术、硬件和软件；被执行的技术则包括用户对技术的理解以及技术在特殊情境中的设计和应用。Jane Fountain 指出，技术执行作为政府构建的一种工具，当政府官僚在管理公共项目、政府运作、服务传递和政策执行活动中，超越机构及项目变化的管理范畴而对制度变化进行管理时，他们的活动就构成了政府构建。当组织的行动者通过执行新技术来重塑政府以及经济中的关系时，政府正在被构建。在这里，技术没有能动性，技术的执行是依靠于组织管理者的设计和运用以及内嵌于组织环境和制度环境之中的信息及通信系统，换而言之，技术是被人执行和使用的。[③] 可见，技术执行作为政府建构的工具，实质上是政府结构形式建构的一种工具。我们把技术

① 曾楚江，王斌. 信息技术与组织结构：观点比较与研究展望[J]. 财经科学, 2011（3）：84-85.

② Markus M L, Robey D. Information technology and organization causal structure in theory and research [J]. Management Science, 1988（5）：34-35.

③ [美] 简·芳汀.构建虚拟政府：信息技术与制度创新[M]. 邵国松，译. 北京：中国人民大学出版社, 2004：11.

执行作为公共服务组织结构构建的工具，来具体分析基层公共服务组织结构是如何从政府组织体制中生长出来的。虽然国内外已有学者研究了服务整合对基层公共服务组织结构变革的影响，但是以技术执行和需求驱动为研究背景、在技术执行和需求驱动影响下的服务整合对基层公共服务组织结构变革的研究几乎没有。

公共服务是社会生产力发展到一定阶段的产物，由于不同历史文化传统的存在，各国实行着不同的政治经济制度，处于不同经济发展阶段的国家和地区公共服务发展的思路、模式、规模及具体内容各不相同，存在着很大的差异性。但是，一方面公共服务本身具有一定共同的本质属性；另一方面，全球经济一体化对不同国家和地区公共服务的发展起到推动、促进的作用。保障基本人权是提供公共服务的逻辑起点，维护公共利益是提供公共服务的基本标准，提供主体的多元化是现代公共服务的现实要求，契约主义是公共服务供给改革的主要法理依据。①

4. 理论框架构建

根据以上分析，构建了一个基于技术执行、需求驱动和公共服务组织内层整合性结构变革之间的半交互影响的理论框架，如图 3-4 所示。

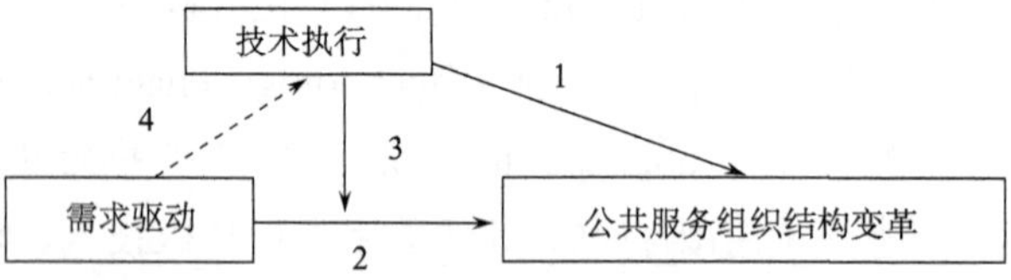

图 3-4　整合性组织结构的理论框架

需求驱动是公共服务组织结构变革的首要原因和基本因素，需求驱动可以帮助政府服务组织深刻地认识到自身结构所存在不合理的地方并且根据需要适时适度地作出相应改变，从而使组织在技术执行过程中及时进行结构布局的调整，确保组织结构在变革过程中保持连续性和一致性。图 3-4 简单地展示了本书所运用的理论框架。当技术受到政治、制度等事先安排时，就成为了被执行的技术，而非传统意义上仅仅用作沟通交流而存在的信息技术。被执行的技术会对组织结构产生一定的影响，促使组织结构适当发生变革，以达到利用技术维持当前组织结构稳定、强化现行所实施制度的目的，技术的执行受到了组织制度安排的影响，

① 曹剑光. 公共服务的制度基础——走向公共服务法治化的思考[M]. 北京：社会科学文献出版社, 2010: 54-55.

从而产生了新的规则和要求，如若个人和组织想在这样的环境中得到支持且被认为合法，则必须遵守这些规则和要求（实线 1）。① 需求驱动作为组织技术执行过程中的一种动态要素，在组织内部和外部两个层级之中共同发生作用，直接影响了公共服务组织结构的合理变革，政府组织通过将碎片化的服务进行整合，简化了自身原本繁琐的工作流程，提高了工作效率，满足了群众不同层面和程度的需要，提高了群众对政府工作的满意度（实线 2）。我们可以看到，技术执行具有调试作用，加强了需求驱动对于公共服务组织结构变革的影响程度，也可以说，在技术执行的强化下，需求驱动对于公共服务组织结构的正向调节作用更加突出（实线 3）。在需求驱动与技术执行的关系中，由于本书的研究主题所限，需求驱动对技术执行有什么影响，或者需求驱动怎样影响技术执行，我们在此不做深究（虚线 4）。

图 3-4 清晰地展示出了本节的理论框架与立论基础，理清了文章的基本结构与分析思路，明确了需求驱动、技术执行以及公共服务组织变革三者之间半交互影响的关系，在此三者的相互影响与作用下，产生了服务整合的新模式。这种服务整合作为公共服务组织结构的一种形式，出现了内部生长的结构，进而公共服务组织的结构实现逐步变革。

3.2.2　案例研究方法和资料数据来源

本书采用纵向案例研究的方法，通过对具体案例划分相应的时间节点逐步分析以达到对案例深入探究的目的，并具体阐述了案例选择的依据。在收集资料数据时，主要采用深度访谈、现场观察、二手资料和纵向追踪研究的方法。

1. 纵向案例研究的方法

案例研究是一种专注于理解在单一设置下的动态呈现过程的研究策略。② 此种研究方法可以使用嵌入式设计，也就是说，多个层次的分析可以被用在一个研究之中。在选择案例分析研究方法时，主要考虑以下三个因素：第一，在回答例如“怎么样”或“为什么”这样的问题时，我们首先考虑选择案例研究的方法；第二，依据行为事件的控制程度，当研究者存在难以控制的事件发生时，案例实

---

① [美]简·芳汀.构建虚拟政府：信息技术与制度创新[M]. 邵国松，译. 北京：中国人民大学出版社, 2004：12.

② Bruns J A review of Robert K. Yin' s case study research：design and methods[J]. Journal of Management Accounding Research, 1989（1）：157-158.

证研究是一种合适的分析研究方式；第三，通常情况下被研究的现象存在于一个真实的背景下。[①] 因此，本书根据主题存在的真实性和现象上的典型性，采用案例分析方法进行研究与探讨。本书中案例研究通常使用数据收集的方法，比如档案、访谈、问卷调查和观察，数据可能是定性的（如：字），也可能是定量的（如：数字），或者两者兼而有之。案例研究可以用来完成不同的目标：提供描述，测试理论或生成理论。其中，通过案例分析研究从而生成新的理论是其最重要的目标。[②]

作为探索性研究，本书选择了纵向案例分析的方法，此方法有助于对单一案例进行规律总结和深度探究。[②]纵向比较案例法提供了在相关背景中研究案例连续性过程的机会并且在分析各种相互关联事件的层面上具有非常重要的意义。纵向个案研究的方法对于在管理实践中出现的新现象和新问题的捕捉具有非常重要的作用，其对某个案例深入探究的过程，表现出更加准确地探索研究框架中所提出新问题的特点，结论能够起到加深对案例理解的作用。[③]

根据 Eisenhardt 的观点，纵向比较案例法的实施步骤分为以下八个部分：①通过对研究问题进行定义（可能是先验的结构）展开对案例的研究。②选择合适的案例，其中既不需要已有的理论，也不需要先前的假设，只需指定研究的具体数量。③制作工具和制订协议，此时需要多个数据收集方法，并且需要多个调查人员对定性和定量的数据进行整合。④正式进入需要探究的领域，包括重叠的数据收集及分析和灵活的数据收集方法。⑤分析数据，使用不同的搜索技术进行数据分析。⑥形成理论，包括为每个迭代列表构建证据，复制案件的数据而不是采样，寻找原因背后关系的证据。⑦进行比较，包括与矛盾的和相似的案例进行比较；⑧结束探究，并且在可能的情况下对理论进行扩充。[②]吴晓波等（2009）对杭氧集团进行纵向案例分析所运用的步骤如下：①研究基础铺垫。明确研究视角，总结与此相关的理论，便于开展后续研究。②选择研究对象并作相关介绍。对研究对象进行介绍时说明了数据获取的来源与方法等情况。③案例分析及发现。对案例进行时段划分，深入分析所提出问题，并总结每一时段的组织特点。④案例讨论及启示。对案例分别进行横向和纵向的分析比较，得出具有一般意义的启示。

① Yin K. Case Study Research：Design and Methods（2nd edition）[M]. London：Sage, 1994.

② Eisenhardt K M, Graebner M E. Theory building from cases：opportunities and challenges[J]. Academy of Management Journal, 2007（1）：28-32.

③ Pettigrew A M. The Fifth Discipline：The Art and Practice of the Learning Organization[M]. New York：Doubileday, 1990.

⑤得出结论。综合以上论述及观点，探索出企业动态创新的发展规律。[①] 许庆瑞等（2013）在对海尔集团进行纵向案例分析时，主要运用了以下几个步骤：①选择研究案例的对象，根据研究的目的选择适宜的企业。②对使用到的构念的定义和测量方法进行介绍，即构念测度。③数据收集。通过不同的途径收集数据信息以降低偏差，提高信度。④数据编码与信度检验。采用内容分析法对收集到的素材进行多级编码，以表格形式对构念测度进行总结，最后进行可信度检验。⑤案例分析。根据企业实际的发展运行情况，将企业划分为不同的时期进行具体深入的分析。⑥案例讨论。针对企业发展历史与现状，归纳出企业自主创新能力演化的路径。⑦得出结论。根据上述 7 个方面的分析论述，得出了一个分析框架，总结出了海尔集团动态创新的演变过程。[②]

本书基于综合考虑，选择了以单一案例分析为代表的纵向案例分析方法，从如下几个步骤展开研究：①选择案例。以南京市江东街道社会救助服务中心为研究对象，此部分主要介绍了选择此样本的原因以及相关资料的获取途径和数据的收集方法，为接下来的研究作出铺垫。②案例分析。此部分对救助中心从建立到成为典型的过程进行了深入的讨论，首先对社会救助中心进行总领性的介绍，进而以制度和技术为研究视角将救助中心的具体发展历程划分为 5 个阶段，深入细致地分析了每个阶段的发展情况，总结出各自的特点，层层递进。③研究发现。该部分在该节理论框架的基础之上，进一步对此框架进行了具体的阐释，延伸了其理论内涵，并且构建出了服务整合内部生长的概念模型，探索出以救助中心为代表的基层公共服务组织发生变革的历程。④得出结论。此部分结束了对案例的探究，得出研究结果，分析出此次研究的不足之处并对下一步研究提出新的要求。

本书基于纵向案例研究，探索出以南京市鼓楼区江东街道社会救助服务中心为代表的公共服务组织结构的变革，并构建出相应的理论框架。

2. 案例选择的依据

本书选择以南京市鼓楼区江东街道社会救助服务中心为样本。选择此样本主要基于以下三方面的因素。

第一，案例的典型性。Eisenhardt（2007）指出，为某项研究所选择的新案例

---

① 吴晓波，马如飞，毛茜敏. 基于二次创新动态过程的组织学习模式演进——杭氧 1996-2008 年纵向案例研究[J]. 中国工商管理案例研究, 2009（2）：153-163.

② 许庆瑞，吴志岩，陈力田. 转型经济中企业自主创新能力演化路径及驱动因素分析——海尔集团 1984~2013 年的纵向案例研究[J]. 管理世界, 2013（4）：121-132.

可以是复制以前的案例或者是扩展新兴的理论，案例可能是出于随机的选择，但是随机选择不但是不必要的，甚至是不可取的。[①]Yin（1994）同样认为，案例选择应该具有极端性。[②]鼓楼区政府在贯彻落实以最低生活保障为基本，与低保边缘救助群体相衔接，以医疗、住房、教育等专项救助为辅助的基础上，深入挖掘了各类社会救助载体，大力推动了社会协同和公众参与度，逐渐形成了“多维一体”的社会救助立体化网络新格局，实现了“一门受理”的管理模式。这种高效的工作方式在全国范围内都极具代表性。2014 年 4 月南京市政府将江东街道社会救助服务中心作为全省唯一试点，经过短短一个月的时间，已经成为社会救助的样板点，起到了示范作用。该方式开始在江苏省全省范围内进行大规模推广，吸引了省市领导乃至外省各相关单位的观摩与学习，将“一门受理、协同办理”机制的建设和信息情况核对工作等方面的经验引入全国各地，同样表现出典型性的特点。2009~2015 年，江东街道经历了不同阶段的发展和不同方式的整合，历史资料相对真实完整，这些整合使得办事效率得到很大程度提升。各类救助资源在社会救助服务中心统筹运行，各种救助物资在服务中心统一配给发放，提高了社会救助的管理和服务水平。不仅减少了群众办理业务的时间，方便了群众生活，极具特色的救助项目更是加强了困难群体的救助针对性，大大提升了群众的满意度。最后，以街道层面的服务整合为切入点研究地方公共服务组织结构的变革是本节研究的中心目的，而江东街道社会救助服务中心对救助项目的整合正符合本书的研究目的，所以本书选取此案例进行分析并系统地诠释了服务整合视角下基层公共服务组织结构变革的过程，在一定程度上弥补了理论研究上的不足。

第二，研究的便捷性。首先表现为调研工作的便捷性，江东街道社会救助服务中心是本书作者所在学校长期合作的教学实践基地，与本书作者所在学校位于同一地理区域，方便了研究工作的开展，有利于经常性地前往此地进行实地性的调研，减少了远距离调研的工作量，避免了可能出现的时间紧迫或资源浪费问题，保证了调研工作在既定的时间内顺利开展，按时完成相关任务，得到相关资料和数据。其次表现在资料获取的便捷性，江东街道社会救助服务中心作为全国示范性的救助服务中心，在实践工作的基础之上对日常管理经验进行全方位的总结与概括，形成了自己独到的见解，加之对先进技术的开发与引进以配合中心救助工

① Eisenhardt K M, Graebner, M E. Theory building from cases: opportunities and challenges [J]. Academy of Management Journal, 2007（1）：25-32.

② Yin R K. Case Study Research: Design and Methods（2nd edition）[M]. London：Sage, 1994.

作的开展，更是引起了来自全国各地民政部门乃至中央部门的关注，在全国范围内都具有相当高的知名度。同时，江东街道社会救助服务中心在整个行业内都具有服务与管理方面的领先性，得到了众多媒体的广泛报道，有关资料在网络上的获取相对比较方便，因而丰富了本书资料的获取，为本书资料的多样性和独特性提供了重要保证和支撑。

第三，数据资料获取的连续性。本书以 2009~2015 年为时限，并且选取了相应的时间节点对以江东街道社会救助服务中心为代表的基层公共服务组织的变革情况进行了研究。在这 6 年中，江东街道社会救助服务中心的领导阶层成员构成相对稳定，按照政策运行对管理服务进行革新。在组织发展运行的过程中，逐步积累了趋于完备的实践经验和理论体系，对于社会救助工作逐步形成了具有区域代表性的模式和特色，可以确保我们的研究在最大程度内获取相对及时准确的数据和资料信息；领导阶层的稳定性也为组织工作的连续统一性提供了前提条件，保证了救助工作的变革在同一背景和环境下渐进式地进行，而不是发生一次性大幅度跨越式的改变，更有利于我们进行纵向案例的研究；明确了在具体时间点相对应的细微变化，帮助我们在同一研究中进行多层次的深入分析。

3. 案例资料来源与数据收集方法

数据收集主要遵循三个原则。第一，使用多来源的数据。多来源的数据可以帮助构成“资料三角形”结构，即从不同的来源搜索出相互融合的结果以增加建构的效度，多样化的信息资源可以对数据进行相互补充和交叉验证。第二，建立一个案例研究数据库。数据库中具体包含以下 4 个方面的内容：案例研究笔记（可供日后使用的清晰的笔记）；案例研究文件；表格材料（研究收集和自我创建）；叙述内容（由调查员建议的对于研究问题具有最初开放性的答案）。第三，保持一个完整的数据链。具体过程由以下 4 个步骤组成：在案例研究的协议中应该指出初步需要研究的问题和案例研究过程之间的联系，证据收集情况也包含在内；将数据收集情况建立在协议的基础之上；数据库中存在供以后检查的实际数据的存储信息（指明具体的收集情况）；充分引用案例研究的数据基础，绘制出最终报告中的证据和结论。[①]本书采用了深度访谈、现场观察、二手资料和纵向追踪研究的方法，通过多样化渠道的信息收集，增加了信息的可靠性与有效性，共同验证了同一个事实，最大程度地获取了相对真实完整的信息资料以保证此次研究的

① Yin R K. Case Study Research: Design and Methods（2nd edition）[M]. London：Sage, 1994.

可信度。

1）深度访谈

深度访谈法是访谈法的一种典型形式，也是定性调查的主要模式，在社会调研活动中扮演着重要角色。深度访谈法是用于获得对问题深层次理解的探索性的研究方法，在访谈之前不对问题进行全方位的设计，而是在访谈过程中根据实际情况对问题进行适时的变化，力求获取有效信息，不拘泥于传统刻板而严肃的访谈形式，适时而变，访谈双方可以自由地获取想要的信息，避免了结构化访谈的压力，本书采用的主要是以半结构化访谈为代表的深度访谈方法。

Wengraf（2001）认为，半结构化访谈具有两个主要特征。第一，访谈过程中的部分问题是访谈者事先进行准备的、半结构式的，并且通过访谈者加以修改，整个访谈的过程和内容是访谈者与被访者的共同结果；第二，访谈内容需要深入事实内部，进行深层探究。①我们采访了三位参与江东街道社会救助服务中心建设的不同职能部门的中高层管理人员，三名访谈对象的确定主要基于以下三方面的原因：首先，三位成员在2009~2015年全程参与了江东街道社会救助服务中心的建设工作，对于救助服务中心的工作流程、工作原则、工作方法等都相当了解，可以帮助我们最大限度地掌握相关资料和信息；其次，在其工作部门行政职务较高，资历较深，为我们提供的信息具有权威性。最后，三名成员提供的资料信息与我们的研究内容吻合度较高。因此，我们选取了这三位成员作为此次半结构化访谈的对象，以完成我们的调研活动。

在访谈过程中，首先由三位管理者向我们介绍了江东街道社会救助服务中心的基本情况、形成过程，然后由我们询问此次调研活动中想要了解的相关问题。在访谈过程中，本书作者对于访谈的内容全程进行了记录，访谈结束的当天对访谈笔记进行了整理汇总，遵循了及时、准确、不遗漏的原则。全面整理访谈笔记之后，作者又根据研究目的对笔记进行了新一轮的筛选，选择出对本书的研究有价值的部分。

2）二手资料

本书所搜集的二手资料主要包括江东街道社会救助服务中心公开发表的信息和媒体对其的报道以及领导的发言稿等，可以分为文献资料和档案资料两大部分。

首先，对文献资料进行收集。第一，通过南京市鼓楼区门户网站、南京市民

① Wengraf T. Qualitative Research Interviewing Biographic Narrative and Semi-structured Methods[M]. London: Sage Publications, 2001.

政局官网、南京市政府官网等网站初步了解了江东街道社会救助服务中心的大体情况和相关信息；第二，通过中国期刊全文数据库搜索“一门受理”相关的文献资料，并认真研读；第三，通过搜索引擎了解与江东街道社会救助服务中心有关的内容，并进行大体归类。[①]

其次，对档案记录进行收集。第一，三名领导层成员为本书提供了江东街道社会救助服务中心内部资料，包括实践工作经验总结和领导讲话稿；第二，作者查阅了江东街道社会救助服务中心的媒体报道，包括网络新闻报道和报纸新闻报道，具有典型代表性的网络报道包括来自中国江苏网、江苏民政网、网易新闻中心等网络新闻媒体的报道；报纸新闻媒体报道主要来自《新华日报》《现代快报》《南京晨报》等媒体。

最后，对政策文本进行系统分析。作者分别对中国、江苏省、南京市三个层面关于社会救助的政策文本进行了分析，例如作者分析了国家层面推行的《城市生活无着的流浪乞讨人员救助管理办法》（2014/2/21）、《社会救助暂行办法》（2014/5/1）、《生活无着的流浪乞讨人员救助档案管理办法》（2015/1/1）等相关文件；江苏省推行的《关于对特殊困难残疾人实施生活救助的通知》（2012/1/1）、《省教育厅等部门关于进一步加快特殊教育事业发展意见的通知》（2014/11/10）、《江苏省社会救助办法》（2015/2/1）等文本；南京市推行的《关于加强全区孤儿保障工作的意见的通知》（2011/1/13）、《南京市残疾人就业保障金征缴实施办法》（2012/3/1）、《关于开展因病支出型贫困家庭临时生活救助试点工作的通知》（2013/12/23）等政策为例，系统学习比较了不同层面推行社会救助方面的政策，明确了各政策的收益群体、获助途径、保障范围等具体内容。

3）现场观察

现场观察法是指在调研活动中调研者根据特定的研究目的，以自己的感官去直接观察被研究的对象，从而获得信息资源的一种社会调查方法。在本书数据信息资料收集的过程中，作者对江东街道社会救助服务中心进行了实地参观，全面系统地了解了社会救助中心 2009~2015 年的发展史。作者在观察过程中，明确了江东街道社会救助服务中心的工作流程和办理手续，深入了解了工作人员的日常工作，以及工作人员科学合理地为困难群体提供帮助的方式。通过观察救助服务中心的工作，作者感受到了江东街道社会救助服务中心的演化历程和以此为代表

① 彭新敏，吴晓波，吴东. 基于二次创新动态过程的企业网络与组织学习平衡模式演化[J]. 中国工商管理案例研究, 2011（4）：141-142.

的基层公共服务组织的变革过程。在参观中，作者通过与工作人员进行现场交流，深入理解了江东街道社会救助服务中心发展的不易与辉煌。调研过程中，在工作人员的指导下，作者对江东街道社会救助服务中心两大创新系统——自主研发的“社会救助自助查询系统”和引进的“社会救助和低收入居民家庭经济信息核对系统”进行了实际操作，进一步了解了中心先进的救助程序和方法，为本书的编写积累了大量素材。

4）纵向追踪研究

纵向追踪研究是在相对较长的时间内对相同的研究对象进行定期的研究，或者从时间的纵向发展过程考察研究对象的一种研究方案。通过此方法可以发现发展过程中的关键转折点，使研究保持持续性。基于此，我们将此次研究划分为 4 个不同阶段，定期获取新的资料并对问题进行补充，在各个研究阶段都保持研究的协同性与独立性。

3.2.3　案例分析：整合性组织结构的发生过程讨论①

主要是对江东街道社会救助服务中心公共服务组织结构变革的历史演变进行纵向案例分析。介绍社会救助中心基本工作情况的基础上，将江东街道社会救助服务中心公共服务组织结构的发展演进划分为四个阶段。在对发展阶段分析的基础上进一步分析需求驱动下技术执行对服务整合组织结构的内在作用机理。

1. 案例简介

江东街道社会救助服务中心位于江苏省南京市鼓楼区江东北路 107 号，是南京市组建较早、规模较大、设施配套、功能齐全，集社区保障、救助等为一体的综合性服务中心。它不仅涵盖了政府职能的内容，还设置了与群众生活密切相关的项目，大厅设置有劳动保障、职业介绍、计划生育、民政事务、慈善超市、医疗保险、国税地税征收、信访接待、劳动仲裁等服务窗口，大厅东侧还设有电子触摸屏、LED 显示屏，能快速、方便地发布社区内外的各类信息及有关消息，方便社区居民利用现代科技手段进行信息查询，为居民提供便捷服务。

《社会救助暂行办法》颁布前，民政部省市区领导多次到江东街道进行调研指导工作，为建立社会救助中心，规范社会救助管理，完善社会救助体系做了大量工作。江苏省南京市鼓楼区于 2008 年建立大综合救助体系，2009 年建立社会

① 本部分案例介绍与数据来自于对江东街道社会救助中心的实证调研，在此表示感谢！

救助中心，2011 年南京市建立信息比对制度。完善救助体系、平台、运行方式，提升了民政系统牵头统筹的有效性，提升了核对工作的准确性，提升了基层“一门受理、协同办理”的规范性，提升了“救急难”的及时性，提升了信息化办法的协调性，提升了监督检查的可靠性。

2014 年 2 月国务院《社会救助暂行办法》颁布后，省、市、区各级政府高度重视，积极贯彻落实《社会救助暂行办法》。根据省、市要求，积极组织全区救助工作人员宣传学习，做到思想认识到位；3 月份召开了新区成立后民政、卫生计生、教育、住建、人社、公安、慈善、红会、残联等部门和社会组织救助联席会议，完善了工作协调机制，做到了组织领导到位；邀请了省、市领导对鼓楼区救助工作人员进行区、街、社三个层面的培训，做到了政策掌握到位；进一步整合了“一门受理”救助平台，做到人员服务到位，为把街道社会救助服务中心建成体系完备、管理规范、特点鲜明的一流服务中心而努力。

业务受理区是救助中心的核心工作区，该区域专门安装了电子显示屏，将救助业务受理程序、救助对象公示等信息每天 8 小时循环播放，每次播放 5 分钟，为贯彻落实国家民政部《最低生活保障办法（试行）》和《江苏省居民最低生活保障工作规程》，救助中心在社区进行长期公示的基础上，对全街的在册低保家庭实施滚动播出、实时更新，有利于救助工作公开、透明。另外，受理区设有服务窗口 4 个，配有前台工作人员 4 名，工作时间为周一至周五，主要负责直接受理所有社会救助申请、初步审核、给予反馈，并答复咨询。同时，配备后台工作人员 6 名，主要负责会同社区入户走访调查、定期进行联合会审。另外，江东街道社会救助服务中心所有工作都可以进行网上审批及信息比对，通过将救助对象的车辆、房产等信息定期上报到市低收入认定中心，与劳动、公积金等部门进行信息比对，可以更准确地掌握救助对象的家庭情况，使救助工作更加科学、客观，这是中心近年来推出的一项重要的规范化举措。

“一门受理”救助服务中心成立后，救助的效能得到了大幅提升，中心具有申请、受理、审核、查询、分办、转接、动态管理、数据统计八个功能模块，窗口接收的“零散化”社会救助事项，通过中心进行项目整合汇总，信息及时发送各相关救助部门进行办理。困难群众可以在一个救助中心任意窗口办理所有救助项目，办件平均办理时间由 30 分钟降到 8 分钟左右，以前困难群体办一件事平均要跑 3~5 个部门，目前 12 项社会救助项目的窗口人员都可以综合受理，群众满意度得到了大幅提升。

2. 具体发展历程

鼓楼区委、区政府高度重视民生工作，始终坚持将“一门受理”作为社会救助体系创新的重要突破口，探索出一套由分散救助向统筹救助、由节日救助向日常救助、由被动救助向主动救助、由封闭运作向公开透明、由静态管理向动态管理的社会救助工作新模式，取得了较好成效，多次得到省部领导的充分肯定。2009年以来，在鼓楼区长效实施的12项社会救助中，累计发放各类救助资金4.65亿元，广受百姓好评。同时，为深入贯彻落实国务院《社会救助暂行办法》，保证“救急难”方针落在实处，根据民政部和省领导提出的“江苏省社会救助工作要先行先试”要求，江苏省民政厅把乡镇（街道）社会救助“一门式受理”平台的建设作为打通社会救助政策“最后一公里”的基础性工作，加大了试点力度，在总结南京市鼓楼区等地乡镇（街道）社会救助“一门式受理”窗口建设经验的基础上，把能力建设作为核心，提出了“求助有门、门里有人、人人全能、能解急难”的基层社会救助工作新思路，初步形成了“一表登记”“一门受理”“一体推行”“一口上下”的基层社会救助管理服务工作模式，保证了群众求助不走弯路，政府部门救助及时到位。目前，江苏省基层社会救助平台建设试点工作已经取得了初步成效，受到了群众的普遍认可。江苏省民政厅正在加大工作力度，在全省推行“一门受理”窗口规范化建设工作，确保国务院《社会救助暂行办法》能够切实执行。①

本书通过实证调研发现，制度因素与技术因素是江东街道社会救助服务中心公共服务组织结构变革的两大核心要素，因此，以制度因素和技术因素对组织结构变革影响力度作为划分标准，可以将江东街道社会救助服务中心公共服务组织结构的发展演变划分为4个阶段。

1）制度规范化阶段

江东街道社会救助服务中心的社会救助模式在全国范围内成为典型，离不开各种层面制度和政策上的有力支持，通过建立一系列规范化的救助程序，强化了制度建设，有效整合了“一门式受理”的平台。为切实做好社会救助工作，鼓楼区从制度建设入手，有效整合了救助资源、信息资源、监察资源和社会互助资源，实现了上下互通、左右互联的社会救助网络体系。江东街道社会救助服务中心先

① 江苏民政. 江苏省民政厅提出基层社会救助平台建设新思路，确保困难群众求助有门救助及时[OL]. 中央政府门户网站：http：//www. mca. gov. cn/article/zwgk/dfxx/ttxx/201408/20140800685755. shtml.

后设置了 12 项救助政策。

（1）特殊困难残疾人生活救助。此项政策主要针对具有南京市常住户口、共同生活的家庭成员人均收入低于当地上年度城镇居民人均可支配收入，且持有《中华人民共和国残疾人证》的视力、肢体、智力、精神类的一、二级重度残疾人和具有南京市常住户口、共同生活的家庭成员人均收入在南京市低保标准以上但低于低保标准 2 倍，且其家庭为一户多残、依老养残的残疾人。救助标准为无固定收入，重度残疾人本人无固定收入的，按当地低保标准的全额发放生活救助金；有稳定收入，但低于当地低保标准的，进行补差救助。一户多残、依老养残家庭中的残疾人参照不低于当地城乡低保标准的 60%发放生活救助金。

（2）困难居民医疗救助。本救助针对南京市最低生活保障待遇的城乡居民、经民政部门认定的本市低保边缘家庭人员。救助方式分为日常医疗救助（适用于低保人员中的未成年人及 70 岁以上老人）以及住院、门诊大病医疗救助（适用于所有医疗救助对象；门诊大病种类与职工医保、居民医保政策规定病种相对应）两种。救助标准分为三类，第一，对享受日常医疗救助的人员，按照个人实际负担给予救助，本年度日常医疗救助累计不超过 300 元；第二，低保人员中住院和门诊大病患者，在医保用药和医疗服务目录内发生的医疗费用，对个人负担部分按 60%比例给予救助，年度医疗救助金额累计不超过 3 万元；第三，边缘困难人员中住院和门诊大病患者，在医保用药和医疗服务目录内发生的医疗费用，对个人负担部分按 60%比例予以救助，年度医疗救助金额累计不超过 1.5 万元。

（3）就业困难人员救助。针对经认定的就业困难人员制定。主要工作依据包括《就业服务与就业管理规定》（中华人民共和国人力资源和社会保障部令第 28 号）、《关于印发南京“十百千万”工程认定标准的通知》（宁劳社就管〔2003〕6 号）、市政府办公厅转发市劳动和社会保障局等部门《关于促进零就业家庭等就业困难群体就业和三级联动创建充分就业区县的实施意见》的通知（宁政办发〔2007〕136 号）和《关于做好“城镇零就业家庭”、“农村零转移家庭”就业援助工作的通知》（宁劳社就管〔2008〕6 号）等文件。工作流程包括开展“四清”调查、制定救援方案、提供救援服务、促进实现就业、落实补贴政策和建立跟踪回访制度六项内容。

（4）低收入、中等偏下收入家庭住房保障。救助对象为持有南京市城镇常住户口满 5 年以上（含 5 年），家庭人均住房建筑面积 $15m^2$ 以下的城市低收入住房困难家庭或城市中等偏下收入住房困难家庭。保障方式根据申请对象不同类型分为租赁补贴、购房补贴、廉租房、经济适用房、公租房等相结合的方式，以发放租赁补贴的方式为主。

（5）居民低保边缘家庭救助。凡持有南京市常住户口的居民家庭，其共同生活的家庭成员月人均收入低于南京市最低生活保障标准的 2 倍，且家庭成员中有大病患者、残疾、幼儿园学童或全日制在读学生、单亲、独居的 70 岁以上老人和遭遇突发性灾害或变故等情形之一的，可以申请低保边缘家庭救助。救助待遇包括生活救助、医疗救助等。

（6）困难居民临时救助。临时救助是针对居民家庭遇到突发性、特殊性困难以及因自然灾害或其他突发事件造成生活困难的人员家庭，为解决其维持基本生活的临时性救助措施。凡属鼓楼区常住户籍的居民，符合下述条件的，可以申请享受临时救助：城市居民中最低生活保障对象；家庭人均月收入高于鼓楼区最低生活保障标准、低于鼓楼区最低生活保障标准 2 倍的居民；在申请低保期间家庭生活困难的居民；自然灾害或其他突发事件，造成家庭生活困难的居民以及民政部门认定的其他困难居民。救助范围包括因患重病（个人自负医疗费的）造成生活出现暂时较大困难，经采取其他各种救助措施后，仍难以维持家庭基本生活的；因自然灾害或遇到突发性、不可抗拒因素导致家庭生活发生困难的以及其他特殊情况造成家庭生活特别困难的群众。

（7）因病支出型贫困救助。此项政策针对持有鼓楼区常住户口，按规定参加基本医疗保险，因患病自负医疗费用支出过大，致使实际生活水平低于当地最低生活保障水平的城乡居民家庭。对因病支出型贫困家庭采取一次性救助方式，同一家庭 12 个月内申请因病支出型救助一般不超过两次，具体包括以下两点，第一，在提出申请之月前 6 个月内，家庭自负医疗费用支出超过家庭可支配收入的，按照当地低保标准的全额给予此家庭 3 个月的临时生活救助金；第二，在提出申请之月前 6 个月内，家庭自负医疗费用支出未超过家庭可支配收入的，但家庭可支配收入扣除家庭自负医疗费用支出后的月人均数低于当地低保标准的，按照当地低保标准的 60%给予家庭 3 个月的临时生活救助金。

（8）城市居民最低生活保障。保障对象为持有鼓楼区常住户口的城市居民。凡共同生活的家庭成员人均月收入低于南京市城市居民最低生活保障标准的，且家庭财产状况符合《南京市城乡居民最低生活保障条例实施细则》（简称《细则》）有关规定的，可以申请低保。此政策的保障标准具体有两项，一是低保金的发放，依据《细则》予以补差保障；二是鼓楼区补充救助金的发放，为鼓楼区低保对象发放低保补充救助金。

（9）困难家庭教育救助。鼓楼区同时具备以下 3 个条件的低保户及低保边缘家庭的困难学生实行区级补充教育救助：户籍及居住点均在鼓楼区；全日制学校非义务教育阶段学生；未享受各级财政通过学校实施的教育救助。救助标准为低保家庭学生考上全日制博士研究生资助 5000 元/人，硕士研究生资助 4000 元/人，本科院校资助 3000 元/人，高等职业专科学校资助 2000 元/人；低保边缘家庭学生考上全日制博士研究生资助 3000 元/人，硕士研究生资助 2000 元/人，本科院校资助 1500 元/人，高等职业专科学校资助 1200 元/人，高中资助 800 元/人，往届生均按应届生资助金额减半给予资助。

（10）特困人员供养。供养对象为具有南京市户籍的城镇居民中符合下列条件的老年人、残疾人和未成年人：无劳动能力；无生活来源；无法定赡养、抚养、扶养义务人，或者其法定赡养、抚养、扶养义务人无劳动能力、无生活来源。供养待遇分生活救助（按城市低保标准的 150%执行，孤儿按孤儿养育标准执行）、医疗救助、养老服务、助孤服务（参照《南京市孤儿保障实施细则》执行）四类。

（11）灾害（保险）救助。此救助政策的受助对象为鼓楼区辖区内所有户籍居民和部分特殊人群。保险方案具体分为居民自然灾害人身意外伤害和家庭财产保险；在乡重点优抚对象医疗大病保险；退役士兵团体意外伤害保险；低保协理员、社工和社区退养主任意外伤害保险；80 周岁以上老年人意外伤害保险五类。

（12）鼓楼区慈善救助项目。此项目分为助学项目、助困项目、助残项目、助医项目、助老项目、公益项目六大项，还包括阳关家园、爱心闪耀、海洋天堂、心有所依、彩翼课堂等二十七小项。

表 3-3 分别从保障对象、救助方式、办理程序三方面总结了江东街道社会救助服务中心一系列规范化的制度。

表 3-3　救助中心规范化制度一览表

救助政策	保障对象	救助方式	办理程序
特殊困难残疾人生活救助	具有本市常住户口、持残疾人证、当地人均可支配收入等情况的残疾人	无固定收入重度残疾人全额发放；有稳定收入，进行补差救助；一户多残、依老养残按当地低保标准 60%发放	申请人向所在地街道社会救助中心书面申请，并提交相关证明；中心 5 个工作日内受理；中心委托社区进行调查；中心审核并报送区残联复核；区民政局 30 日内审批

续表

救助政策	保障对象	救助方式	办理程序
困难居民医疗救助	享受本市最低生活保障待遇的城乡居民、经民政部认定的本市低保边缘家庭人员	提供日常医疗救助及住院和门诊大病医疗救助	区民政局每月 20 日前将信息报市民政局；市民政局每月 25 日前汇总信息并录入同步结算平台
就业困难人员救助	经认定的就业困难人员	对就业困难人员、零就业家庭进行救助	开展“四清”调查；制定援助方案；提供援助服务；促进实现就业；落实补贴政策；建立跟踪回访制度
低收入、中等偏下收入家庭住房保障	本市常住户口 5 年以上，家庭人均住房建筑面积 $15m^2$ 以下的城市低收入困难家庭	提供租赁补贴、购房补贴、廉租房、经济适用房、公租房等相结合的方式，以发放租赁补贴的方式等	户主书面申请；中心对材料齐全的在 5 个工作日内受理；中心受理后在 20 个工作日内进行走访调查；中心审查并交房产管理部门审批；交区民政局复核；房产部门再次审批
居民低保边缘家庭救助	本市常住户口家庭，人均收入低于南京市最低生活保障标准 2 倍，且存在残疾、单亲等情况	提供生活救助、医疗救助等	户主书面申请；中心在 5 个工作日内受理；社区调查；中心在 15 个工作日内审核；区民政局在 10 个工作日内审批
困难居民临时救助	鼓楼区城市居民中的低保对象；自然灾害或突发事件；家庭人均收入低于最低生活保障标准 2 倍	提供医疗救助、生活救助等	户主书面申请；中心调查并评议；中心进行审核和审批
因病支出型贫困救助	鼓楼区户口且参加基本医疗保险，因病自负医疗支出过大致使贫困	采取一次性救助方式，同一家庭 12 个月内不得申请超过两次	户主书面申请；中心 5 个工作日内受理；社区调查；中心审查；区民政局审批
城市居民最低生活保障	鼓楼区常住户口，人均月收入低于城市居民最低生活保障标准	发放低保金或补充救济金	户主书面申请；中心 5 个工作日内受理；社区调查；中心审查；区民政局审批
困难家庭教育救助	户籍及居住地均在鼓楼区；全日制学校或非义务教育阶段学生；未享受各级财政通过学校实施的教育救助	提供高中、高等职业专科、本科、硕士、博士五级救助	户主书面申请；中心会同社区受理并调查；区民政局审批
特困人员供养	南京市户籍的城镇居民中无劳动能力；无生活来源；无法定赡养、抚养、扶养义务人的老年人、残疾人和未成年人	提供生活救助、医疗救助、教育救助、临时救助、养老服务、助孤服务等	本人申请并提交材料；中心审核公示；区民政局认定

续表

救助政策	保障对象	救助方式	办理程序
灾害（保险）救助	鼓楼区辖区内所有户籍居民和部分特殊人群	提供居民自然灾害人身意外伤害和家庭财产保险；在乡重点优抚对象医疗大病保险；退役士兵团体意外伤害保险等	事发后通过社区灾害信息员通知中国人寿保险公司或拨打中国人寿保险公司电话报案；被保险人准备相关材料接受保险金
鼓楼区慈善救助项目	持鼓楼区户口且有救助需要的群众	提供医疗、教育、养老、残疾等各类救助	户主书面申请；中心受理；社区调查；中心审核；区民政局审批

以上 12 项救助政策围绕居民生活各方面内容展开，几乎涵盖了居民可能接受的各种社会救助的内容。在此阶段救助中心将救助体系全面覆盖，开展相配套的专项救助，拓展救助覆盖区域，此 12 项社会救助项目在江东街道社会救助服务中心长效实施。江东街道社会救助服务中心将零散化的救助制度进行分类，从受助对象、办理流程、救助标准等方面对救助政策进行了全方位的制定与安排，无不体现了规范化的过程。中心依据《社会救助暂行办法》和各项社会救助政策，重塑了规范化、制度化、精细化的“菜单式”社会救助项目办理流程，规范了救助程序。救助中心的办理流程基本可以用图 3-5 来表示。

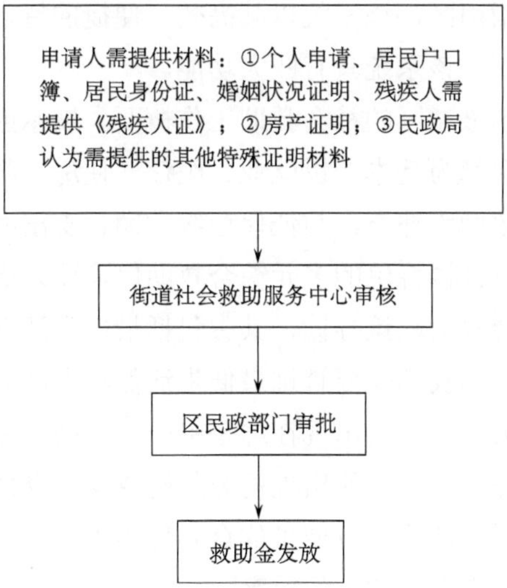

图 3-5　办理流程图

2）先进技术引进阶段

在制度规范化阶段之后，技术要素在组织结构变革中发挥了主要作用。技术是把将组织的投入转化为输出的方式，即组织怎样做的问题，是影响组织结构变化的内部因素。通常，当组织技术发生变化时，组织结构也会发生变化。技术作为组织结构变革的核心力量，对政府组织结构的影响在于技术不但改变了工作方式，而且促使了内外部信息交流速度的加快。也就是说，技术在政府组织结构的演进过程中起到了非常重要的作用（俞晓波，2014）。

除了制度方面的规定外，江东街道社会救助服务中心还引进了先进的系统作为技术方面的支撑。现在主要运用两大系统配合相关政策实施，为居民查询和办理业务提供方便。这两大系统包括 2009 年自主研发的“社会救助自助查询系统”和 2011 年引进的“社会救助和低收入居民家庭经济信息核对系统”，它们对于江东街道社会救助服务中心成为全国示范中心、形成“江东经验”起到了至关重要的作用，下面分别介绍这两大系统。

2009 年鼓楼区在各街道均设立了社会救助服务中心，整合了行政社会各类救助资源在救助中心统筹运行，基本形成了“一门式受理”的管理模式，所有救助项目通过街道社会救助服务中心受理，政府各职能部门及社会慈善救助款物统一由服务中心发放，各类救助信息在中心共享。“社会救助自助查询系统”位于社区服务中心的政务指南区，该系统以其高效、便捷的特点得到民政部的高度肯定，并向全国进行推广。该系统具有四大功能。

第一个功能是展示鼓楼区的社会救助工作概要。展示鼓楼区社会救助的救助范围，即以最低生活保障为基本，以就业、医疗、住房、教育、司法、灾害等为辅助，以临时和慈善救助为补充，与低保边缘救助、支出型贫困、特困供养相衔接，这一功能使得具有鼓楼特色的多元综合救助保障体系更加完善。

第二个功能是社会救助政策导读，其中包括最低生活保障、医疗、教育等救助的政策规定。比如，当我们需要查询最低生活保障方面的政策规定时，只需点击左侧指示文字，相关政策就会出现在屏幕中心，救助服务中心工作人员考虑到前来咨询办理救助业务的群众可能出现视力障碍或其他身体不适，特意在设计此系统时加入了语音播报的功能，方便了群众办理相关业务，缩短了群众办理业务的时间，大大提高了工作人员的工作效率。

第三个功能是在线救助个人查询。具体来说就是对已经纳入救助范围内的低保、低保边缘人员，只需输入其身份证号码，即可实时查询到该救助对象当月所享受到的救助金额。

第四个功能是个人救助导引。当群众想要了解自己是否可以被提供救助时，通过个人救助导引的功能，输入自己的身份证号和相关信息，系统便会告知其是否可参加救助，对比之前必须咨询工作人员才可获取信息做法，自助查询系统显然在时效性和准确性方面更胜一筹。

社会救助自助查询系统高效、便捷的特点大大方便了群众办理业务，缩短了群众等待的时间，相对于工作人员的讲解，该系统对信息的传输更为清晰快捷，同时也极大地提高了工作人员的工作效率，确保工作人员在有限的时间内最大程度地服务于群众。

“社会救助和低收入居民家庭经济信息核对系统”是另一个极具特色与创新的系统，社区服务中心通过该系统与公安、住建、交通运输、住房公积金、工商、税务、残联等部门进行信息比对，进一步核查困难对象的养老保险、公积金、住房、税务等项目，提升救助管理水平。在使用该系统进行信息比对工作时，首先需要明确各级角色以进行不同操作。信息比对系统的操作过程中，主要存在三种角色——救助服务中心角色、街道角色和区县民政局角色。其中，救助服务中心角色在系统中又被习惯称为“社区角色”，该角色主要完成日常新进线救助对象的登记和原有已登记救助对象的复查和退保，并在本月数据录入完成后，对本月数据进行发放，以获得当月报表。对比申请也是由服务中心角色发起的，对于新进线对象，比对是系统强制自动发起的，而对于复查退保业务，可以人为选择是否需要发起对比。救助服务中心角色在每月做完新进线登记、复查、退保业务后，务必要完成数据发放的操作。数据发放时，需选择正确的发放月份，数据发放后系统会自动生成当月的报表。如果下个月的数据已经开始录入，但未发放本月数据，只需要新录的新月份的审批单（包括新进线和复查、退保），尚未通过三级审批流程，可以任意次数重复发放本月数据，以获得当月报表。街道角色完成对救助服务中心角色提交的各类审批单的审核工作，也可以对全街道所有社区进行批量发放。最后，区县民政局角色日常完成对街道审核通过的各类审批单的最终审批工作，每月定期对救助服务中心角色或街道角色发起的比对申请进行审核。现以业务办理过程中三个典型业务为例对“社会救助和低收入居民家庭经济信息核对系统”的具体操作展开说明。

（1）办理新进线业务。社会救助服务中心角色具有办理新进线业务的权限，登录后，在“受理登记”部分，可以发起城市、农村低保、边缘户、低收入和特困残疾人的登记受理等方面的操作，只要按照提示信息填写完相关信息后，“评估”按钮可以让系统检查数据合法性和自动计算补差金额（只限于低保业务）。

确认系统计算的补差金额后，点击“提交”按钮，将审批单提交到街道角色的“待办业务”里等待街道审核。救助服务中心角色提交审批单后，此审批单将会出现在“已办业务”里，表示对于救助服务中心来说，此审批单受理环节已经办完。新进线的业务在提交时，会自动发起比对，若未提交审批单，可点击“申请比对”手工发起一个比对。等待有比对结果返回后，在“待办业务”中将其打开，确定是需要提交给街道还是作废不再办理。

（2）发放数据。发放数据是将系统中的所有业务单据按发放的月份封存，成为历史记录归档，以便以后进行查询。每月的新进线和调整的数据录入完成后，需要对当月数据进行发放，系统同时将会生成所选择的发放月份的报表。数据发放前一定要选择正确的发放月份，不能在下个月的数据录入且通过了三级审批流程之后再发放本月的数据，如果下个月的数据尚未录入和走完三级审批流程，则可重复多次发放本月的数据。其中，救助服务中心和街道均可在“我的工作台”发放数据，但救助服务中心只能发放社区的数据，而街道可以批量发放全街道所有社区的数据。

（3）查看当前月办理情况。系统在“我的工作台”页面提供“业务概况”功能，社区、街道和区县都能看到自己辖区内当前正在办理的业务的实时数据。每月数据发放前，业务管理部门可以在此验证当月各类救助对象的户数、在保人数和救助总金额。“业务概况”是动态变化的当月实时数据，并非特定某一月的统计结果。

社会救助中心通过建立这两大系统并定期召开救助联席会议，与公安、工商、税务等部门的前置系统进行了“实时化”的数据交换，对困难对象的养老保险、公积金、车辆、住房等项目进行了“检索式”的对比，并将来自不同部门的业务数据进行“条目式”的整合，实现了社会救助信息的互联互通，资源共享。两大系统的科学运行，相互配合，再加上不断丰富完善的政策制定，江东街道社会救助服务中心的社会救助工作不断走上标准化、专业化的道路，在全省乃至全国都成为了示范中心，吸引各方前来观摩学习。

政府组织结构变革的一个重要条件是技术支撑力。组织结构的调整离不开信息技术的支持，组织结构的变革取决于信息技术提供的沟通与协调功能，人员的精简更依赖于信息技术带来的工作效率的提升。一方面，信息技术的发展打破了科层制结构下不对称的局面，突破了地域、层级、部门之间的限制，使等级权力的概念日益失去了强制的色彩，促进了组织运作效率的提高。另一方面，扁平化结构下由于管理幅度的加大，横向联系也加强，如果缺乏信息技术的支撑，就容易导致信息在横向传递中的延误和失真，难以实现横向知识的传递与共享。[①]

上述内容比较详尽地说明了江东街道社会救助服务中心使用的两大技术系统的具体操作程序以及它们如何在日常工作中发挥各自的作用，这两大系统以其各自不同的特点、优势对救助中心的工作进行协助与维护，极大地提高了工作效率。也正是因为这样先进的技术系统的引进，打破了层级、地域之间的界限，从而促进了中心组织结构要素的相应变化（表 3-4）。

表 3-4　先进技术促进社会救助中心组织结构要素变化情况

技术系统	系统功能	推动组织结构要素的变化
社会救助自助查询系统	展示鼓楼区社会救助工作概要；社会救助政策导读；在线救助个人查询；个人救助导引	规范受理流程；节省时间成本；提高查询安全性
社会救助和低收入居民家庭经济信息核对系统	与公安、住建等各部门进行“实时化”数据交换；对困难对象的车辆、住房等进行“检索式”对比；将来自不同部门的业务进行“条目式”整合	加快内外信息交流速度；集中控制工作流程；与相关部门实现精细化互动

3）一门式服务：制度与技术的初步整合阶段

组织结构变动是对其所嵌入的制度规范与规则体系的一种反馈，它与制度之间有着次序上的联动关系。新技术体系通常以复杂的新型生产组织为支撑，意味着“创造性破坏”的熊彼特过程将伴随着制度为促进学习的适应性重构。[②] 在经过细致深入的政策制定实施和先进配套的技术创新应用之后，2013 年，鼓楼区民政局提出了“一门式服务”的概念，构建了一门受理平台，确保了救助工作的快捷便利，实现了制度与技术的初步整合。鼓楼区委、区政府为推进一站式服务，提出了三点具体做法。

第一，建立统筹式救助管理模式，整合“一门受理”平台。为切实做好社会救助工作，鼓楼区从制度建设入手，有效整合救助资源、信息资源、监察资源和社会互助资源。一是资源统筹，将原来分散在教育、住建、卫生等十几个部门的“碎片化”救助资源重新整合，由提供单一生活保障向提供“多元化”保障转型，统一纳入鼓楼区“大综合”社会救助体系。二是人员统筹，中心工作人员由街道统一招聘、统一考核、统一使用，轮值服务，纳入社会救助员序列统一管理；对社会救助中心人员采取“全科医生”的培养模式，做到“一专多能”“人人全能”。

---

① 俞晓波. 大都市政府结构扁平化研究——以上海市为例[M]. 上海：复旦大学出版社, 2014：111.

② 胡彬. 长三角城市集群——网络化组织的多重动因与治理模式[M]. 上海：上海财经大学出版社, 2011：89.

三是信息统筹，通过社会救助中心的联通，与公安、住建、交通运输、住房公积金、工商、税务、残联等部门进行“实时化”数据交换，对困难对象的养老保险、公积金、车辆、住房、税务等项目进行“检索式”对比，实现社会救助信息互联互通。

第二，制定标准化救助运行程序，强化“一门受理”流程。一是规范受理程序，编写标准化、精细化、制度化的菜单式社会救助办理流程，将低保救助等 12 个大项 27 个子项的救助申请统一纳入街道社会救助受理信息系统，保证技术层面的扎口式受理。二是规范转办流程，对中心救助转办实行一清、二接、三诊、四结制度。窗口轮值负责人每天按时对受理业务分流上传情况进行清点；相关救助职能部门有专人每日两次分批签字接收转办事项；对救助受理中出现的疑难问题，实行中心“会诊”制度；中心对救助项目的实施实行跟踪登记备案。三是规范监督流程，在社会救助中心平台通过“居民经济情况核对系统”对所有申请对象进行信息核对，对所有初审结果进行集体公开审核、审议。同时通过为困难群众建立电子档案，经综合分析生成救助指数、自动排序，并随困难家庭获得的救助情况、困难状况变化情况自动调整救助指数。

第三，实行多元化救助功能延伸，扩大“一门受理”体系。一是救助内容由生活救助向专项救助延伸，在低保救助的基础上，推行就业、医疗、住房、教育、司法、灾害（保险）等专项救助，重视急难救助，完善救助体系。二是救助范围由低保向边缘、因病致贫延伸，在全省率先创建对低保边缘家庭实施常态化救助制度，2014 年将制度化的生活救助覆盖面扩展至支出型贫困家庭，延伸救助范围。三是救助方式由物质救助向服务救助延伸，开展为重大疾病低保特困人员每人每天资助一瓶牛奶等项目。四是救助主体由政府救助向社会救助延伸，近年来不断有社会力量加入社会救助体系，2014 年共有 300 余家企事业单位及社会组织通过中心进行了慈善捐助。

以上三方面在救助模式、救助程序、救助体系方面初步实现了整合功效，将规范化的制度体系和先进的技术经验加以综合运用，实现了制度和技术的初步整合。

“一门式受理”的做法得到了政府部门的大力支持，极大地提高了群众的满意度，突出了人民群众的主体地位，增强了社会救助工作的有效性和便捷性，对于维持人民群众基本生活水平、保证社会秩序和谐稳定、促进经济社会持续发展具有深远意义。与此同时，其他各省市民政部门多次参观学习鼓楼区“一门受理”的经验做法，将先进经验带回当地，促进当地社会救助工作有力推进，加大社会救助体系创新。

4）高层推动：制度与技术的深度整合阶段

江东街道社会救助服务中心对救助项目进行了多方面的整合，使办事效率大大提高，不但受到了群众的拥护，更是得到了高层领导的支持。江苏省副省长许津荣、民政部救助司长王志坤，先后调研考察救助中心工作，对“一门受理”救助服务给予了高度评价。江苏省民政厅专门致函南京市人民政府，肯定“一门受理”是具有普遍指导意义的“鼓楼经验”，中共南京市委书记杨卫泽批示“抓好改进社会救助工作意见的落实到位，使社会救助工作走在前列、取得实效、群众受惠”，南京市市长缪瑞林批示“要巩固成果，再创佳绩”。

2014 年 5 月 1 日，国务院《社会救助暂行办法》正式施行，为确保各项工作准备到位，4 月 29 日下午，江苏省副省长许津荣前往江东街道社会救助服务中心指导《社会救助暂行办法》的贯彻落实工作。在听取了工作人员对基本情况进行了介绍后，他还认真询问了街道社会救助“一门式受理”平台、救助家庭经济状况信息核对、救助对象档案管理的情况以及社区“三社联动”、爱心互助、和谐社区建设的开展情况，对江东街道快速贯彻落实《社会救助暂行办法》的做法予以充分肯定，并对加快推进社会救助工作的改革创新提出了殷切希望。

江苏省副省长许津荣指出，江苏省委、省政府高度重视社会救助工作，在全国率先构建了广覆盖、多层次、综合性的社会救助体系，率先实现了低保标准与居民收入直接挂钩，率先在省级和设区市全面建立了申请救助家庭经济状况核对机制，得到了民政部的高度赞赏。在社会救助工作方面积极地探索创新，在街道层面建立了综合性的社会救助服务平台，并大力发挥社区自我管理自我服务的积极作用，形成了上下贯通、信息共享、职责明确、流程规范、群众便捷的社会救助工作体系。下一步需认真总结推广江东街道社会救助服务中心“一门受理”的经验做法，并推广开来，以点带面，夯实基础，推进全省社会救助工作法制化、规范化、社会化和信息化建设。同时强调，要按照国务院要求，进一步做好《社会救助暂行办法》的落实工作。一是要真正把社会救助工作摆在重要位置，将贯彻国务院《社会救助暂行办法》作为民生保障工作的重中之重，按照国务院的要求，强化各项任务的落实，构建出符合江苏实际、具有江苏特色、体现江苏效率的社会救助制度体系；二是加强“一门受理”平台规范化建设，明确分工，完善部门间分办、转接的流程，确保每一项工作及时办理，让困难群众求助有门、受助及时；三是要在县级层面建立部门互通、信息共享的家庭经济状况核对机制，提高救助对象认定的准确性；四是要使用创新思维和现代理念，处理好政府与市场、政府与社会的关系，充分发挥基层社会组织、社区服务机构及社会工作者的重要作用，做到主动介入、积极干预、及时救助。①

除此之外，民政部督察调研组于 2014 年 5 月 18 日考察了南京市社会救助工作。督察调研组首先视察了低收入居民家庭的资格认定服务中心的工作，对社会救助的规范化管理和核对系统的升级提出了新的要求，对社会救助的规范化与核对工作的进一步完善起到了推动作用。督察调研组还视察了江东街道社会救助服务中心，认真听取了街道和社区工作人员汇报社会救助相关工作，了解了社会救助工作规范化建设的特点以及基层工作中存在的难点，对江东街道社会救助工作表示了大力支持与肯定。②

在此阶段，江东街道社会救助服务中心在高层的推动下实现了制度因素和技术因素的深度整合，具体体现在如下几方面。

第一，资源整合，凸显救助运作新模式。通过推行“全科式”社会救助服务，实现“一门受理”“一体推行”“一口上下”的管理模式，困难群众可以在任意一个窗口办理所有救助项目，大大缩短办理时限，简化办理流程。具体体现在两个方面：一是救助效能核心提档升级，救助办理快速便捷。江东街道社会救助服务中心具有申请、受理、审核、查询、分办、转接、动态管理、数据统计 8 个功能模块，窗口接收的“零散化”社会救助事项，按照社会救助菜单，通过救助服务中心进行项目整合汇总，信息及时发送各相关救助部门进行办理，各相关救助部门在办理时限内反馈办理结果，通过救助服务中心二次运作，按照社会救助对象进行部门整合，将救助信息及时告知救助申请人。通过社会救助服务中心“系统化”分类整合、双线运作，实现了救助申请人与相关救助部门的无缝对接，极大地提高了工作效率。二是救助服务水准大力提升，救助能力全面激活。江东街道社会救助服务中心目前设有服务窗口 42 个，配备前台工作人员 42 名，主要负责直接受理所有社会救助申请、初步审核、给予反馈，并答复咨询。同时配备后台工作人员 148 名，主要负责救助事项分办转接、档案管理、数据汇总及信息统计工作。目前救助项目窗口人员可以综合受理，群众满意度大幅提升。

第二，载体多元，凸显救助网络新格局。在落实以最低生活保障为基本，与

---

① 江苏民政. 江苏省副省长许津荣前往南京市街道社区检查指导《社会救助暂行办法》贯彻落实工作[OL]. 中华人民共和国民政部网站：http：//www. mca. gov. cn/article/sj/.

② 南京民政. 民政部督察调研组来宁考察社会救助工作[OL]. 中国南京网站：http：//www. njmz. gov. cn/mzj/33719/33810/33812/201305/t20130521_1923651. shtml.

低保边缘救助相衔接，在医疗、教育、住房等专项救助为辅助的基础上，深入挖掘各类社会救助载体，大力推动社会协同和公众参与，形成了“多维一体”的社会救助立体化网络新格局。主要体现在以下两点：一是通过慈善救助载体，打造慈善救助品牌。鼓楼区政府通过培育“企业公民”理念，主动加强与企业的联系和沟通，引导和动员更多企业采取“冠名基金”“留本捐息”“增值资金”等多种形式进行捐赠。积极开拓救助新载体，推出了优秀贫困大学生教育资助、困难群体八项免费手术项目等涵盖助学、助困、助残、助医、助老及其他公益等 6 个方面的 23 个慈善项目。二是通过保险救助载体，实现政府服务转型。2014 年年初鼓楼区政府投入 107 万元，为全区 96 万户籍人口和 32 万户家庭购买了自然灾害人身意外伤害及家庭财产保险，并为 80 岁以上老人等特殊群体购买了意外伤害保险。通过政府购买，协同灾害信息员义务服务和保险公司 24 小时直接服务相结合的双重方式，提供快速便捷的咨询、报案、救助一体化绿色通道。

第三，公开透明，凸显综合救助新思路。公开透明是确保政策执行不走样的有效法宝，近年来，鼓楼区政府通过构建城乡居民家庭经济状况核对系统，准确掌握申请者的实情，避免了暗箱操作，确保各项社会救助政策实施的公平公正。具体可以从以下方面看出：一是严把入口，建立民生救助评估委员会，经过入户调查、评议，对初审结果进行集体公开审核、审议，实施三级联审，真正实现救助公正、公开、透明。二是信息核对。通过与相关部门进行信息核对与数据交换，准确确定困难家庭的存款、养老、社保等经济状况，把不符合救助条件的对象排除在外。三是指数排名。通过为困难群众建立电子档案，综合分析生成救助指数并自动排序，随困难家庭获得的救助情况、困难状况变化情况自动调整救助指数，实行动态化管理。四是监督评估。建立社会救助电子监察系统，纪检监察“关口前移、源头治理”，对救助过程、资金拨付实行全过程有效监控。

在此阶段，通过高层领导、政策等的推动，江东街道社会救助服务中心在救助模式、救助格局、救助思路方面得到了新的提升，实现了制度与技术两者的深度整合。在高层推动下，社会救助工作全面升级，相比上一阶段，延伸了救助范围，完善了救助体系，救助工作开始由生活方面延伸至各类专项救助，救助方式由物质救助延伸至服务救助，救助主体也由政府向社会救助延伸，实现了多元化的救助功能。除此之外，社会救助队伍的整体素质得以提升，特色救助项目凸显，进一步拓展了社会救助的渠道，增强了救助的针对性。加之引入第三方社会组织承接部分工作流程，增加了社会救助的公开透明度，进一步提升了社会救助事务办理的公信度。

3.2.4 需求驱动下技术执行对服务整合的作用机理

1. 四个阶段发展的需求驱动分析

马克思曾指出：“需要的形成是由于在人类社会中生产着需要的对象，因而也就生产着需要本身。”①可以看出，需要作为一种客观存在，是人类与生俱来的本质属性。不存在没有需要的个体。“在人类文明进步的过程中，没有需要，就没有生产和其他活动，但是，随着人们认识能力和实践能力的不断发展，主体在生产需要的活动中，已经得到满足的需要本身以及满足这些需要的活动和手段，又会引起新的需要。而新的需要又会促使人们进行新的实践。在新的实践中人们又会产生新的需要。这是一个不断发展、永无止境的过程。”②这又表明了需要持续发展的特性。同样，需求作为需要的派生概念，是人们在欲望的驱使下形成的一种对事物的最优选择，使欲望达到最大程度的满足。公共服务组织应该以公众的需求为前提和导向而存在和发展，由于需求动态持续的特性，公众在当前需求得以满足之后又将产生新的需求，政府部门对于公众当前和预期需求的了解显得尤为重要，通过制度和技术的整合创新来满足公众日益增加的需求，进而推动公共服务组织结构的变革过程。

社会救助中心发展演变四个阶段具有不同的需求驱动因素。在制度规范化阶段之前，存在救助资源分散、救助政策混杂的情况，虽然存在多项救助政策，却是多部门分头管理，群众在申请和接受相关救助时需要奔波于多个部门，多次递交各种材料。在这种情况下，困难群众急需一种全新的制度规划以简化申请手续，缩短申请时间。因此，经过中心规范化的制度制定过程，江东街道社会救助服务中心将各项救助政策加以整合，解决了困难群众的实际问题，使群众满意度大幅提升。在先进技术引进阶段，由于困难群众信息核对困难，费时费力，江东街道社会救助服务中心引进了综合信息比对系统，建立了全新的救助平台，将救助对象的情况和救助数据等信息输入数据库，实现了信息共享的过程。这样的做法一方面可以减轻工作人员的工作量，提高工作效率；另一方面，可以最大程度地避免错保、漏保、重复保、人情保和骗保等现象，使所有信息公开透明。在制度与技术的初步整合阶段，由于困难群众在救助模式、救助程序、救助体系方面提出了新的需求，江东街道社会救助服务中心进一步统筹了救助资源和信息资源，强

① 马克思恩格斯全集：第 12 卷[M]. 北京：人民出版社, 1956：740.

② 张江河. 论利益与政治[M]. 北京：北京大学出版社, 2002：86.

化“一门受理”流程，规范受理、转办、监督的程序，并将救助延伸至专项救助、因病致贫和服务救助的方向，进一步丰富了“一门受理”的内涵。在高层推动阶段，群众需求又出现了新的变化，江东街道社会救助服务中心继续在“一体推行”“一口上下”的管理模式下，借助慈善救助和保险救助的载体，实现了救助方式的新突破。

2. 需求驱动下技术执行的产生

在技术执行的过程中，信息技术的引进赋予了政府部门新的活力，提高了部门之间的协同作用与动态创新能力，使得政府部门的工作效率得以提升，信息技术帮助政府组织的工作方式从刻板僵化的传统模式向高效便捷的电子政府模式转变。信息技术的革新和进步带给我们的不仅仅是治理方式、手段和工具的变化，更是治理观念的革新、组织结构和流程的变化，以及大到法律和政治制度、小到具体的治理机制的一系列制度化变革。毫无疑问，尽管技术的变革会带来新的问题，但是它确实是引发变革的一股力量，是思考治理结构变革的题中应有之意。[①]从江东街道社会救助服务中心的发展历程来看，为了规范社会救助管理工作，完善社会救助体系建设，提升信息化办理的协调性而提出的“一门受理，协同办理”思想从一开始就存在着上层政策推动的内涵，是为了帮助国务院即将出台的《社会救助暂行办法》的顺利实施而打造的试点单位，这在一定程度上说明了这里的服务整合本质上其实是一种组织的内部生长结构。一方面，这种服务整合组织结构是在政府组织上层（政策、领导）推动下形成，它具有显著的“体制内”的组织结构特征；另一方面，这种组织结构虽然是在需求驱动下产生的，但是，它经过了技术执行的调试，是内嵌规则发生作用的结果。本书经过进一步分析发现，社会救助中心的服务整合在需求的驱动下主要呈现出两个特点：一是针对政府组织内部而言，表现出服务提供碎片化的现象；二是针对外部公众群体而言，表现出公众需求多元化的特点。

3. 技术执行作用于服务整合的内在机理

技术执行作用于服务整合的内在机理主要表现为江东街道社会救助服务中心在组织机构层面上的纵向层次整合和横向功能整合。

1）组织机构层面的整合

① [美]史蒂文・凯尔曼. 发动变革——政府组织再造[M]. 上海：上海人民出版社, 2013：2.

江东街道社会救助服务中心在组织机构层面的整合主要从纵向层次网络整合与横向功能网络整合两方面得到体现。

（1）纵向层次整合。纵向层次整合是组织结构典型的变革方式之一，它由一定的组织结构所决定，反之又对组织结构造成影响。Karen Layne 和 Jungwoo Lee（2001）认为在纵向层次整合阶段，重点是向服务型政府转型，而不是保持现有程序的自动化和数字化。电子政府不是简单地将政府能够提供的服务发布在互联网上，电子政府的概念应该伴随着重新界定政府服务本身而存在。长远看来，只有当组织的变化伴随着技术的变化而发展时，电子政务的最大化效益才能得到体现。纵向一体化的整合可以消除国家和地方网络信息系统的互联，数据库可以通过上下互通，连接到越来越透明的公民身上。纵向整合的目标是国家制度与地方制度的无缝集成和交叉引用，它通过连接状态产生影响，必须考虑保持个人隐私的机密性。①这一点在江东街道社会救助服务中心得到了充分印证。救助中心引进的“社会救助和低收入居民家庭经济信息核对系统”在全市范围内得到运用，只要将个人信息输入系统，便可以得到与公安、住建、工商等部门的信息比对，实现各相关部门的数据交换，获取个人信息。在这里，个人信息不是单纯地存在于救助中心的系统中，而是通过数据库实现了自上而下的连接，救助中心通过地域系统连接到了更高层次的系统，对信息的纵向整合实现了信息的上下无缝对接，明显改善了服务水平，提升了救助能力，提高了社会救助工作的透明度和公信度。

（2）横向功能整合。公共服务组织在功能上的整合，包括了同一组织内不同功能的组合，还包括不同组织之间的整合。公共服务提供裂解和责任模糊等问题是形成公共服务职责不清和多头管理的重要因素。② 横向一体化是指系统集成了不同的功能，具体来看，江东街道社会救助服务中心将之前“碎片化”的救助项目重新进行了横向整合，为满足公众多元化的需求，提供了全方位的救助，将分散化的救助项目纳入统一的社会救助体系之中，统筹了卫生、教育、住建等部门，由提供单一生活保障向提供“多元化”保障转型，统一纳入社会救助体系，并建立救助资金增长与区位经济发展同步的保障机制，为社会救助提供了可靠的支撑，切实守住了保障民生的底线，实现了各类社会救助的统筹运行。此外，救助中心

① Layne K，Lee J Developing fully functional egovernment: a four stage[J]. Government Information Quarterly, 2001（18）：129-130.

② 唐任伍，赵国钦. 公共服务跨界合作：碎片化服务的整合[J]. 中国行政管理, 2012（8）：19.

业务办理窗口可以将信息及时发送到各个相关部门进行业务办理，困难群体不再需要为了一个救助项目去往多个部门办理业务，在办理流程和时间方面都得到了进一步提升。横向功能整合为公众提供了一站式的服务，延伸了“一门受理”的内涵。

2）组织运行层面的整合

江东街道社会救助服务中心在机构层面的服务整合策略支撑着运行层面的服务整合策略，构成了服务整合的新结构，它提供的公共服务在运行层面的整合方式主要体现在以下三个方面。

（1）服务提供展现了群众与组织中服务提供者之间的互动关系。一方面，公众多元化的需求导致公共服务组织逐渐呈现出不能满足公众需求的状态，这样的情况驱动了公共服务组织结构的渐变，组织结构随公众不断提高的需求而进行微调以适应多元变化。另一方面，组织提供服务的碎片化形式使得组织自身出现效率低下、人员冗杂、手续繁复等问题，这样的问题也会促使组织自身发生改革以适应外界环境的变化。政府组织始终与外界环境保持同步是组织立足的根本，也是组织在面临转型阶段能够立于不败之地的原因。因此，服务主体与被服务主体之间的良性互动构成了服务提供层面的决定因素，也成为了组织运行层面服务整合的首要方式。社会救助中心在服务提供方面认真考虑了公众需求，及时对工作方式作出了调整，最大程度地服务于公众，同时受助群体将自身所需反馈至江东街道社会救助服务中心，帮助其重新审视日常工作。

（2）项目连接强调将分散的服务连接到一个多元化的发送体系里，重点在于改变服务机构之间在服务提供上的互动方式。[①] 江东街道社会救助服务中心“一门受理、协同办理”“一体推行”“一口上下”的理念恰好体现了这样的思想，例如，所有的救助项目都通过救助中心来受理，各类救助资源在中心统筹运行，由中心统一发放救助款并共享救助信息，江东街道社会救助服务中心所有的工作都围绕“一门式服务”展开，政策都遵循“一体化推行”实施等。江东街道社会救助服务中心工作流程完成了从分散化向整体化的转变，降低了群众的求助难度和成本，改变了以往的服务提供方式，真正做到了以人为本，为民排忧解难。

（3）政策管理是指从组织的管理层面上将不同的政策规定加以连接，加强组

---

① Robert Agranoff. Human service integration：past and present challenges in public administration.[J]. Public Administration Review, 1991（6）：535.

织提供服务的连贯性和责任，同时也可以看作是一种能力体系的建设过程，政府组织要有能力将根据服务对象的需求确定政策项目的优先顺序、监督服务体系运行方式、实行有利于整合服务的预算策略。[①] 对于政策的整合可以实现跨部门间的沟通和协作，实现自身的协调发展，预防因政策推行的不统一而造成的各种损失，使得多元主体打破层级间的束缚，实现组织部门的协同发展。社会救助中心始终对各项救助政策进行规范化管理，并对推行政策的工作人员进行系统培训，使工作人员熟练掌握各项救助政策的内容、出处、办理流程以及执行标准等，真正做到使各项救助政策得到“一体化推行”。

表 3-5 总结了江东街道社会救助服务中心各发展阶段的服务整合模式以及组织变革的内容，通过此表可以看到，在救助中心不同的发展阶段，组织变革的内容也各有不同，并且变革朝向愈发信息化、秩序化的程度迈进，本书据此总结出的服务整合模式也随一体化程度的加深而表现出更加专业化、协同化的特点。从江东街道社会救助服务中心的发展历程来看，通过政府组织内部生长出来的服务整合模式在组织结构变革的过程中，是通过政府组织上层的推动，加之技术执行的调试，经过内嵌规则的作用，最终实现的组织结构的转变过程。

表 3-5　组织结构变革 4 个阶段的服务整合模式与变革内容

发展阶段	服务整合模式	组织变革的内容
制度规范化阶段	协同引导型	统筹社会资源；规范救助程序；救助政策梯度延伸
先进技术引进阶段	动态创新型	运用社会救助自助查询系统、社会救助和低收入居民家庭经济信息核对系统建立救助信息共享机制
一门式服务：制度与技术的初步整合阶段	大综合型	统筹救助管理模式（资源、人员、信息）；标准化救助运行流程（受理、转办、监督）；多元化救助功能（内容、对象、方式）
高层推动：制度与技术的深度整合阶段	多维一体型	完善救助体系建设；多元载体救助新格局；救助运行新模式

江东街道社会救助服务中心在组织机构层面上的纵向层次整合和横向功能整合共同构成了技术执行作用于服务整合的作用机理，表 3-6 展现了这种作用机理如何促进组织结构的创新与变革。

① 邓锁. 政策实施的网络视角与社会服务整合[J]. 江苏社会科学，2011（1）：29.

表 3-6　技术执行作用于服务整合内在机理的组织结构创新

作用机理	整合方式	组织结构创新内容
纵向层次整合	救助信息上下互通；救助制度无缝集成	个人信息通过数据库上下传递，实现信息共享；救助制度通过中心协调整合，扩大救助范围
横向功能整合	组织功能系统规范；组织人员业务统一	救助项目由分散趋于统一；救助方式由单一趋于多元；救助体系由零散趋于系统

表 3-6 清晰地展示了纵向层次整合与横向功能整合如何促进组织结构的变革，纵向层次的整合方式一方面表现为数据库信息的联接和共享，通过技术执行的作用，实现数据库的联通，在更大范围内实现沟通与协同，从而汇集救助对象的各种信息，优化救助流程，提升组织绩效；另一方面体现在救助制度的协调与整合上，从国家层面到地方层面的救助制度在救助中心得以集成整合，全面建立起综合性的社会救助制度体系，困难群众可以做到对各种救助制度了然于心。横向功能整合一方面表现为救助中心在功能上实现了整合，完善了工作协调机制，将分散化的资源组合成整体性的社会救助网络体系；另一方面体现在工作人员一体化的业务受理上，工作人员通过系统化的培训，可以迅速达到“一专多能”的要求。经过需求驱动与技术执行对公共服务组织的作用，在组织结构层面的纵向层次整合与横向功能整合，以及组织运行层面的服务提供、项目连接、政策管理三项内容的综合作用下，本书建立了服务整合内部生长的理论模型。

3.3　整合性组织结构变革的理论解释模型

本书基于上述分析的过程，在需求驱动、技术执行和公共服务组织变革理论框架的基础之上，进一步对服务整合的研究框架进行解释，延伸此框架的理论内涵，并且构建出服务整合内部生长的概念模型，以便深入理解以江东街道社会救助服务中心为代表的基层公共服务组织内部结构发生变革的内在机理。

3.3.1　研究发现

本章提出的基于需求驱动、技术执行和公共服务组织结构变革之间半交互的理论框架指出，需求驱动是建设服务型政府的主要动机，并由此产生转变政府职能、变革组织结构的具体行为；技术执行以内嵌的形式将组织制度巧妙地植入信息技术之中，以组织管理者对技术的理解为基础，通过执行新的信息技术来重塑政府关系，成为一种政府结构形式的构建工具，服从和服务于政府组织结构及其运行机制之中。同时，技术执行还起到了重要的调试作用，技术执行加强了需求驱动对于公共服务组织结构变革的影响。运用这个理论框架可以发现，江东街道社会救助服务中心服务整合内部生长的结构成功生成的条件可以概括为以下几点。

第一，准确把握了需求驱动对组织结构变革的先导作用。社会公众作为一个集体，具有某些特定的带有普遍性和共性的需求，这就促使政府组织不断提高自身能力以满足公众需求的行为，这也是建设社会主义服务型政府的本质和意义所在，帮助政府部门从之前履行管理性职能向服务性职能成功转变，充分尊重和考虑了公众的合理性意见。公众需求的产生与社会经济发展的速度、人们的认知能力、科学技术的发展更新等都存在密切的联系，各种因素的共同作用使得公众需求逐渐向复杂化的方向发展和延伸，而这种复杂化的需求正是促进公共服务组织结构变革的基本因素。江东街道社会救助服务中心能够实现组织结构的变革，其基本原因就在于社会公众对于公共服务日益增长的需求，这种需求直接推动了中心组织结构的改变。江东街道社会救助服务中心充分考虑了公众在日常生活中可能出现的救助需求，并结合实际工作情况，将各项救助政策加以整合，满足了公众办理手续不再费时费力的需求；将救助范围延伸扩展至贫困儿童、困难独居老人、伤残特困军烈家属等方面的专项救助，又满足了各种层次、特定群体的不同需求。不同的需求为救助中心的工作提出了新的要求，这些要求促使成为救助中心组织结构变革的首要因素。

第二，技术执行在组织结构变革中的决定作用。江东街道社会救助服务中心通过将两大系统成功运用至日常工作中，利用网络的力量重塑了救助中心的内部结构，提高了服务标准和水平，降低了运行成本，并将相关制度和政策与信息技术相结合，改善了组织的工作流程和模式。再者，技术执行强化了救助中心需求驱动对组织结构变革的调节作用。政府部门管理活动的根本目的在于解放和发展生产力，这与中国政府组织结构变革的目标一致，政府组织结构的变革能够进一步增强政府组织部门的生命力，满足社会公众的需求，调动各级组织部门和人民群众的积极性。江东街道社会救助服务中心能够实现组织结构的变革，其根本原因是技术执行在其中的决定性作用。救助中心基于服务整合内部生长理论的改变了以往以条块分割、手续繁琐、强调等级为特点的政府公共服务部门带给我们的传统印象，真正达到了整合资源、服务社会的目的，推进了电子政务的内涵和发展，加深了我们对“一门式服务”的理解。电子政务的综合性及其流程化的特点一直与现实政府职能的分工体制存在明显的甚至是尖锐的冲突，因此要使电子政务发挥其业务协同、系统整合的功效，就必须对现有的政府管理体制进行改革以突破政府部门单独上网的弊端。[①] 而江东街道社会救助服务中心因其规模化、集成化、一体化的特点正好能够改善这种弊病，使以救助中心网络化的工作模式为代表的电子政府的运行充分发挥出信息技术带给政府部门的优势。

第三，服务整合作为一种新型组织结构在等级制组织内生长出来。服务整合的新模式虽然在一定程度上改变了组织的运行机制与服务提供方式，但并没有突破等级制的框架，它只是从等级制组织结构内部生长出来的一种新型模式，带有等级制结构的特点与印记，没有超越等级制带给组织的稳定性和制度化，所以等级制仍将在中国政府组织中长期发挥作用。政府组织结构必须适时进行调整和变革以适应快速变化和发展的社会环境。现代政府的规模已经愈来愈趋向于庞大化、复杂化和体系化。如何构建政府组织结构对于政府组织的建设和发展在一定程度上将起到重大的影响作用。正是因为政府的结构问题不仅直接影响着政府生产力的实现与发展，而且直接或间接地影响着社会生产力的实现与发展，所以世界各国政府部门无不高度重视和适时地进行着对政府结构变革的探索。政府组织结构变革的问题牵一发而动全身，关乎社会的稳定与发展，不能一蹴而就。然而我们当前面临的国内、国际形势，使我们必须主动、积极地进行改革，这也同样是一次解放、发展生产力的过程。这是由政府的性质所决定的——政府不仅掌握着巨大的资源与权力，而且有着无可比拟的作用。[②]江东街道社会救助服务中心实现了救助资源的整合、工作人员的整合以及信息系统的整合，拓宽了“一门式服务”的内涵，延伸了服务整合的概念。Imershein 等（1983）认为，服务整合强调的基本问题是一个关于组织决策的老问题，可以认为组织决策的问题存在四个方面的内容：问题、解决、参与以及选择机会。拥有多方面需求的公众在面对不同组织和程序时，相关的人员（例如公众和组织内部工作人员）也许知道存在问题以及如何解决，但是他们没有可以直接解决问题的渠道。因此，整合成为了一种提供一个更高级的组织来解决问题的方法，整合同时存在于政府组织内部和组织部门之间。[③] Agranoff（1991）重新修订了服务整合的概念，更广泛地说，服务整合

① 李广乾. 充分发挥行政服务中心在地方电子政务建设中的作用[J]. 信息化建设, 2006（9）：19-20.

② 赵永建. 把脉政府结构变革研究[M]. 成都：西南交通大学出版社, 2014：1-2.

③ Imershein A W, Chackerian R, Martin P, et al. Measuring organizational change in human services[J]. New England Journal of Human Services, 1983（3）：21-29.

是一种更多样化的服务方法，它可以增强基层的程序关联度，改进政策管理方面的工作并对工作进行设计，使之成为更具广泛支持性的组织结构。大量的事例表明，沿着这样的思路进行广泛的系统改革是服务整合成功的唯一途径。① 可以看出，对于服务整合的概念已经从单纯被动的提供服务向主动积极的工作设计转变，这种转变强调了人的主观能动性，传达出作为管理者的人高于组织制度的内涵意义。而通过对救助中心服务整合项目的总结，我们认为存在网络化运作的公共服务组织的服务整合是在执行嵌入组织制度、政策等内容的基础上，满足公众多元化的需求而进行的公共服务组织结构及其运行机制变革。本书在具体的案例中重新探索出服务整合的新内涵，深入了对服务整合的理解。

3.3.2　理论框架的延伸

在之前提出的需求驱动、技术执行和公共服务组织变革三者之间半交互的理论框架之下，我们对此理论框架进行作了进一步的延伸，将此三方面内容具体展开，深入理解江东街道社会救助服务中心服务整合内部生长的组织结构是如何生成的（图 3-6）。

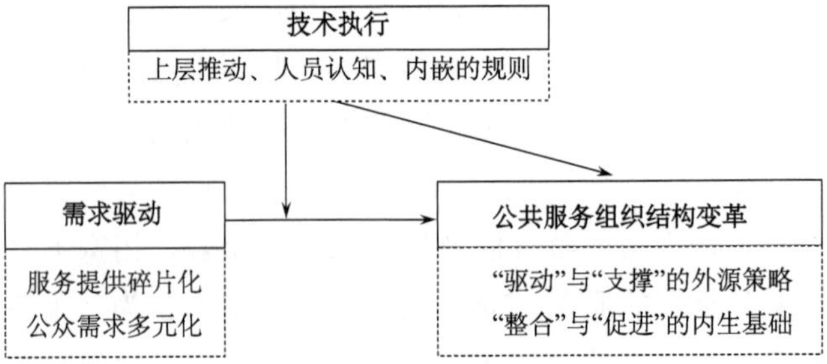

图 3-6　理论框架的延伸

1. 供需困境

“碎片化”是指政府部门在现行的管理模式下，组织部门内部各类业务相互分割，致使组织失去了整体性的特点以适应专业化分工的需要，组织内部被划分为各类不同的职能部门，从而导致政府部门在提供公共服务时出现冲突、隔膜的状态，使政府组织存在分裂性的含义。官僚政府是以各部门利益最大化为目标，

① Agranoff R. Human Service Integration：Past and Present Challenges in Public Administration [J]. Public Administration Review, 1991（6）：535.

以专业化分工为原则而建立的，往往仅以自己所在部门的利益为核心展开工作，很少关注与自己无直接利益关系的其他部门组织，这样的情况直接导致了政府部门在提供公共服务的过程中出现提供服务碎片化的状况。各部门提供不同类型与内容的服务并任用不同的工作人员，部门林立、条块分割、各自为政，碎片化的服务供给导致政府机构膨胀、人员各司其职，降低了办事效率，加大了运营成本。救助中心存在三方面碎片化的资源：一是救助资源的碎片化。整合之前的救助资源不具有整体性，而是分散在医疗、教育、卫生等十几个部门。二是工作人员的碎片化。救助中心对工作人员实行统一招聘、考核、使用的制度，改变了工作人员各司其职的旧模式。三是救助信息的碎片化。先前的救助信息同样存在分散化的特点，信息主要分散在公安、工商、税务等部门，碎片化的信息分布致使中心信息核对困难费时，而对信息的有效统筹则从根本上改变了这种情况。

公众需求作为社会群体的一种本能反应，成为政府部门行动的指向标。公众需求在数量和结构上都处于一种不平衡的状态。一方面，当前政府所提供的公共服务在数量上不足以满足公众所需，即呈现出有效供给不足的状态，公众需求无法得到全部满足；另一方面，政府提供的某些公共服务不是公众所需，一定程度上造成了资源的浪费。江东街道社会救助服务中心多元化的公众需求可以体现在如下方面：一是缩短业务办理时间，简化救助办理手续的需求。针对此需求，江东街道社会救助服务中心将各项救助制度进行整合，编写标准化救助办理流程，提高了业务办理效率；二是特殊救助的需求。除低保边缘家庭常态化救助之外，江东街道社会救助服务中心还完善了救助体系，形成了梯次救助，同时推出一系列针对特殊群体的救助项目，长期型低保家庭的住房进行室内粉刷的“亮居”工程和为患有重大疾病的低保特困人员每天资助一瓶牛奶的“暖心爱线”项目等，都突出了救助针对性，提高了救助效益和水平。

在需求驱动的背景下，服务提供碎片化与公众需求多元化之间的供需困境问题成为亟须解决的问题。江东街道社会救助服务中心在全面审视这样的供需矛盾之后，系统地整合了中心的内外部资源，将组织内部提供碎片化的服务与组织外部公众对资源多元化的需求进行合理统筹，改变了之前资源分散的局面，填补了组织内部的缝隙。整合之后的服务直接推动了救助中心组织结构的变革，生成了新的组织结构，顺应了组织内外环境的变化和要求。

2. 技术执行的三个维度

在深入分析江东街道社会救助服务中心的发展历程基础上，发现社会救助中心的技术执行主要包括以下三个维度。

（1）政策执行的高层推动。通过上层政策施行和领导视察等方面的推动是救助中心技术执行的根本所在。具体来说，上层推动作为技术执行的第一个维度，是技术执行的根基。救助中心“一门式服务”从筹备到形成再到成为示范的过程中，都得到了上层领导的高度重视。2014 年 4 月 29 日，江苏省副省长许津荣在省政府副秘书长徐国柱、省民政厅副厅长章大李、副市长胡万进、市民政局局长陈学荣、区委书记杨学鹏、副区长王红等的陪同视察了社会救助工作的进展情况，详细了解了江东街道社会救助服务中心一站式受理平台的工作流程及信息比对系统的工作原理，认真询问了街道社会救助“一门受理”平台建设开展情况，对继续推进社会救助工作改革创新提出了殷切希望。① 2014 年 6 月 13 日上午，国家民政部社会救助司司长王治坤，视察了江东街道社会救助服务中心，现场观摩江东街道社会救助服务中心一站式受理平台受理、审核、信息比对等运作情况，对江苏省和南京市在社会救助工作的规范管理和创新意识给予充分肯定（南京市民政局，2014）。② 此外，江苏省民政厅、中共南京市委书记杨卫泽、南京市市长缪瑞林都对救助中心“一门受理”的做法表示肯定和大力支持。

（2）工作人员服务技能认知。在技术执行的第二个维度，人员认知方面，救助中心针对救助业务条线多、专业性强、融合度低和各自为政等情况，对救助工作人员进行了“系统化”的培训，建立了统一的人员招聘、学习培训和定期轮岗制度，确保了工作人员熟练掌握各项救助政策的出处、执行标准和办理流程，以培养“全科医生”的模式培养救助工作人员，建立了“一专多能”的专业化人才队伍，使工作人员业务素质全面提升，迅速达到了“人机一体化”的要求，确保救助工作“人人全能”。

（3）内嵌的规则。技术执行的最后一个维度是内嵌的规则，内嵌的规则指内嵌于被执行的信息技术中的制度、政策等规则。简·芳汀（2004）指出：“制度影响了被执行的信息技术以及占主导地位的组织形式，同时也反被他们所影响。制度以认知上、文化上、制度上以及社会结构上的内嵌等形式进入技术执行框架。”③ 这说明内嵌的规则（制度等）影响着被执行的信息技术，并且影响着由信息技术而

① 江苏民政. 江苏省副省长许津荣前往南京市街道社区检查指导《社会救助暂行办法》贯彻落实工作[OL]. 东方网：http：//news. eastday. com/eastday/13news/auto/news/china/u7ai1391930_K4. html.

② 南京市民政局. 民政部领导视察我市社会救助工作[OL]. 南京民政网站：http：//www. njmz. gov. cn/mzj/33702/ 33703/201406/t20140613_2867962. shtml.

③ [美]简·芳汀. 构建虚拟政府：信息技术与制度创新[M]. 北京：中国人民大学出版社, 2004：113.

产生的组织结构。内嵌的规则进入技术执行框架主要有四种形式：认知上的内嵌、文化上的内嵌、规范上的内嵌和社会结构上的内嵌。可以发现，江东街道社会救助服务中心在实行“一门式受理”的过程中，都是以各项救助制度为准则而开展，尤其是 2014 年 5 月 1 日开始实施的《社会救助暂行办法》，各级领导高度重视《社会救助暂行办法》的贯彻落实情况，起初江东街道社会救助服务中心就是为了配合此办法的落实而打造的试点单位，借助以此中心为代表的公共服务平台，修正政府与社会公众的关系。

3. 组织结构变革的策略与基础

上述需求驱动的影响因素和技术执行的构成要素共同影响了江东街道社会救助服务中心的服务整合策略，保证其内部生长理论的有效实施，使社会救助中心将服务整合的结果转变为系统化、结构化的组织结构，改变了原有的政府服务形式，塑造了服务型政府的形象，加强了公众对政府的满意度，最后实现了组织结构的变革。通过以上的分析，本书认为，江东街道社会救助服务中心组织结构变革的内在机理是：基于需求驱动的动力机制，平衡了服务提供碎片化与公众需求多元化之间的供求矛盾，抓住了技术执行的根本作用，通过上层推动、人员认知以及内嵌的规则，机构层面的纵向层次整合和横向功能组合，以及运行层面的服务提供方面的整合、项目连接方面的整合以及政策管理方面的整合，形成了“驱动”与“支撑”的外源策略以及“整合”与“促进”的内生基础，最终实现了组织结构的成功变革。

3.3.3　服务整合内部生长的概念模型

通过本书的层层推进，我们构建出了江东街道社会救助服务中心服务整合内部生长的理论模型。江东街道社会救助服务中心成为全国示范性救助中心的关键是将服务整合提升到了新的高度，是服务整合内部生长策略的结果，具体包括“驱动”与“支撑”的外源策略与“整合”与“促进”的内生策略。此模型以需求驱动、技术执行以及公共服务组织变革为框架说明了服务整合内部生长模型是如何产生的，展示了“驱动”与“支撑”的外源策略；再以机构层面的纵向层次整合与横向功能整合共同促进运行层面服务提供方面、项目连接以及项目管理方面的整合，这些要素共同作用于救助对象，最终形成了中国特色的无缝隙服务模式（图 3-7）。

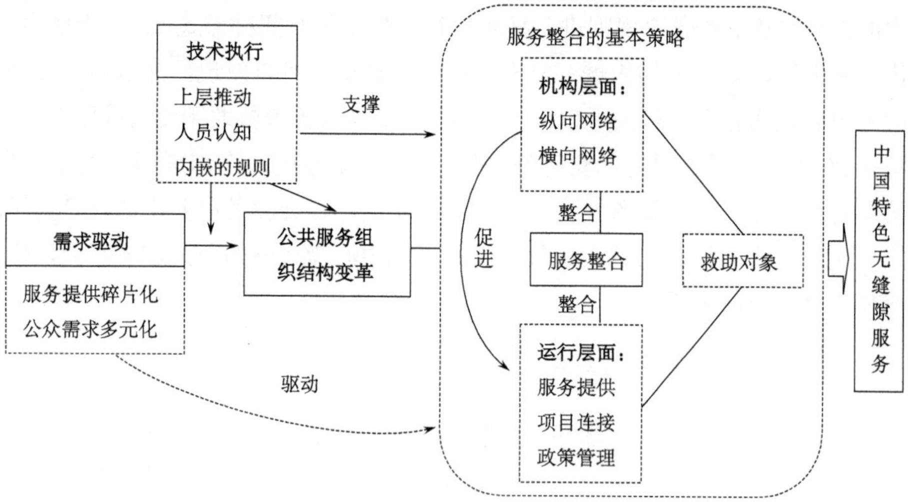

图 3-7　服务整合内部生长理论模型

1. 外源动力生长机制

“驱动”与“支撑”的外源动力生长机制是江东街道社会救助服务中心推动组织结构变革而形成的重要机制之一。

1）需求驱动机制

“驱动”的服务整合策略，是指社会救助中心明确了公众多元化的需求与组织内部服务提供碎片化的现实，这种情况促使救助中心将各项资源进行整合。服务型政府的建设就是为了满足公众多元化的需求而存在，这也是服务型组织所秉持的核心价值理念。江东街道社会救助服务中心为了满足公众持续增加的利益诉求而不断加大内外资源的整合力度，改变了之前服务提供碎片化的现象，力求最大程度地服务于社会公众，创造性地规范了救助资源、救助程序以及救助信息，有效整合了“一门受理”的平台，成为了外源策略的驱动因素。

2）技术执行支撑机制

“支撑”的服务整合策略是指技术执行对组织结构变革的决定性作用，它对服务整合的基本策略起着至关重要的作用。电子政务的运行离不开信息技术的支持，信息技术的支撑可以促进部门间的协同，实现政府组织跨部门的合作，政府组织部门作为网络化信息技术的实行者，因其分明的等级结构和严格的制度施行标准，必定将组织内部制度扎根于信息系统之中，作为维护现行组织规则的砝码。因此，救助中心通过上层政策、制度等的推动，内部人员对于工作的理解、认知以及内嵌规则的手段，实现了技术执行对服务整合的支撑作用。

这一“驱动”与“支撑”的结构构成了江东街道社会救助服务中心服务整合内部生长理论模型的外源动力生长机制。这样的服务整合策略具有创新性、动态性、协同性与稳定性的特征，促使了江东街道社会救助服务中心持续高效地服务于公众并不断发现工作中的缺陷，及时根据公众意见作出反馈和调整，不断改进工作以满足公众多元化的需求，实现组织结构的变革。

2. 内源动力生长机制

“整合”与“促进”的内源动力生长机制是江东街道社会救助服务中心推动组织结构变革而形成的另一个重要机制，它是服务整合的基本策略。

1）机构与运行层面的“整合”

江东街道社会救助服务中心以纵向层次网络整合及横向功能网络整合共同组成了组织机构层面的整合。以往政府组织部门纵向结构中职权交叉分散、控制乏力是造成公共服务被动提供和效率低下的重要原因。因此，建立起一种高效运转的纵向整合机制是确保公共服务有效供给的重要保障。[①] 机构与运行层面的整合主要表现在以下方面：第一，江东街道社会救助服务中心通过数据库系统实现了数据信息自上而下的连接，纵向整合了数据信息，实现了获取居民个人信息的上下无缝对接；第二，为打破救助中心部门繁杂的现象，江东街道社会救助服务中心将不同功能部门进行横向整合，使各个服务窗口可迅速实现内部转接，极大地减少了资源的浪费。

2）机构整合对运行机制的“促进”作用

作为服务整合基本策略的一个分支，机构层面的横纵向网络整合又促进了运行层面服务提供、项目连接和政策管理方面的整合，使服务主体与被服务主体之间保持了良好的互动关系，改变了救助中心提供服务的方式，加强了中心提供服务的持续性。首先，救助中心将救助信息和救助部门进行整合，直接改变了江东街道社会救助服务中心的救助服务提供方式，促使其将原来繁冗复杂的提供方式转变为高效快捷的方式；其次，救助信息和部门的整合改变了中心在服务提供上的互动关系，救助资源、信息、救助金等都在救助中心得到统一的管理与运行，体现了项目连接的一体化作用；最后，对于救助政策的规范化管理加强了各部门之间的协同，实现了政策的统一推行，强化了中心政策实施的连续性。这样的“整

① 唐任伍，赵国钦. 公共服务跨界合作：碎片化服务的整合[J]. 中国行政管理, 2012（8）：19.

合”与“促进”的机构构成了江东街道社会救助服务中心服务整合内部生长理论模型的内源动力生长机制。

可以说，江东街道社会救助服务中心之所以能够形成“社会救助江东模式”，在全国范围内得到推广，就是因为其形成了内部生长的服务整合策略，这一策略迅速使社会救助中心实现了从分散救助向统筹救助、节日救助向日常救助、被动救助向主动救助，由封闭运作向公开透明、静态管理向动态管理转变的社会救助工作新模式，该模式多次得到了省部领导的充分肯定。江东街道社会救助服务中心的变革充分展示出了“求助有门、门里有人、人人全能、能解急难”的基层社会救助工作新思路。

3. 无缝隙服务组织结构的生成

组织作用的发挥依赖于组织结构，组织结构是组织内部的基本架构，是组织存在和发展的基础。随着社会政治经济文化等方面的持续发展，原来的政府结构已无法适应新形式的要求，如政府部门的管理层级过多、管理流程冗长而导致的行政成本增加和行政效率降低，进而出现政府对社会公众的服务诉求反应缓慢或不作为情况的发生。因此，政府部门必须通过组织结构的优化来实现适应性的变革。政府组织结构变革的实质是政府为了适应经济社会的发展和履行职能的需要而在职能配置、机构设置和权力划分等方面的自我调整与自我完善。[①] 等级制组织结构和网络式组织结构作为组织结构的两种主要模式，在不同历史时期和不同性质类型的组织中都曾发挥出了不可替代的作用。

等级制的概念最初起源于德国社会学家马克思·韦伯（Max Weber）的科层制理论，以此为代表的公共行政模式曾为西方工业化社会带来了前所未有的影响。但是这样的等级制在横向职能分工上只对规章制度负责，而没有对行政绩效负责，直接造成等级制模式出现低效率的事实。[②] 科层是现代官僚制的一个重要特征，是指一种权力依靠职能和职位进行分工和分层的方式。在中国的政府体制中，科层结构与行政机关内部的横纵向分工有很大关系。从横向上看，科层制的模式表现为部门职能结构的专业化；从纵向上看，科层制的模式表现为政府从中央到地方的层级节制。正如官僚制本身受到的质疑，科层制组织结构同样面临许多挑战。如韦伯所说：科层制一旦形成，必然会形成巨大的制度惯性，陷入“铁的牢笼”，

① 俞晓波. 大都市政府结构扁平化研究——以上海市为例[M]. 上海：复旦大学出版社, 2014：9-10.

② 马伊里. 合作困境的组织社会学分析[M]. 上海：上海人民出版社, 2008：31.

任何的改变和创新似乎都不大可能。面对快速发展的经济社会状况和举步维艰的民主化进程，政府部门科层组织结构的完善不仅仅是政府自身的问题，还关系到政府在整个社会中的定位等更为严峻的政治问题。[①]

科层制固守僵化的模式直接抹杀了作为社会主体的人的主观能动性，人只能被动地接受上级组织的安排而不能进行创造性的思考和活动，呈现出创新能力缺乏的事实和状态，逐渐沦为组织运行的机器；其次，专业化的职能分工虽然能够起到降低劳动成本和提高劳动效率的作用，但是等级制下的组织过于奉行专业化的职能分工的准则，直接导致了组织功能狭隘的弊病；最后，等级制组织通过制定一系列的规章制度以维持组织的正常运转及实现组织成员的有效管理，在很大程度上保证了组织运行的程序性和组织工作的明确性，削弱了管理的复杂性，减轻了上级部门的管理负担，但是这样的等级管理体制导致规章制度过于刻板和机械化，组织成员只能按照制度和程序办事。面对不断变化的外部环境，过去的管理体制和手段已经不适合时代的发展，多层次的金字塔形结构变得笨重并且缺乏灵活性，传统的管理模式成为政府组织进一步发展的桎梏。

现代社会面临的挑战和应对挑战的方式都比以往更加纷繁复杂，各种问题也愈发趋于全球化和地方化，当多元流动的人群日益反对用简单统一的方式处理复杂问题的时候，一方治百病的模式必须让位给那些个性化的特制模式。传统的等级制模式无法满足复杂而快速变革的时代需求，尤其不适宜处理那些常常要超越组织界限的复杂问题。[②]于是网络化组织模式开始兴起。虽然对于网络组织的定义不一而同，但人们基本认可网络组织超越单体组织范围的本质特征，网络组织概念的提出，使人们对组织分析的重点从原先注重对组织边界的界定和科层组织结构的选择转向对组织内外部能够诱导和实际存在的各种各样交互作用的连接形态及运作机制上来，相比传统的组织结构，网络组织的约束机制属于软约束，主要借助声誉和激励，表现出组织成员间的平等性和互利性。[③] 网络组织模式的出现冲击了传统的官僚制组织模式，使政府组织出现网络化、扁平化的特点。一方面，网络组织注重利用外部资源，超越了传统组织结构模式保守呆板的形式；另一方面，网络组织借助自身独特的优势实现了各部门间的优势互补，打破了传统组织

① 李和中. 中国地方政府规模与结构研究[M]. 北京：科学出版社, 2012：31.

② [美]斯蒂芬·戈德史密斯，威廉·D. 埃格斯. 网络化治理：公共部门的新形态[M]. 北京：北京大学出版社, 2008：6.

③ 闫洪芹. 公共组织理论：结构、规则与行为[M]. 北京：北京大学出版社, 2009：46.

结构封闭的边界，形成了新型的信息传递渠道，实现了资源的互通互享，在此基础上实现了风险共担的目的，这些特点较之传统官僚制组织都是巨大的突破。

无缝隙政府（seamless organization）最初由美国学者拉塞尔·林登（2002）提出，无缝隙组织是指可以用流动的、灵活的、弹性的、完整的、透明的、连贯的等词语来形容的组织形态，是行动快速并能够提供品种繁多的、用户化和个性化产品和服务的组织，并以一种整体的而不是各自为政的方式提供服务。无缝隙组织具有如下特点：无缝隙组织的形式和界限是流动的和变化的，具有渗透性，有时是无形的；无缝隙组织的顾客与服务提供者直接接触，两者之间是一种直接的、人性化的关系，曾经存在于组织内部和组织之间的壁垒现在变成了网络；无缝隙组织以跨职能团队代替目前公务员仅在一个职能领域内服务的孤独组织；无缝隙组织强调以通才取代专才。可以看出，无缝隙政府服务组织是指政府组织通过整合组织内部各项资源打破组织部门内部的割裂状态，解除部门间的隔阂，不断提升服务能力和综合竞争力的政府组织形式。无缝隙服务可以通过电子政务的形式来破解组织之间的分裂状态，建立起一个跨部门的沟通渠道，实现组织间的互通与合作，提升政府部门提供公共服务的能力，全面建设服务型政府。

无缝隙政府的形成具有明显优势。首先，较之传统的官僚制，官僚制同时作为管理方式和组织结构，强调了以知识和技能进行管理的必要性，最大限度地追求了效率，但是，官僚制过分强调了机械式正式组织的功能，过于强调层级节制体制和各种组织规则制度，不利于激发组织成员工作的积极性和服务质量的改善。① 其次，较之网络化组织，网络化组织结构具有将分散能力进行重新组合的功能，是具有更大适应性和应变能力的新型组织，它改变了竞争的性质和规律，结构更加扁平化，但是，网络化组织结构的管理者对组织缺乏紧密的控制力，提供产品和服务的质量也难以保证。② 所以，无缝隙组织结构的形成改变了之前官僚组织的运行模式，它能与顾客保持密切的、直接的联系，为顾客提供所需个性化的产品，更好地满足顾客更高层次的无缝隙需求。③江东街道社会救助服务中心形成的无缝隙组织结构一方面是在传统等级制之下生成的，但又超越了传统的等级制，是对等级制的完善和发展；另一方面又具有网络化组织结构的特征和优势，可以实现为公众提供无缝隙服务的目的。

---

① 丁煌. 西方行政学说史[M]. 武汉：武汉大学出版社, 2009：78-81.

② 芮明杰. 管理学[M]. 北京：高等教育出版社, 2009：152-153.

③ [美]拉塞尔·M·林登. 无缝隙政府[M]. 北京：中国人民大学出版社, 2002：2.

江东街道社会救助服务中心以内部碎片化服务与外部多元化需求之间的供需困境为驱动力，配合上层政策领导等的推动，内部救助工作人员对救助工作流程、操作方法等的认知以及内嵌入信息系统的组织规章制度为支撑构成的服务整合外源动力机制，加之救助中心在机构层面对纵向层次和横向功能网络的整合促进运行层面对服务提供、项目连接、政策管理方面的整合而构成的服务整合内源动力机制，促成了救助中心组织结构的变革，生成了服务整合的新型组织结构。这种组织结构主要有如下几个方面的特色。

（1）服务整合内部生长。在等级制组织结构发挥作用的同时，政府部门通过对各种分散性资源进行协调与整合，形成了一种服务整合的新型组织结构，这种新型模式具有等级制组织结构强调效率的特点，并且在一定程度上改变了政府部门的执政方式、培养了工作人员跨职能的业务能力，但仍然无法取代等级制组织结构在中国政府组织中的地位，仍然在等级制组织结构之下运行，这种服务整合的结构只是从等级制组织结构内部生长出来的一种新的服务提供与机制运行模式，无法作为一种独立的政府组织模式而存在。这种新型模式的运用在江东街道社会救助服务中心主要体现在以下两个方面：一是在公众多元化需求对组织结构变革的驱动作用和技术执行对组织结构变革的支撑作用下共同形成了服务整合的外部结构；二是江东街道社会救助服务中心横纵向的网络整合促进了运行层面服务提供、项目连接、政策管理方面的整合，共同形成了服务整合的内部功能，成为服务整合的基本策略。在这两方面的共同作用下，形成了服务整合内部生长的新型组织结构模式。

（2）网络化服务提供结构。要实现政府职能从经济建设向服务型的转变，就必须凸显政府部门在公共服务中的重要地位与作用。网络化的服务供给结构是对传统公共服务供给结构的改革与创新，是向协作性公共服务模式转变的一种重要途径与方式。在江东街道社会救助服务中心的服务提供中，这种网络化的供给方式主要表现在以下方面：一是通过建立信息查询和比对系统，以更专业化、开放化的方式，提高救助中心的信息化水平，加强救助中心信息服务平台的建设，通过此平台使各相关机构的信息相互连接，获取信息更加方便快捷，在救助中心和困难群众之间形成一种新的互动方式；二是救助中心通过和各部门进行数据交换和对比，实现了信息的共享，改变了之前因为地域空间的限制而形成信息资源分散和难以传递的困局。

（3）无缝隙服务公众需求。无缝隙服务的提供打破了政府部门之间沟通协调的障碍，使组织边界趋于模糊化，实现了政府组织各项资源的有效整合以及各职能部门之间的无缝对接，以满足公众对于公共服务的无缝隙需求。这种无缝隙公共服务的提供，减少了信息传递的层级，使信息的传递更加直接高效，加强了政府部门和公众之间的沟通。江东街道社会救助服务中心的无缝隙服务公众需求体现在如下方面：一是救助中心的“一门受理”工作能在一个窗口进行业务的咨询办理，形成申请救助“一表登记”的便捷服务方式；二是救助中心形成了上连政府救助业务部门、下接社区服务平台“一口上下”的管理服务模式；三是救助中心针对困难群众求助意识弱、政策知晓度低、救助核查难、受理周期长和救助资源分散等情况，实现了救助政策和救助信息的有效整合，提高了工作效率，降低了行政成本。

此结构明确地回答了社会救助中心的服务整合是如何产生的，即如何进行内部生长的问题以及内部生长是什么的问题，深入探究了江东街道社会救助服务中心的组织结构实现变革的过程。

众所周知，量变是一种渐进的、不显著的变化，而质变是显著的、事物根本性质的变化，量变是事物的前提和必要准备，质变是量变的必然结果。在江东街道社会救助服务中心的案例中，“驱动”与“支撑”的外源策略充当了量变的因素，而“整合”与“促进”的内生基础则是质变的表现，事物发展最终是通过质变实现的，没有质变就没有发展，在质变、量变的共同作用下江东街道社会救助服务中心形成的地方公共服务组织内层整合性结构，是一种中国特色无缝隙服务的结构形式，它促使政府服务组织内部结构实现了变革，服务形式得到了拓展，服务质量得到了提高。

第 4 章　地方公共服务组织外层协同性结构变革

地方公共服务组织结构在内层整合性结构基础上进行了深化改革，通过分权化改革实现了权力要素重组，通过扁平化改革实现了层级压缩，最终形成了一个外层协同性结构。这种新型的组织结构层次主要产生于组织合作关系中，它既发生于地方政府间关系中，也发生于地方政府与私人组织之间的合作关系中。近些年来，政府购买服务在中国各地已成为一个既定的政策和优先的选择，这种政策使得政府购买服务中形成的伙伴关系结构成为地方政府公共服务组织外层协同结构的一个主要类型。本章从分权化改革、扁平化改革和社会化改革三个方面探讨地方公共服务组织外层协同性结构变革的实践模式和基本内容。

4.1 分权化改革：地方公共服务组织权力结构重组

分权化改革是市场经济体制建立和完善的基本改革工具之一。分权化改革方面涌现了大量的研究成果。权力是组织结构变革核心要素，它推动着组织结构的内核裂化。分权化改革是中国地方公共服务组织内层结构的内核裂变式改革。

4.1.1 分权化改革的理论分析

20 世纪 70 年代以来，分权化改革逐渐发展成为一种普及欧美等西方发达国家和广大发展中国家的国际性政府改革思潮。①在我国社会主义市场经济体制建立与完善的过程中，也伴随着中央向地方分权化改革。国内外对于分权化改革进行了多视角的研究。

国外学术界对分权化改革及其引发的组织结构变革进行了大量的研究。随着经济全球化、信息化和知识经济的到来，西方各国进入了公共部门管理改革，尤其是政府管理改革的新时代。②20 世纪 60 年代以来，西方民权运动兴起，社会矛盾尖锐。公共行政模式变革成为国际社会普遍而迫切的要求，并涉及政府和公共部门内部。这场公共行政模式的变革就是新公共管理改革（政府再造运动）。“再

① 曾维和. 发展中国家分权化治理的进程、框架及际遇考察[J]. 甘肃行政学院学报. 2009（4）：34.

② 毛濛. 西方分权化改革对我国省管县体制的启示[J]. 重庆科技学院学报. 2011（8）：16.

造”一词是美国管理大师汉默和钱皮（Hamlmer and Champy）提出来的，按照他们的观点，“再造”是对组织流程的基本问题进行反思，并对组织结构进行彻底的重新设计，以便在成本、质量、服务和速度等衡量组织绩效的重要尺度上取得巨大的改善。[①]西方国家的新公共管理运动涉及行政管理体制和政府活动的各个方面，改革的内容主要是围绕政府功能的重新定位、政府公共服务提供方式的转变、政府内部管理体制改革等方面展开的。新公共管理运动在政府内部管理体制改革方面提出了分权化的改革。政府体制的分权化改革实质上就是削弱中央政府的职能权力，实现权力的非集中化和权力下放。[②]在这场 20 世纪 80 年代初兴起的新公共管理改革浪潮中，西方政府建立了较为灵活的公共服务机构，切实地提高了公共服务效率。

中国受西方新公共管理改革影响，同时也在市场经济体制的推动下，进行了行政管理模式的变革。地方公共服务组织结构分权化改革是指地方政府为更好地实现政府服务性和地方善治，对其职、责、权的系统框架进行分解或重构的动态模式，主要表现为权力的下移和分散等。西方学者罗伯特提出公共行政科学具有普遍的正确性，我们不能假定公共行政学能够脱离背景条件的影响，或者认为它能以某种方式独立于其文化环境与社会环境。因此，组织结构的分权化改革必须构建符合中国国情的行政机制。国内学术界对于分权化改革的研究主要集中在财政分权、政治分权和经济分权三个方面。

本书关于财政分权化的研究，主要从财政与税收的角度论述中央和地方财政收支分配制度的改革。中国的“十一五”规划指出，调整和规范中央与地方、地方各级政府间的收支关系，建立健全与事权相匹配的财税体制，具体举措包括：完善财政体制，加快公共财政体系建设，明确界定各级政府财政支出责任，合理调整政府间财政收入划分。完善中央和省级政府财政转移支付制度，理顺省级以下财政管理体制；[③]产生于西方的财政联邦主义强调市场经济体制下的财权的划分，有学者指出分税制是在合理划分中央与地方政府的事权范围基础上，依照税种划分中央财政与地方财政之间的收入范围，依照事权划分支出范围，建立规范的中央对地方转移支付制度。[④]也有学者指出，建立平衡合理的分级分权财政体系，

---

① 陈振明. 政府再造——公共部门管理改革的战略与战术[J]. 东南学术. 2002（5）：16.

② 徐增辉. 新公共管理研究——兼论其对我国行政改革的启示[D]. 长春：吉林大学，2005：14-15.

③ 国务院. 中国国民经济和社会发展“十一五”规划纲要[EB/OL]. 中国新闻网：http：//www. chinanews. com/news/ 2006/2006-03-16/8/704077. shtml.

④ 吴智峰. 财政体制变迁与经济增长——基于地方政府行为的研究[D]. 南昌：江西财经大学，2009：60-62.

一是要合理划分中央和地方各级政府的支出责任，适当分担地方政府的支出责任，在合理提高中央政府收入比例的基础上，加大中央和省级政府的直接支出责任，减少地方政府的财政压力。二是要进一步完善分税制，赋予地方必要的财政权力，包括地方税种范围的税收立法权、减免权，以及必要的债务融资权，为地方财政提供相对稳定的收入来源。①

本书关于政治分权化的研究，主要探讨了政府分工与民主进程的关系。以西方联邦主义作为参照，中国的分税制改革和地方自治制度都一定程度上契合了其精神。联邦主义的理论范式是一种处理国家间关系、国家内中央政府与地方政府关系的重要政治理念与原则，它主要体现为政治联邦主义与财政联邦主义。②有学者指出公共服务体制下集权与分权的均衡问题。公共服务体制是影响公共服务的重要因素，但集权与分权的非均衡、非理性状态严重影响了公共产品的供给。为了解决这个矛盾，政府应当完善公民参与的制度化渠道，政府机构之间应当加强合作，合理配置权力，协商处理在权力运行过程中出现的矛盾，实现公共服务的均等化。③还有学者主张在地方治理的制度设计中兼顾政治性和功能性分权，前者从纵向层面揭示了政治结构和权力分配中的地方主义特征，后者则从横向层面刻画了地方政府在地方治理中与环境网络、利害相关者以及社会团体的协作中所扮演的角色，这一层面从功能的角度上，尤其从公共物品供给的方式上对地方治理的制度进行了界定。④

关于经济分权的研究。这类研究包括以财政分权为目标的财政联邦主义和以政治分权为目标的政治联邦主义。有学者指出，中国的分权化改革一定程度上契合了联邦主义的精神。政治联邦主义原理在中国结构形式制度中的应用，主要体现在民族区域自治制度与“一国两制”制度之上，这两种制度都在一定程度上契合了民族联邦主义与社会联邦主义的基本精神；而财政联邦主义在中国的应用，则主要体现为 1994 年开始实施的“分税制”。②对于理论体系完善的西方国家而言，中国在分权化改革模式探索与创新方面则显得有些滞后。当前中国的分权化改革研究主要集中在中央政府和地方政府的权力配置方面，而对地方各级次政府的事权与财权统一、因地制宜缩减政府层级等分权化举措的研究略显滞后。本书

① 胡忠毅. 深化财政税收体制改革的思考[J]. 现代经济信息. 2010（19）：6.

② 周刚志，黄庆向. 联邦主义理论与我国的国家机构[J]. 中南大学学报. 2007（1）：28.

③ 刘江. 公共服务视角下集权与分权的均衡博弈[J]. 石家庄法商职业学院教学与研究. 2007（4）：12.

④ 张毅，郑俊田. 地方善治及其分权化改革的制度设计模式[J]. 中国行政管理. 2010（7）：97.

依据地方政府层级，将地方公共服务组织结构分权化改革分为四种模式：行政省直管分权化模式、财政省直管分权化模式、强县扩权模式和强镇扩权模式。

4.1.2　分权化改革的组织结构实践模式

在组织结构实践模式中，公共服务组织结构中的要素不断发生变化及优化，致使组织结构持续进行变革。[①]对实践模式变革过程中组织结构基本要素进行缕析，依据变革程度的强弱，同时依据多数学者提出的渐进式变革的实践，总结了地方公共服务组织结构的分权化改革四种模式（表 4-1）。

表 4-1　地方公共服务组织结构分权化改革模式

组织结构模式	组织结构变革的内容要素	
	权力	机制
行政省直管分权模式	省级政府部分事权下放给县级政府	市级行政建制撤销，省县两级政府职责科学划分
财政省直管分权模式	省县政府事权与财权的统一	合理界定省与县的财政支出，规范省与县政府间的收入划分
强县扩权模式	将省或省辖市政府的部分经济社会管理权直接赋予经济发达的县	对经济发达的县域实行权力直接下放，对欠发达地区实行政策偏重
强镇扩权模式	扩大中心镇经济社会管理权限	分析扩权重点，区分扩权路径

表 4-1 依据分权化改革的地方政府层级，并结合组织结构的权力和机制要素，将地方公共服务组织结构的分权化变革划分为四种理论模式。不同的分权化模式的运行机制也不同：行政省直管分权模式强调立体的、全面的改革。撤销地级市的行政建制，省级政府将部分事权下放给县级政府，作为体制改革的创新，行政省直管分权模式扩大了县级政府的自主权，推进社会主义建设进入新的发展阶段；财政省直管分权模式作为体制改革的重要一环，强调了省级政府将经济和社会管理权限下放，合理界定省与县的财政支出，规范省与县政府间的收入划分，对于激活县域经济的发展具有重要意义；强县扩权模式是指将部分权力下放给经济发展水平符合一定标准的县，强县由于经济水准提高，对行政决策的要求也相应提高，因此，省级政府有必要对这些地区实行权力下放，实现财权和事权的统一。

① 曾维和. 当代西方国家公共服务组织结构变革——基于服务需求复杂性的分析框架[J]. 经济体制改革. 2013（6）：146.

而对于发展水平相对薄弱的地区，则给予相应的政策偏重和扶持；强镇扩权模式主要是针对城乡统筹协调发展提出的，选取具备较大发展潜力的中心镇，通过扩大其经济社会管理权限，统筹协调，科学规划，促进强镇的进一步发展，同时也能对周边乡镇起到辐射带动作用。

1. 行政省直管实践模式

行政省直管模式是分权化改革的重要组成部分，是地方政府组织结构纵向改革的突破点。该模式是指撤销市级行政建制，省级政府将事权下放，对省县两级政府的职责进行科学划分。党的十八大报告《中共中央关于全面深化改革若干重大问题的决定》（2013）中提出了全面深化改革的目标——完善和发展中国特色社会主义制度，推进国家治理体系和治理能力现代化；行政体制改革是推动上层建筑适应经济基础的必然要求。黄景章（2012）指出，伴随中国市场经济改革不断地向前发展，行政治理的环境和手段也在逐步地发生变化，行政管理层级过于繁杂会导致行政管理缺乏透明性，浪费行政资源且不利于沟通，产生效率低下等诸多弊端。因此，将行政层级进行简化势在必行。①

行政省直管实践模式在具体推行过程中，省级政府主要负责行政规划发展、政策指导、统筹协调县政府的权力范围和职能；县级政府则要严格贯彻法律法规，为本地区提供公共服务。主要表现为深化行政审批制度改革及优化行政区划设置。在地方政府各部门组织结构的分权化改革中，省级政府通过取消和减少不必要的审批环节，健全行政审批体系，激励县级政府为本地区提供良好的社会公共服务，实现政府职能的转变。在优化行政设置具体操作上，可通过一系列指标，测试县与邻近市的经济联系强弱程度判别：凡是那些与中心城市空间距离较近、产业联系度高、资金人员信息往来频繁的县，其行政建制上的取向都是改区，以维护市场经济内在联系，促进区域经济一体化的逐渐生成。②由于不同县级政府的实际情况不同，行政省直管分权模式的变革也有着不同的归属和路径，但其简化行政层级、提高政府效率的主线不变。行政省直管的分权模式有利于提高行政效率，扩大地方政府自主权，激发地方政府发展潜力，更好地为地区提供公共服务。

行政省直管分权模式具有如下三个特征：第一，责权统一。省级政府在权力

① 黄景章. 中国行政层级改革的必然：省直管县[J]. 产业与科技论坛. 2012（18）：5-6.

② 国家行政学院“优化行政层级与行政区划研究”课题组. 优化行政层级与行政区划设置势在必行[N]. 社会科学报. 2014（001）：3.

下放的同时，监督指导责任也加强了；县级政府获得更多自主权，为地区提供公共服务的责任和义务也得到了强化。第二，权力重构。在地方公共服务组织结构分权化的变革中，不仅要撤销市级行政建制，而且要进行权力的解构或重构。第三，全方位立体式的变化模式，在传统权力构建模式上实现变革。行政省直管的分权模式涉及行政建制、部门编制等多方面的变革，包含各个部门职能管理权、职能转化、管理层次调整等多方面的变化，在原有权力结构模式上出现了大幅度的调整。行政省直管实践模式的实例见案例 5。

案例 5：行政省直管县改革的“海南模式”

海南省行政单位是中国第一个以省直管县行政体制为基础框架建立的。与 20 世纪90年代发起并初具规模的省直管县热潮中的“强县扩权”及“财权下放”等模式不同，海南省的省直管县是全面的、立体的。作为行政省直管分权模式的标杆，海南省直管县体制在改革中走过了 20 多年的历程并成功建立起了“海南模式”。从改革措施的角度讲，始终贯穿于省直管县体制改革全过程的动作是“放权”，适当赋予县市一定的自主权是海南省践行省直管县体制的开端，最终形成了富有特色的行政省直管县改革的“海南模式”。

“海南模式”基本做法是：首先，海南政府科学划分省、市县两级政府的职责，逐步将地市级的管理权限交给市县；其次，进一步理顺省与市县政府间的财政关系，探索建立激励型财政分配制度，完善财政转移支付制度；再次，按照精简、统一、效能和决策、执行、监督相协调的原则，科学调整和设置省政府及市县政府组织结构，积极探索解决党政机构职能交叉重叠等问题；最后，根据区域经济社会的发展需要，稳步推进行政区划合理调整。①海南在 2008 年达到了权力下放的新高峰。2008 年 7 月，海南省委决定向市县下放 197 项行政管理事项，开了全国体制改革之先河。与此同时，海南省政府首先以政府令的形式下放了 177 项事权，接着省人大常委会通过修改地方性法规下放了 20 项事权。

在“海南模式”中，海南省政府突破原有格局，通过行政一体化带动区域经济一体化、社会一体化，最终建立与城乡经济一体化、社会一体化要求相适应的体制框架。在行政省直管县体制改革的进程中，海南省采取纵向拉动城乡统筹和横向促成行政一体的模式，从根本上打破了旅游等重要资源的行政区划，实现了全岛资源的优化配置，整体资源价值得到了充分体现。海南省的发展模式对全国发

① 张瑞芬. 海南省直管县体制改革研究[D]. 海口：海南大学，2010：12.

展方式转变具有重要意义：将资源互补性强的相邻市县合并，打破资源行政分割、分散开发、低水平开发的常规发展局面，形成区域资源优势互补、组团式发展的新局面。①

2. 财政省直管实践模式

财政省直管实践模式实质上是实现行政省直管分权模式的过渡，主要是指理顺省与县级政府的财力，合理界定省与县的财政支出，规范省与县政府间的收入划分，实现省县政府事权和财权的统一。《中华人民共和国国民经济和社会发展第十三个五年规划纲要》中明确提出了深化行政管理、财税和金融体制的改革；寻求财权与事权的匹配，实现公共服务的均等化，促进县域经济的发展。

转移支付制度在财政省直管的分权模式中发挥着重要的作用。诸多学者对财政转移支付制度的定义是财政资源在各级地方政府间的无偿流动。理论界一致认为，财政转移支付可以分为横向转移支付和纵向转移支付，横向模式是财政资金直接从富裕地区向贫困地区转移，纵向模式是中央在全国范围集中财力，再向贫困地区进行财政补助。②财政省直管分权模式中，省级政府财权和事权都得到了下放，有利于实现公共服务的均等化，解决县级政府公共服务需求规模大但财力捉襟见肘的情况。

财政省直管实践模式具有以下几个主要特征：一是事权和财权统一，在社会主义市场经济体制建立和完善的过程中，各层级政府之间的利益冲突始终存在。只有明确各级政府的事权和财权，各级地方政府才能有序协调地进行发展。财政省直管的分权模式下，县级政府财政自主权扩大，为地方提供公共服务的力度加大，有利于实现地方善治。二是多种措施并举，财政省直管的分权改革主要措施包括财政核定、转移支付、税收返还、收支预算与决算等多种事项，这些措施增强了地方政府组织结构中的财力基础。三是避免了重复管理，缓解了管理压力。在新中国成立初期形成的严格计划经济和管理手段背景下，实行的是“市管县”的模式，在运行过程中各级政府管理压力大，最终不堪重负，模式弊端逐渐凸显。而在财政省直管的模式下，中央政府鼓励省级政府下放权力给县级政府，扩大县级政府自主权。从而缓解各级政府管理压力，自主权得以扩大，行政效率显著提升。财政省直管实践模式见案例 6。

① 夏峰. 行政省直管县的海南远谋[J]. 新理财（政府理财）. 2009（8）：75.

② 王鹏. 财政转移支付制度改革研究[D]. 长春：吉林大学, 2012：12.

案例 6：财政省直管县的“湖北模式”

20 世纪 90 年代以来，湖北省全省区域内城市经济与县域经济发展缓慢，县乡财政矛盾比较突出，湖北省发展受到其制约。为了推进城市经济和县域经济发展，湖北省政府开始了省直管县的探索。2002 年开始，湖北省政府根据湖北省具体省情，把原来由市（地级市）、自治州政府掌握的部分经济管理权限和社会管理权限赋予给试点的扩权县行使。市（地级市）、自治州在其管辖的县域内的权限受到限制，退出了一些权力领域。在这些权力中，适合县域经济发展的权力直接下放给县级行使，剩下部分由湖北省政府行使。①2003 年湖北省发布了《关于扩大部分县（市）经济和社会发展管理权限的通知》，扩大了湖北省全省 20 个经济强县（市）的经济和社会管理权限，将原来由地级市行使的权限下放到县（市）一级，使这些扩权县市具有更多的管理上的自主权。2010 年，中央确定湖北省等八省区作为省直管县体制的试点。其中湖北省的财政省直管分权模式比较突出。湖北省政府规定对于符合县域经济发展要求的市、县财政收支范围暂不作调整，对不符合支持县域经济发展要求的，予以规范和调整；以财政省直管县改革前一年的省核定的县体制补助或上解基数为基数，相应地调整省对县（市）的体制补助与税收返还等（表 4-2）。②

表 4-2　财政省直管县“湖北模式”主要内容

指标	内容
收支划分	对不符合支持县域经济发展要求的市、县（市）收支范围划分，省财政将予以规范和调整
基数核定	以 2003 年省核定为基础，将市对所属县（市）的体制补助（上解），相应调整为省对县（市）和市的体制补助（上解）
转移支付	省对下各项转移支付补助按照规范的办法直接分配到市、县（市）
专项资金补助	省专项补助资金由省财政厅会同省直有关部门直接分配下达到市、县（市），同时抄送市财政有关部门
报解与资金调度	省财政直接确定各县（市）的资金留解比例，预算执行中的资金调度，由省财政直接拨付到县（市）
财政结算	年终财政结算项目、结算数额，由省财政直接结算到县（市）
债务管理	原县（市）举借债务等，由市与县（市）核对一致并加盖两级政府和财政部门公章后，报省财政厅分别转账到县（市），到期后由省财政直接对县（市）扣款

① 张鼎良. 我国省直管县体制改革研究——以贵州省实施省直管县体制为例[D]. 南京：南京大学，2011：19.

② 朱湘. 我国省直管县改革模式研究[D]. 上海：复旦大学，2010：31-32.

财政省直管县“湖北模式”主要特点是采取先扩权再直管的方式。为了消除阻碍县域经济发展的体制性障碍，更好更快地发展湖北省县域经济，湖北省政府按照“能放则放”原则，下放了一些适合县域经济发展的权力给县级政府，扩大了这些县发展县域经济的自主权，为这些县的县域经济的快速发展提供更加有利的条件。“湖北模式”扩大了县域经济自主权，极大地调动了县级政府的主动性、积极性和创造性，促进了县域经济的迅速发展。该模式积累了一些有益的转型经验，在推动湖北省县域经济发展方面产生了良好的作用，对于国内实施财政省直管县体制具有相当的重要借鉴意义。

3. 强县扩权实践模式

强县扩权模式是指将省级或者省辖市的部分权力依法直接赋予经济发达县的改革模式。需要明确扩权强县与强县扩权的区别，扩权强县是指将省辖市的部分经济管理权和社会管理权直接赋予所有县的改革；强县扩权是指将省辖市的部分经济管理权和社会管理权直接赋予经济相对发达的县的改革。[①]强县扩权只涉及经济相对发达的县，而扩权强县涉及的范围较广，所以扩权强县变革程度大于强县扩权。强县扩权的分权模式促进了经济发达县域的进一步发展，同时也对欠发达地区进行了扶持。发达县域的事权和自主权得到了进一步扩大，有利于完善地方公共服务，实现地方善治。

强县扩权模式突出特征主要表现为一是其作用的双重性，强县扩权模式作为实现“扩权强县”的过渡阶段，不仅调动了经济较为发达县域的积极性，而且对于该阶段之后的弱县扶持、逐步扩大放权范围起到了重要作用；二是其综合性显著，强县扩权的模式可以与行政省直管、财政省直管等分权模式进行结合，在大范围分权模式调整的基础上实现小区域的经济社会一体化。如江苏省实现的强县扩权结合财政省直管，不同程度地促进了强县的经济发展水平，并带动了相对发展较为滞后的弱县经济。三是统筹性较强，有利于缓解省级政府在管理发展不均衡市县政府中的负担，将省级政府的管理压力进行有效化解。由于强县的经济发展水平比较高，省政府的管理重点可放在发展相对落后的地区上。强县扩权实践模式见案例 7。

① 周湘智. 我国省直管县（市）研究中的几个问题[J]. 科学社会主义. 2009（6）：76-77.

案例 7：湖南省的强县扩权+扩权强县模式

党的十七届三中全会《中共中央关于推进农村改革发展若干重大问题的决定》中再次提出："有条件的地方可以依法探索省直接管理县（市）的体制，扩大县域发展的自主权，增加对县的一般性转移支付，促进财力与事权相匹配，增强县域经济活力和实力"。[①] 这些极其重要的指导思想，为县域政府加快经济发展和体制的改革创新扩大了思想空间和政策空间。中共十六大报告和中共十六届三中全会决议明确提出了加快发展县域经济，建立合理的分权体制的要求。"强县扩权"改革作为行政区划改革的必然趋势，顺应了突破市管县体制弊端的时代要求。[②] 因此，"强县扩权"和"扩权强县"成为了一种体制改革的潮流。湖南省在 2004 年的《关于加快县域经济发展若干问题的意见》中同时指出，要进行扩权强县和强县扩权改革。一方面按照"能放则放、权责统一"的原则，对省内全部县（市）下放了多项经济管理权限；另一方面将 GDP 与财政总收入达到一定标准的县（市）列为强县（市），赋予其一定的经济管理权限和社会管理权限。而对于城市居民可支配收入与农村人均纯收入达不到标准的县（市）予以调整，给予相应的政策扶持和偏重。2005 年 9 月，湖南省政府在《关于扩大县（市）经济管理权限的通知》中公布了扩大经济管理权限的 88 个县（市）名单以及对经济强县（市）"一个不减、两个优先"的扶持政策。对经济发展水平达不到标准的县（市）给予相应政策偏重。

湖南省政府根据县域经济发展的实际情况，针对不同县（市）提出了"强县扩权"和"扩权强县"发展策略。该策略扩大了县域经济的自主权，对于推动国民经济持续健康发展有着重要的意义。湖南省下一步改革的重点应是对经济强县继续扩大或直接赋予管理权限，对于其他发展状况相对薄弱的县（市）继续下放经济管理权限，激活县域经济的发展，从而使更多的县（市）进入经济强县的行列。同时，不断探索县市经济发展综合水准等各种情况下的省直管县改革模式，加快推进社会主义现代化建设新的发展阶段。

4. 强镇扩权实践模式

强镇扩权模式是指按照统筹城乡发展的要求，通过权力下放的举措，进一步扩大中心镇经济社会管理权限，理顺中心镇和县政府的权责关系，建立权责明确

---

① 国务院. 中共中央关于推进农村改革发展若干重大问题的决定[EB/OL]. 中华人民共和国中央人民政府网：http：//www. gov. cn/test/2008-10/31/content_1136796. htm.

② 王海波. 湖南省"强县扩权"改革试点研究[D]. 长沙：湖南大学，2010：11.

的中心镇行政管理体制和运行机制。激发中心镇发展潜力，促进区域经济社会事业发展。强镇扩权模式的主要特征为：分批推进，稳步放权。根据中心镇的具体情况和实际需要，分析扩权重点，区分扩权类型，分期分批下放权力，逐步扩大管理权限，实现城乡统筹发展。

强镇扩权实践模式的基本特征是通过进行扩权式改革：一是直接放权，直接由区、县级政府将部分权力依法交由中心镇政府行使；二是委托执法，由县级行政执法机关和镇政府签订委托执法协议书，明确委托执法范围，镇政府严格按照法定执法程序，从事受委托执法事项的执法活动。进而达到事权下放，财权扩大和人事权的改革。强镇扩权模式有利于完善城乡统筹发展的公共服务体系，提高农村公共服务水平。强镇扩权实践模式见案例 8。

案例 8：安徽凤阳县的强镇扩权实践

党的十七届三中全会和省委八届十次全会提出要全面深化改革，发扬创新体制机制的精神。安徽省政府按照“该放的要坚决放，该管的要切实负责管好”的原则，赋予了试点镇部分县级经济社会管理权限，努力做到权力与责任相匹配，财权与事权相统一，用人与任务相适应，待遇与贡献相挂钩，充分调动试点镇加快发展的积极性。安徽省政府综合考虑了经济实力、人口规模、发展潜力等因素，在全省选择了一批试点镇，通过政府推动、体制创新、大力提高试点镇综合实力，力争经过 5 年或更长一段时间的努力，在全省形成一批规划布局合理、产业特色鲜明、经济实力雄厚、基础设施完善、生态环境优美、社会和谐发展的小城市。[①]

安徽省凤阳县在强镇扩权的工作中成效较为显著，具体措施如下：第一，成立组织，加强领导。2009 年，安徽省凤阳县大庙镇、刘府镇、临淮关镇、武店镇 4 个乡镇被确定为扩权强镇试点镇。随后，试点工作在凤阳县进一步展开。《关于推进扩权强镇试点工作的实施意见》（凤发〔2009〕13 号）中结合凤阳县实际，对试点镇的改革作出部署。第二，坚持依法放权，分批到位。凤阳县首批拟下放发改、经贸等 9 部门下放试点镇县级经济社会管理权限 23 项。第三，坚持规划先行。按照“统一规划，突出重点，整体推进”的思路，各试点镇正在开展镇域总体规划、各种控制性详细规划、专项规划，以确保试点镇建设有序推进。第四，坚持产业强镇。按照“依托产业、体现特色、错位发展”的原则，各试点镇结合自身

① 安徽省委. 中共安徽省委安徽省人民政府关于实施扩权强镇的若干意见[EB/OL]. 全国党建网：http：//oa.ahxf. gov. cn/village/newcontent. asp?WebID=15877&Class_ID=34814&id=891821.

区位、资源和产业优势，大力培育特色主导产业，形成了具有较强竞争力的镇域产业，如大庙的石英砂深加工业等。第五，加大基础设施建设投入力度。不断提高城镇品位，全面改善人居环境，提高城镇承载能力。

在强镇扩权的改革中，安徽省始终坚持以人为本、可持续发展的理念，注重发挥规划的引领作用，统筹发展，协调推进。按照有利于统筹协调发展、推进城乡一体化等原则，促进经济和社会同步发展，生产和生活条件同步改善，建设和管理同步加强，让改革发展的成果惠及广大人民群众。镇是县域经济的重要载体，是统筹城乡发展的重要节点，是加速推进县域工业化、城镇化、现代化的重要基础。在全省选择部分经济实力较强、发展潜力较大的镇实施扩权强镇试点，对促进安徽科学发展、和谐发展，加速崛起进程具有十分重要的意义，同时对于国内地区促进城乡统筹协调发展具有重要的借鉴意义。

4.1.3　地方公共服务组织结构分权化改革进路

地方公共服务组织结构的分权化改革作为市场经济背景下的改革模式，有利于激发地方经济发展潜力，实现地方善治，提升公共服务供给水平。这以公共服务组织结构变革实施模式形成了一个具有一定路径依赖的改革进路（图 4-1）。

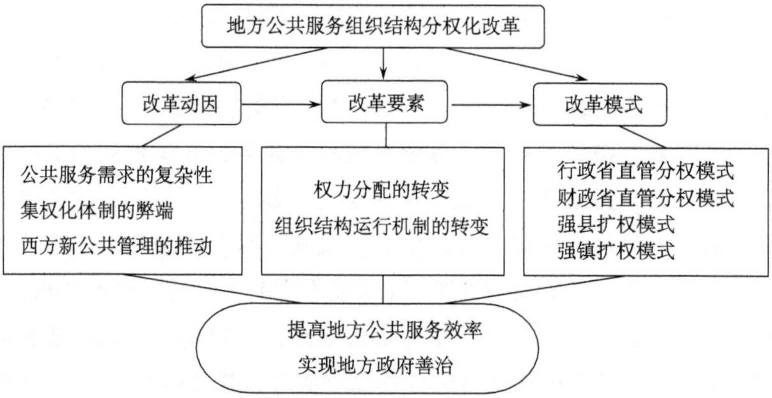

图 4-1　地方公共服务组织结构分权化改革进路

如图 4-1 所示，公共服务组织结构分权化改革沿着“改革动因—改革要素—改革模式”的进路进行改革。公共服务需求的复杂性是公共服务组织结构变革的根本动因，集权式体制的弊端和西方新公共管理改革是一些重要的驱动因素；改革的内容围绕权力和机制两个要素进行，共形成了行政省直管、财政省直管、强县扩权和强镇扩权四种分权化改革的公共服务组织结构实践模式，这些改革实践模式较好地适应了公共服务复杂性的需求，提高了公共服务效率和实现了地方政府的善治。

4.2　扁平化变革：地方公共服务组织层级结构压缩

组织结构扁平化变革的一个基本思路就是减少公共服务组织的中间管理层级，增加服务机构，适当地扩大管理幅度，进行组织结构纵向层级压缩的变革。扁平化改革不仅仅是压缩管理层级的问题，它涉及组织结构的运行机制和实践模式的变革。

4.2.1　扁平化变革的理论分析

扁平化（horizon talization）是通过减少行政管理层次，裁减冗余人员，建立一种紧凑、干练的扁平化组织结构的管理模式，它具有以下特征：简化纵向管理层次，静态架构下的动态组织运行，自我管理团队应运而生，员工担负更多的责任并拥有更多的参与决策权力。扁平化理论产生于 20 世纪 90 年代，起源于西方企业组织变革和再造的实践。组织结构扁平化最早可以追溯到新经济制度学，普遍认为是以 1937 年科斯的《企业的性质》为开端。组织结构扁平化的早期研究主要在企业组织结构领域，扁平化管理模式是企业为解决层级结构的组织形式在现代环境下面临的难题而实施的一种管理模式。最早将“扁平化管理”思想付诸实践的是美国通用电气公司的韦尔奇，1981 年韦尔奇担任美国通用电气公司首席执行官后，将公司原本从董事长到管理员之间多达近26层的管理层削减至6层左右。这使得原本金字塔型的企业组织结构模式压缩成了扁平状的组织结构模式。这一改革使得美国通用电气公司具有更高的管理效率和经济效益，在未来的竞争中获得优胜。关于组织结构扁平化的研究一直以来都是学者比较关注的问题，其研究主要集中在三大领域：企业、政府、非政府组织。[①]

组织结构扁平化变革大量研究成果见于企业组织变革的研究。有学者通过对农业银行组织结构的思考，分析出现代企业组织结构趋向扁平化的原因是现代计算机和信息网络技术的飞速发展，企业的内部信息传递速度加快，管理跨度加宽。从前企业中存在的不决策亦不领导只负责上传下达的中间层次被信息技术取代，

① 石黄慧. 构建扁平化政府组织结构的建议[J]. 广西大学学报（哲学社会科学版）. 2006（S2）：142-143.

管理层次和管理人员的数量大幅度下降，造成了结构的扁平化。此外，企业扁平化还能够更加合理地配置人力资源，增强企业适应性和灵活性，降低企业内部风险，发挥规模效益等；[①]有学者总结出企业扁平化管理结构模式的优点，即节约管理成本、增强上下级交流共识、促进基层管理人员成长、提高决策民主化程度以及信息流通加快等。[②]企业扁平化还能够更加合理地配置人力资源，增强企业适应性和灵活性，降低企业内部风险，发挥规模效益等；也有学者对比了传统的总分行制模式和新兴的扁平化——矩阵式管理结构组织模式，在指出科层制具有层次重叠、冗员多、组织机构运转效率低下等弊端之外，也指出了扁平化结构组织模式存在的一些缺陷：组织不稳定易导致管理失控、责任不清明易导致相互推诿、职位忽然减少易导致员工产生心理负担。[③]还有学者研究了构建扁平化无边界组织的问题，提出了工作专业化、部门化、指挥链、管理幅度、集权和分权、正规化六要素和构建扁平化无边界组织结构的方法：引入跨等级和多功能团队、工作扩大化，工作丰富化和工作轮换、360° 反馈评价、职权分散化、业务外包化；[④]此外，还有学者提出了扁平结构不等于扁平化的问题以及未来企业组织结构的基本特征是网络化虚拟化和扁平化的观点。[⑤]学术界对于扁平化组织结构在企业中的研究时间较早，较为完善，扁平化也成为企业组织结构改革的潮流，而后国内外学者将企业中的扁平化理论经过吸收和借鉴，逐渐运用于政府管理体制改革研究之中。企业组织的扁平化变革对于公共服务组织结构扁平化变革的研究提供了有益的借鉴。

不少研究成果开始关注政府组织结构扁平化问题，相关研究主要集中在如下几个方面：第一，对比科层制管理模式和扁平化管理模式，得出扁平化组织结构变革的优势及存在的问题。例如，丰云在论文中对比了金字塔组织和扁平化组织结构，指出金字塔组织结构中结构层次多，管理幅度窄，权力集中而等级明显，不同等级权力待遇差异大，决策权集中在高层，上下级之间沟通距离长，职责附加于具体的职能部门，组织形态基本固定不变；而扁平化结构则结构层次少，管理幅度宽，权力分散而等级多样化，不同等级权力待遇差异较大，决策权分散于整个组织，上下级之间，平级斜向沟通，职责很多成员分担，组织形态可持续地

① 石言波. 对农业银行组织结构扁平化改革的思考[J]. 济南金融，2002（3）：38-39.

② 李树，蒲勇健. 论企业组织机构的扁平化[J]. 商业研究，2001，（7）：46-47.

③ 万静芳. 基于扁平化模式的商业银行组织结构控制创新[J]. 华东经济管理，2007（6）：150-154.

④ 杨敏杰. 创新型企业如何构建扁平化无边界组织结构[J]. 商业研究，2003（12）：35-36.

⑤ 林志扬，林泉. 企业组织结构扁平化变革策略探析[J]. 经济管理，2008（2）：4-9.

调整以适应最新情况。[①]第二，研究并论述扁平化组织结构变革的必要性和可行性。有些学者论述了政府组织结构扁平化的必要性，学者张述存（2012）指出，扁平化管理是经济社会转型的必然要求，是城乡一体化发展的客观需要和转变政府职能的重要方式，也是全球化进程中政府管理模式的普遍选择；[②]还有学者认为，政治动员方式的改变和解决中间层政府权力高度集中问题的需要也是政府组织结构扁平化的必要性。[③]有的学者也指出了政府组织结构扁平化的可行性：计算机、互联网技术的广泛运用以及全国各地区域经济联系日益紧密，服务行政理念的落实，便捷的交通和通信平台以及可借鉴的国际经验。[①]第三，研究扁平化组织结构变革的阻力、构建途径以及未来趋势：扁平化组织结构变革自然存在阻力，沈广和（2011）认为阻力来自于两方面：[④]一是理论认识的分歧，观点之一认为中国不是科层制冗余而是科层制不足，当务之急是完善科层制；观点之二是不赞同“省直管县”和“强县扩权”的层级扁平化改革。二是来自实践过程中的阻力，政府的管理幅度加宽必然导致管理幅度加大，对下级政府权力的监督难度变大，协调的问题凸现，对政府执政能力要求提高，机构与人员精简的压力增加等，并且扁平化变革也存在法律制度和利益观念上的障碍。敬乂嘉则提出了对于现代公共行政的价值注入存在刚性的边界、公私合作需要政府建设和发展新的管理能力，组织结构与流程再造的效果有待进一步验证的困境。[⑤]还有学者提出了政府组织结构扁平化的构建途径：压缩中间管理层，合理分权转换政府职能，实行团队式管理，加强计算机网络技术建设，加快电子政务的建设等。[⑥]政府组织结构的扁平化体现在社区扁平化、公安机关等政府结构变革、省直管县变革、扩权强县等方面，扁平化组织结构虽然具有一定的优势，也逐渐成为变革潮流，但真正实现政府组织结构的扁平化，还有很长的一段路需要走。

除了企业和政府，组织结构扁平化在非政府组织的结构变革上也有运用，有不少学者在这一方面作出了研究。主要集中于高校组织结构变革和图书馆管理模式，例如戴中光（2009）指出了传统的科层制高校具有内向封闭，市场、行政、学术力量失衡，大学机构臃肿，、校与院系之间权力分配不均衡和缺乏稳定性及

① 丰云. 论我国行政组织的扁平化趋势及设计[J]. 山西高等学校社会科学学报 2007（4）：31-34.

② 张述存. 适应经济社会转型构建扁平化政府管理体制[J]. 经济体制改革. 2012（5）：10-14.

③ 操世元，姚莉. 论中国行政体制的扁平化改革[J]. 湖州师范学院学报. 2007（4）：54-58.

④ 沈广和. 政府扁平化：概念，问题与展望[J]. 深圳大学学报（人文社会科学版）. 2011（3）：91-96.

⑤ 敬乂嘉. 政府扁平化：通向后科层制的改革与挑战[J]. 中国行政管理. 2010（10）：105-110.

⑥ 石黄慧. 构建扁平化政府组织结构的建议[J]. 广西大学学报（哲学社会科学版）. 2006（S2）：142-143.

灵活性等弊端。①有的学者正对高校组织结构层级过多的问题提出了将过于集中的传统教学管理职能和管理权力下放到各学院，重新界定管理层和执行层的教学管理职能，建立学校对教学实行宏观调控、目标管理，学院对教学过程管理的分级管理的扁平化管理模式。②有学者对图书馆组织机构建设提出了意见：减少组织层次，实现纵横互联，业务流程重组和加强人力资源管理等。③除此之外，还有学者将扁平化管理模式应用于医疗机构和护理业等。

4.2.2 组织结构的扁平化变革实践模式

传统的管理体制是“中央—省—市—县—乡镇”五级管理体制，扁平化组织结构变革是指通过压缩结构层级达到提高行政效率、降低行政成本等目的。目前地方公共服务扁平化组织结构变革主要有以下几种方式：第一，压缩省、市、县之间的管理层级，将省管市、市管县变成省直管县模式；第二，压缩市、县、乡之间的管理层级，将市管县、县管乡变成市直管乡镇；第三，压缩乡镇（街道办）这一管理层级，由街道办管理社区改革为县管社区。④除此之外，还有政府机构内部管理中简化流程、减少层次、合并机构等扁平化变革等。本书主要从省直管县体制变革、县管社区体制改革以及社区扁平化改革三个维度说明地方公共服务组织结构的扁平化变革。

1. 省直管县扁平化组织结构改革模式

省直管县扁平化组织结构改革模式是指通过“省直管县”的变革范式，实现省级行政区直接管理县级行政区，由省、自治区政府直接管理县级行政单位的各项事务，达到压缩行政层级、提高效率等目的的改革模式。由从前的“省—市—县”三级管理体制压缩为“省—市”和“省—县”二级管理体制。中国当前推行的省直管县体制变革主要分为“财政省直管县”、“扩权强县”和“省全面直管县”三种。2002 年，浙江、广东、河南、辽宁、湖北等省已经出现了在财政上省直管县的试点，“省直管县”的政府组织结构变革发展至今，全国各省区“省直管县”的基本情况见表 4-3。

---

① 戴中光. 高校组织结构的检视和“扁平化”组织结构设想[J]. 长沙航空职业技术学院学报. 2009（4）：6-9.

② 鄢高翔. 教学管理结构扁平化与管理效率[J]. 中国农业教育. 2005（2）：29-30.

③ 刘光容. 论图书馆联盟组织结构的扁平化[J]. 学术论坛. 2007（5）：24-26.

④ 张述存. 适应经济社会转型构建扁平化政府管理体制[J]. 经济体制改革. 2012（5）：10-14.

表 4-3　全国各省区“省直管县”统计表

省区	县（市）总数	财政省直管县	扩权强县	省全面直管县（含省计划单列）
河北	136	90	19	10
山西	96	46	23+4	—
内蒙古	80	—	11+1	（2）
辽宁	44	14	14	2
吉林	40	30+1	38+1	2
黑龙江	64	62	62	2
江苏	52	49	49	3
浙江	58	57	16+3	1
安徽	62	55	11	2
福建	58	58	58	—
江西	81	75	—	6
山东	91	20	26+4	—
河南	108	14	40	10
湖北	61	53	42	—
湖南	87	78+1	87+1	—
广东	68	29	68	+1
广西	75	75	10	—
四川	137	78	78	—
贵州	75	40	—	5
云南	116	3	7+1	—
陕西	83	26+1	18	2（1）
甘肃	69	67	13	—
青海	39	9	—	（1）
宁夏	13	13	2	—

注：“+”后面之数字为市辖区，括号为省计划单列市。河南省县市总数不含济源市，湖北省县市总数不含仙桃、天门、潜江 3 市及神农架林区。

资料来源：省直管县，http://blog.sina.com.cn/s/blog_bd95e55a0102wdpb.html。

从表 4-3 可以看出，中国各省已经展开了不同形式“省直管县”改革，主要分为“财政省直管县”“扩权强县”和“省全面直管县”三种模式。各省份根据自身发展和地域差异，进行了试点和推广，河南、江西、河北、江苏率先建立了一批省全面直管县，湖南、四川、黑龙江、湖北等地也都有大幅度的财政省直管县和扩权强县的变革。并且各省份改革的方案和力度也都各具差异，下面以湖北省、浙江省、安徽省省直管县扁平化组织结构变革为例，说明不同的改革方案及其基本内容（表 4-4）。

表 4-4　部分省直管县扁平化组织结构改革实践

改革模式	改革方案及内容
湖北省“扩权强县—部分直管”直管县扁平化组织结构改革模式	潜江市飞速发展归功于省管县体制的转变，体现在以下方面：①行政提速，行政批复效率提高，决策速度也大大提升；②财政截留层消失，实施省管县体制后，潜江市的政府款项少了一级的截留，并且减少了固定规费的缴纳和一级领导的迎来送往和中间的风险以及寻租环节，使得财政收入前所未有地充实起来。③决策更自主，申报和审批程序不再冗繁，利于招商引资
浙江省“强县扩权—全面放权”直管县扁平化组织结构改革模式	浙江省经历三次放权：①1992 年在经济发展较快的 13 县下放技术改造及外商投资审批权；②1997 年下放部分县部分经济管理权；③2002 年将 313 项经济及社会管理权全面下放给 17 个县和 3 个区，权限囊括经贸、计划、交通等各个方面。最大限度扩大了经济自由度，解除许多政策束缚
安徽省“财政直管—全面扩权”直管县扁平化组织结构改革模式	安徽省自 2004 年起，遵循“保持现行分配格局、支持县域经济发展、权责统一、循序渐进”等基本原则，在全省 57 个县实行财政省直管县体制改革。同时进行扩权强县试点，效果明显。扩权强县试点县与省直部门的直接“对接”，压缩了管理层次，办事效率提速，经济社会发展加快。2007 年，全省 12 个试点县生产总值增长 15.6%，高于全部县域 0.8 个百分点；利用外商投资 2 亿美元，增长 2.5 倍，高于全部县域 99.4 个百分点

资料来源：湖北天门、潜江、仙桃三市“省管县”先行 14 年回顾，http://znzg.xynu.edu.cn/Html/?20282.html；《省直管县财政体制改革研究》（易玉珏，2006）；《省管县财政体制改革研究》（严鹏理，2009）。

表 4-4 中列举了湖北、浙江、安徽三省的“省直管县”扁平化组织结构改革，各省积极探索推进扁平化组织结构变革，其中，湖北省仙桃、天门、潜江三市改革效果明显，湖北省 2007 年十强县市区排名名单中，潜江市不负众望上榜且位居第四，并成为湖北省第一个财政收入过 10 亿的县市。而在同年的 GDP 统计单上，仙桃市以 190.40 亿元在县市中排名第一，另一座直管县市天门也紧随仙桃市和潜江市之后，排名全省第三，[①]被其他省份作为标本。浙江省率先在一些社会管理事务上进行省直管县的试点，继而进行了一系列的改革，也成为省管县体制变革的范本。浙江省统计局发布的 2008 年数据显示，全省 GDP 达到 21 486.9 亿元，人

① 聂春林，周呈思. 湖北天门、潜江、仙桃三市“省管县”先行 14 年回顾[EB/OL]：http：//znzg. xynu. edu. cn/Html/? 20282. html.

均 GDP 超过 42 200 元，按年平均汇率折算突破 6000 美元；城镇居民人均可支配收入接近 23 000 元，农村居民人均纯收入高达 9258 元，自 1985 年以来连续 23 年位居全国各省第一。浙江省的县域经济比重约占全省经济的 60%。在国家统计局主办的“百强县”评比活动中，浙江省连续 3 年（2003~2005 年）以 30 席的优异成绩名列榜首，领跑全国的县域经济。①

总之，虽然各省省直管县扁平化组织结构改革的方案力度等存在一定差异，改革的范围、切口以及流程不同，但是大部分进行省直管县扁平化组织结构改革的地区都收到了一定的效益。扁平化组织结构除有利于地区的经济效益发展之外，还具有提高行政效率、提高财政资金的利用率、调动地方政府积极性等优势。

2. 县管社区扁平化组织结构改革模式

县管社区扁平化组织结构改革模式，是指通过撤销乡镇或街道办事处层级，使得县级行政区直接管辖社区，而实现从“县—乡镇（街道）—社区”三级管理体制到“县—社区”二级管理体制的改革，减少一级管理层次，实现扁平化组织结构改革。

由于传统的街道管理体制管理层级繁杂，服务效率低下，管理职能错位以及缺乏居民自主治理等问题日益严重，因此撤销乡镇、街道办事处一级，实施县直管社区改革。安徽省铜陵市是全国首个撤销街道办事处，进行社区综合管理体制改革的试点（见案例 9）。

案例 9：安徽省铜陵市县管社区扁平化组织结构改革模式②

2010 年开始，安徽省铜陵市按照“撤销街办，成立社区，减少管理层级，强化居民自治”的改革方向，在全国率先尝试将市区 10 个街道办全部撤销，把原有的 61 个社区整合为 23 个“大社区”，变“市—区—街道—社区”4 个层级为“市—区—社区”3 个层级。而后，通过实现资源合理配置，创新社区管理机制，强化社区居民自治，转换干部服务模式等措施，实现县管社区体制改革，加强基层社会服务能力，提升居民幸福指数。①资源合理配置：改革后，铜陵每个社区的工作人员从 7~10 人增加到 20~40 人，经费从约 3 万元提高到 30~65 万元，1 万多平方米的原街道办公用房被调整为居民活动和服务用房，实现了资源合理配置。

① 中华人民共和国民政部. 中华人民共和国行政区划册[M]. 北京：中国地图出版社, 2007.

② 施绍琴. 铜陵市——撤销街道办两年间[EB/OL]. 新华网安徽频道：http：//www. ah. xinhuanet. com/xingfutl/2012- 08/07/ content_25530806. htm.

②创新社区管理机制：铜陵在每个社区设立一个公共服务大厅，将适宜社区办理的 60 多项行政职能分解到就业、救济、治安、计生等 7 个服务窗口，实行“前台集中受理、后台分类处置”，大大提高了居民办事效率。③强化社区居民自治：铜陵市强化社区自治的核心是选举制，从社居委主任到社居委成员，都必须由居民依法选举产生。社区内的大事、要事，都要通过居民会议或居民代表会议讨论通过；凡是涉及居民切身利益的事，都必须充分听取意见，保障居民的知情权、参与权、评议权、监督权。2011 年，铜陵拟招商引资近 2 亿元，扩建位于螺蛳山社区的一个选矿厂，需占用部分绿地。该社区组织居民代表开会，大家讨论后一致否决该规划，项目遂被叫停，充分体现了社区居民自治。④转换干部服务模式：铜陵将所有原街道、社区干部留在基层或分流，并从区直机关选调优秀人才充实到“大社区”，稳定人心，精简优化人员结构，让更多的干部能够直接为社区居民服务 。根据制度设计，每年年底由第三方组织对社区工作人员进行考核，不合格者将被解聘，将业绩考核权交给了居民和社会，切实做到了服务模式的大转换。

县管社区体制变革虽然尚未在全国范围内推广，但扁平化组织结构变革已初露头角，从铜陵案例可知，县管社区体制具有以下优点：行政层级减少、行政效率提高，信息沟通快速、信息失真减少，居民自治增强，服务模式更加全面亲民等，改革也使得社区拥有更多的经费来为民服务。虽然体制转变必然存在不足和不成熟之处，但相较于科层制体制，扁平化组织结构变革显然是大势所趋。

3. 社区扁平化组织结构改革模式

社区扁平化组织结构改革模式，就是通过压缩社区内部管理层次，将传统的“居民—居民小组长—社居委干部—社居委主任”多级管理层次，改革成类似于“居民—社区负责人—社区”的管理形式以达到社区扁平化管理的效果的改革模式。将街道的业务权限直接下移到社区，建立一站式服务，减少管理和办事的层级。并通过“分片包干”增加管理幅度，通过“一人多岗、一岗多职、一专多能”来提高办事效率、增强服务效果（杜秋梅，2013）。[①] 社区扁平化组织结构模式更加侧重于群众性的自我管理和自我服务，强调社区群众的参与。由于现代社区

① 杜秋梅. 社区扁平化管理与社会工作——基于对无锡市社区扁平化管理模式的调研[J]. 青年与社会. 2013（6）：174-175.

管理面临着人口剧增、社区规模扩大、公共服务需求剧增且趋于复杂化、管理工作多元化等转变，传统的逐级上下运作社区管理模式已然无法应对当前的变化，逐渐出现了管理效率低下、管理成本剧增、居民参与度低等问题，因此社区寻求扁平化变革，以应对新的形势。以无锡市为例，说明社区扁平化的实施与优势（见案例 10）。

案例 10：无锡市社区扁平化组织结构改革模式

自 2008 年下半年开始，无锡市委、市政府积极适应经济社会转型发展的要求，以“把社会管理抓到位、把公共服务送到家”为导向，在全市城乡同步推进社区扁平化管理。[①]在社区扁平化变革过程中，形成了“一个平台、三个机制”。“一个平台”是指市社区事务工作站（或农村社区服务中心）和一站式办事大厅所形成的工作平台，是扁平化管理的实践载体；“三个机制”分别是一岗多能、一专多能机制、分片包干制和信息共享机制。在推进过程中，建立了 554 个社区事务工作站和 613 个农村社区服务中心，一站式服务大厅承接了 24 类 88 项行政事务管理和社会公共服务，实现了一名社工站人员服务 300 户的机制目标。[②]每个区设立多名片长，居民遇事直接找片长解决，提供了极大的便利。传统的社区管理模式之下，居民难以分清何事找何人解决，而在扁平化管理模式下，居民直接找到负责的片长。社区管理人员通过“一个平台”能够迅速有效地为居民提供相应的一站式服务，通过“三个机制”则理顺了区域和职能，掌握居民信息，切实做到为民服务。无锡的社区扁平化变革收到了居民、社区工作人员等多方满意。

当传统的社区治理模式显然无法应对社会新形势时，社区扁平化变革为其提供了一条创新思路，无锡的社区扁平化变革也为中国社区治理和地方公共服务组织结构扁平化变革提供了成功的范例。

4.2.3　组织结构扁平化变革的基本进路

扁平化变革并非简单地削减层级，有学者指出关于扁平化组织结构变革的认知误区：第一，扁平化结构变革就是简单地减少层级；第二，扁平化只是一个“标

① 魏炳锋. 无锡市社区扁平化管理[EB/OL]. 人民网：http：//expo. people. com. cn/GB/57923/228800/231774/16968550. html

② 张玉琢等. 无锡社区扁平化管理改变了什么[EB/OL]. 中华人民共和国民政部中国社会新闻出版总社：http：//cbzs. mca. gov. cn/article/shxw/yw/201108/20110800173036. shtml.

签”，政府中间的管理层级减少后，事权并未重新划分，导致政府管理缺失；第三，政府结构越扁平越好。①由此可见，扁平化的组织结构变革虽然具有许多的优势和成功范例，但是并不是一个一蹴而就的简单过程，扁平化变革是一项系统的工程，涉及方方面面，受到地区差异、历史文化、经济发展、人文素质等多方面因素影响，一定要与客观条件相匹配才能达到最佳状态，不可盲目跟随潮流。

地方公共服务组织结构的扁平化变革由多个因素驱动，变革分为多个维度、多种模式，其中存在多个结构性要素的改变、优化或整合的变革进路（图 4-2）。

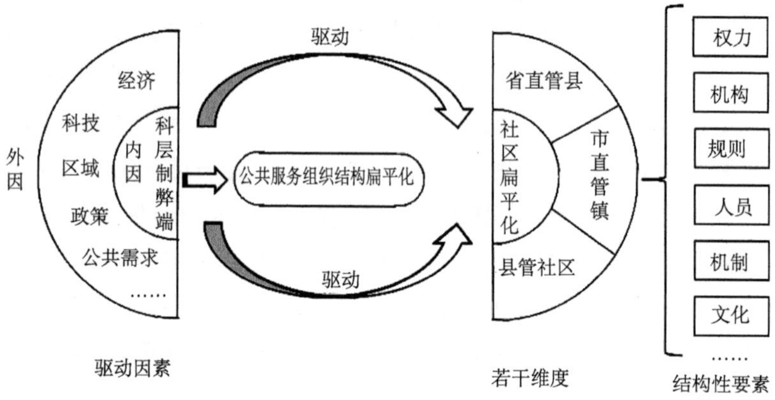

图 4-2 地方公共服务组织结构扁平化变革进路

由图 4-2 可知，地方公共服务组织结构的扁平化变革的驱动因素由内外两方面组成。首先，地方公共服务组织结构的扁平化变革受到许多外在因素的影响：在经济方面，区域经济联系日益密切、经济全球化不断发展等；在科技方面，信息技术和网络等不断发展；在社会方面，社会转型、社会形态改变等；在政治方面，政治动员方式改变，政府职能不断变化，公共服务需求趋于增长化、交叉化和多样化等。其次，传统的科层制管理模式的弊端也导致了地方公共服务组织结构的扁平化变革：结构层次多，管理幅度窄，权力集中而等级明显，不同等级权力待遇差异大，决策权集中在高层，上下级之间沟通距离长，职责附加于具体的职能部门，组织形态基本固定不变等。②因此，结合学术界关于地方公共服务组织结构的扁平化变革的研究和思考，本书将地方公共服务组织结构的扁平化变革划分为省直管县、市直管镇、县管社区扁平化以及社区扁平化四种组织结构改革模

① 俞晓波. 政府结构扁平化的理论界定与认识偏差[J]. 学习月刊，2014（12）：17-18.

② 丰云. 论我国行政组织的扁平化趋势及设计[J]. 山西高等学校社会科学学报，2007（4）：31-34.

式。此外，地方公共服务组织结构扁平化改革也包括权力、机构、规则、人员、机制、文化等结构性要素的改变，这些结构性要素发生的改变和优化组合，从整体上推动了地方公共服务组织结构的变革。

4.3　社会化变革：承接政府购买服务能力体系结构

政府购买服务是十八届三中全会后全面深化改革战略部署中的一项重要举措，是转变政府职能、提高公共服务供给水平和效率、激发社会组织活力的一个重要途径。2014 年 1 月 16 日，全国政府购买服务工作会议在广西南宁召开，此次会议明确指出，将在本年度全面推进政府购买服务工作，“十二五”时期初步形成统一有效的购买服务平台和工作机制，2020 年在全国建立比较完善的政府购买服务制度。目前，全国已经掀起了一场政府购买服务的浪潮，政府服务采购迎来了“大提速”。[①] 关于如何有效地推进政府购买服务进程，财政部副部长刘昆在全国政府购买服务工作会议中提出了要解决好“买什么”“谁来买”“向谁买”“怎么买”“买得值”的问题。解决好这些问题不仅需要健全政府购买服务的工作机制与构建制度体系，还需要积极地培育扶持社会组织，推进社会组织能力建设。

政府购买服务的兴起和发展推动了地方公共服务组织外层协同结构的创新，形成了一种公私合作的伙伴关系协同结构。本节内容主要基于政府购买服务的社会化改革中的政策、实践案例和学术研究，采用扎根理论方法，探讨社会组织承接政府购买服务能力体系结构。

4.3.1　扎根理论的研究方法和资料来源

本书采用扎根理论的研究方法，通过逐级分析整理资料来构建理论。在选取扎根理论的研究资料时，主要从案例、政策文本和论文三方面着手搜集。

1. 扎根理论的研究方法

对中国社会组织能力研究的大量文献中，还没有出现比较成熟的能力体系模型。本书选取的研究方法是扎根理论，扎根理论是 20 世纪 60 年代，格拉斯（B.Glaser）和斯特劳斯（Strauss）实地观察医务人员处理即将过世的病人时，提

① 冯君. 我国开出政府购买服务改革时间表，服务采购迎来“大提速”[J]. 中国招标, 2014（8）：8-9.

出的理论。关于扎根理论的提出和说明主要集中在《扎根理论的发现》（*The Discovery of Grounded Theory*）这本书中。

1）一种定性的研究方法

斯特劳斯将扎根理论描述为，“作为分析定性数据方法论延伸的扎根理论方法是一种理论的延伸”。扎根理论不需要特殊的数据资料，比起将它描述为一种方法来说，将其称之为分析定性数据的方式更合适。①可见，扎根理论是一种典型的定性研究方法。传统的定量研究方法在开始研究时首先要从相关的文献中或者是之前的实证研究中获得理论知识。经过对这些理论知识进一步研究，推导出研究假设，然后对这些理论假设进行可操作化的处理，以便进行下一步的实证研究。扎根理论的研究方法在开始研究之前通常是没有理论假设的，该理论更关注于研究的数据资料和研究实地，在搜集资料并整理分析之后，自下而上建构理论。②格拉斯和斯特劳斯认为，与早期的质性研究相比，扎根理论改善了早期质性研究的不够严格和系统的问题。他们认为扎根理论是从经验资料产生理论的过程中（并为了理论的产生）形成一套更加严密而连贯的方法论规则或标准。③在扎根理论的研究过程中，理论假设不是作为研究的对象，而是应该通过实地调查或者是实证资料的收集整理后，作为研究的结果而提出。扎根理论的研究目的也不是为了将问题分解成变量，从而降低其复杂性，而是为了通过引入情境背景来提高复杂性。④

2）研究资料获取

扎根理论的研究是通过经验资料开展的，在这里格拉斯和斯特劳斯没有对“资料”的内涵进行十分明确的阐述，但可以肯定的是在斯特劳斯之后所著的同一主题的《社会科学质性分析》中，他默认将资料的名词“事件”（incidents）和“事态”（event）作为同义词进行了替换。扎根理论中的资料可以用完全经验式的含糊术语，事态、事件形式、社会互动形式等来描述。之后有学者认为格拉斯和斯特劳斯没有明确“资料”的内涵，没有对基础元素进行概念的界定，就建立了扎根理论。还有将扎根理论评述为不仅存在传统的实证主义，而且有与某种实证主

① Strauss A L. Qualitative Analysis for Social Scientists[M]. Cambridge: Cambridge University Press, 1987.

② 文军，蒋逸民. 质性研究概论[M]. 北京：北京大学出版社, 2010：226-238.

③ [美]艾尔维森，舍尔德贝里. 质性研究的理论视角：一种反身性的方法论[M]. 陈仁仁，译，重庆：重庆大学出版社, 2009：18.

④ [德]弗里克. 质性研究导引[M]. 孙进，译. 重庆：重庆大学出版社, 2001：76-77.

义类型的思想接近的质性方法的观点。[①]但是这种观点在之前的说明中也提到过，本书作者认为这是弥补早期质性研究不足的优点。

关于扎根理论的资料来源，作为一种定性研究，扎根理论更多地采用参与式观察、访谈、田野调查来获取资料。格拉斯和斯特劳斯还提出了“质性资料的新来源”。除了传统上的观察、访谈等，扎根理论还提供了非传统的资料来源信息，如图书馆研究，主要包括信件、散文、传记、论文集、小说等资料，甚至是一类明显与质性研究资料相距较远的契约、笑话、照片以及城市规划等。[②]扎根理论也需要对所搜集的资料进行理论抽样，在定量研究中对基本资料，采取的主要是概率抽样，而扎根理论采用的是非概率抽样的方式。在利用扎根理论对资料抽样的过程中主观性较强，往往选择与研究内容密切相关的代表性个案进行研究。

中国国内也有很多学者利用扎根理论的方法进行研究时，采用很多创新的方式获取编码资料，并不仅限于观察和访谈。陈姣娥研究网民的公共政策态度形成时就利用了南方周末网上的民调中心板块的网上调查和网民的实时评论。[③]王婷婷等对虚拟的旅游社区分享帖进行研究时，就是在旅游虚拟社区的代表磨房网上进行的分享帖资料搜集。[④]白长虹等对比研究海尔和华为的国际化战略时，利用扎根理论的研究方法，搜集的资料包括内部的资料和刊物，还有一些权威机构公开的资料。[⑤]何琼峰利用扎根理论针对文化遗产景区的游客满意度的研究时，资料来源于大众点评网的游客评论。[⑥]可见扎根理论对资料来源并没有明确的限制，根据研究内容的特点，进行资料的搜集和抽样。

3）基本的操作程序

一般而言，扎根理论的基本操作程序包括对资料进行逐级登录，将资料和概念不断比较，建立概念之间的关系，对资料进行系统的编码，最后要建构理论。

---

① [美]艾尔维森，舍尔德贝里. 质性研究的理论视角：一种反身性的方法论[M]. 陈仁仁，译. 重庆：重庆大学出版社, 2009：23-24.

② Glaser B G, Strauss A L. The Discovery of Grounded Theory ：Strategies for Qualitative Research[M]. Chicago, 1967.

③ 陈姣娥. 基于扎根理论的网民公共政策态度形成研究[J]. 公共管理学报, 2010（3）：89-94.

④ 王婷婷，徐耀耀，马秋芳. 基于扎根理论的旅游虚拟社区分享帖功能研究[J]. 北京第二外国语学院学报, 2011（9）：11-17.

⑤ 白长虹，刘春华. 基于扎根理论的海尔、华为公司国际化战略案例相似性对比研究[J]. 科研管理, 2014（3）：99-107.

⑥ 何琼峰. 基于扎根理论的文化遗产景区游客满意度影响因素研究——以大众点评网北京 5A 景区的游客评论为例[J]. 经济地理, 2014（1）：168-173.

在这五个步骤中最为重要的一环是对资料进行逐级编码，编码的过程分为开放式登录（一级编码）、关联式登录（二级编码）和选择式登录（三级编码）。

在开放式登录中，将资料要上升到理论范畴。在一级编码的过程中，研究者首先要以一种谦虚的、开放的心态对待资料，放下个人的偏见和以往相关研究的思维定式。在一级编码的过程中要经历一个将资料“打散—赋予概念—重新组合”的过程。在登录资料的过程中，要逐字逐句进行登录，越细致越好。如果没有达到饱和状态，还要在下一步的研究中，进行资料的再搜集。扎根理论是在资料和理论中不断往返的过程。正如海斯对扎根理论描述的那样，扎根理论并不仅仅是从资料中获得理论的过程，而是从资料中锻炼发现理论的洞察力，这些理论又在其他数据中获得检验，然后再产生理论并再次获得检验。①

关联式登录中要理清范畴之间的逻辑关系，形成主范畴。这些逻辑关系可以是因果、语义、相似、差异、情境、类型、时间、策略、结构系、功能和过程关系等。在理清这些逻辑关系时，不仅要考虑概念类属之间的关联，还要考虑到这些概念与被研究者之间的关系。②

选择式登录中要在关联式登录研究出的范畴之间关系的基础上寻找“核心”。选择式登录首先要对主范畴属性和维度进行描述，如果有必要，要进一步并补充概念类属，最后寻找“核心”类属，并建立核心类属和其他类属之间的关联。本书利用扎根理论研究方法，旨在建构一个社会组织承接政府购买服务能力建设的模型，为社会组织能力发展提出建设性思路。

2. 扎根理论的资料来源

本书在定性研究资料之前，将查找原始资料的范围扩展到案例以及政策文本和文献 3 个方面。在这 3 个方面各选取 10 个具有代表性的对象作为原始的编码资料（表 4-5）。

1）案例资料来源

关于案例资料的选取，大部分案例来源于中国政府采购网。为了保证案例的多样性和典型性，在案例中购买主体的选择上大到省政府，小到区政府。案例中承接主体既有特定的某一个组织，又有某一些组织组成的群体。承接主体的性质

---

① Hayes N. Doing Psychological Research ：Gathering and Analyzing Data . Buckingham[M]. Open University Press, 2000.

② 陈向明. 质的研究方法与社会科学研究[M]. 北京：教育科学出版社, 2000：333.

也大不相同，有些组织的业务是提供基本服务，有些组织的业务是帮助其他组织成长和发展的孵化器的组成部分。在购买服务项目的选择上，包括了购买养老服务、公共卫生服务、社区服务、社会救助等基本服务项目，也包括一些地方政府创新购买的服务，例如政府外包项目、保险类项目等。在案例选择上以最新和典型案例为标准。下面主要对这些案例的内容进行逐一说明。

表 4-5 10 个案例汇总编码表

编号	案例
01	重庆永川区政府外包区长热线案例（B1）
02	徐汇区养老机构服务指导中心承接政府职能案例（B2）
03	江苏省政府购买养老服务积极助推社会养老服务体系建设案例（B3）
04	河南省政府购买基本公共卫生服务案例（B4）
05	山东政府购买服务首选 3A 级以上社会组织案例（B5）
06	上海限制向有失信记录的社会组织购买服务案例（B6）
07	南京政府购买服务形成“南京经验”案例（B7）
08	武汉民政 1490 万元购买社会服务案例（B8）
09	江苏省政府采购中心购买服务项目创新案例（B9）
10	黑龙江政府购买社会工作服务案例（B10）

案例 11：重庆永川区政府外包区长热线[①]

重庆永川区政府的区长热线受访量越来越大，因此区政府将热线外包给先特服务外包公司。经过一年时间，民众拨打区长热线的热情更加高涨，回复率高达 100%，满意率高达 92%。永川区政府购买的这项服务具有很强的创新性，也取得了理想的效果，值得学习和借鉴。

案例 12：徐汇区养老机构服务指导中心承接政府职能[②]

徐汇区养老机构服务指导中心成立于 2006 年，受区政府的委托对区内 37 家养老机构进行业务指导和服务管理。该中心有明确的工作目标，对中心的工作人

① 杨光志. 永川政府热线外包 政府购买公共服务的鲜活案例[OL]. 华龙网：http：//opinion. hexun. com/2013-12- 06/160367514. html.

②上海市人民政府. 政府好帮手 机构好参谋——记徐汇区养老机构服务指导中心[OL]. 上海市人民政府网：http：// www. shanghai. gov. cn/shanghai/node2314/node2315/node4411/userobject21ai432559. html.

员的业务素质都有很高的要求，对不同岗位的工作人员定期进行针对性的培训。在该中心的帮助下，徐汇区的所有养老机构在 2009 年的“行检行评”中全部达标，其中的 21 家还获得了“优秀”。该中心自行测评的结果影响政府的补贴政策。

案例 13：江苏省政府购买养老服务积极助推社会养老服务体系建设①

江苏省 1986 年就进入了老龄化社会。江苏省政府积极向社会力量购买养老服务，2014 年再次明确了利用财政引导，进一步建设养老服务体系。在“十二五”规划期间，要支持养老机构建设、增进居家养老服务建设、提升养老服务能力、完善老人优待救助制度。在下一步的规划中，进一步突出机构养老的重要性，加快居家养老服务中心的建设，并加强相关人才和信息平台的建设。

案例 14：河南省政府购买基本公共卫生服务②

河南省政府购买基本公共卫生服务的做法在公共卫生领域成为了一个典型的案例。2009 年河南省政府出台了一系列方案保证 9 项基本公共卫生服务的实施。在购买公共卫生服务方面形成了河南模式——凭借合同按照绩效付款，并将政府购买的卫生服务进行明码标价。为了保证补助资金发挥最大的作用，每人 25 元的基本公共卫生服务经费要保证专款专用，并且将补助经费与绩效考核直接联系。

案例 15：山东政府购买服务首选 3A 级以上社会组织③

山东省政府在 2013 年下半年，针对社会组织普遍存在能力不足的问题对报名参加社会组织评估试点工作的 108 家社会组织进行了评估。评估的团队是由来自高校、律师事务所、会计事务所、行业协会等 15 名专业人士组成的第三方评估委员会。经过一系列的评估程序，最后有 77 家社会组织在 3A 级以上，结合山东省民政厅出台的购买服务的相关政策，这 77 家组织成为政府购买服务的优先选择。

---

① 江苏省财政厅. 充分发挥财政资金支持引导作用 积极助推社会养老服务体系建设[OL]. 中国政府采购网：http：//www. ccgp. gov. cn/llsj/llts/201403/t20140313_3337138. shtml.

② 本刊编辑部. 案例内容：政府购买基本公共卫生服务的基本做法[OL]. 龙源期刊网：http：//www. qikan. com. cn/ Article/jcbp/jcbp201105/jcbp20110510-2. html.

③ 大众日报. 山东：政府买服务首选 3A 级以上社会组织[OL]. 中国政府采购网：http：//www. ccgp. gov. cn/dfchannel/ shandong/201404/t20140404_3372965. shtml.

案例 16：上海限制向有失信记录的社会组织购买服务①

近日，上海市民政局、市社团局、市经信委、市征信办联合印发了《社会组织信用信息记录、共享和使用管理暂行办法》和《社会组织失信行为记录标准》。按照严重失信和一般失信，总结了 28 类的记录，社会组织一旦出现了违反相关规定的行为就会被按照这 28 项记录录入社会组织信用信息管理系统，有关信息还将会在上海市公共信用信息服务平台提供查询，将会影响社会组织参评 3A 组织。

案例 17：南京政府购买服务形成“南京经验”②

“南京经验”指的是由政府购买、校企合作、社校合作三个方面组成的南京模式。南京政府和各区政府都积极探索政府购买服务的模式，服务领域也涉及各个方面，有关爱留守儿童服务、老年人服务中心等。社企合作能够弥补社会组织发展的资金短缺，社校合作能够弥补社会组织发展的人才短缺问题。

案例 18：武汉民政 1490 万元购买社会服务③

武汉市民政局 2014 年拿出 1490 万元购买社会组织服务，将安排向社会购买服务的预算重点用于社区服务、养老服务、社会救助、灾害应急培训、社工服务，以及社会组织评估。购买服务的方式主要有三种，即公开招投标、竞争性谈判和委托。购买社工服务的工作重点是关注弱势群体，主要包括留守儿童、老年人和低收入家庭。并且要建设优质的人才队伍，提供更高服务。

案例 19：江苏省政府采购中心购买服务项目创新④

江苏省政府的购买服务一直是走在全国的前列。2014 年江苏省采购中心有很多项目是前所未有的。江苏省采购中心的工作人员根据多年的工作经验制定了完善的工作流程和招标范本，以提高采购服务的质量。这些项目包括：中小学学生

① 民间组织管理局. 上海：社会组织有失信记录政府购买服务将受限[OL]. 民政部网站：http：//mjj. mca. gov. cn/ article/xzglxw/201401/20140100572334. shtml.

② 王世停，鹿琳. 政府购买+社企合作+社校合作：民政部认可南京经验[OL]. 中国政府采购网;http：//www. ccgp. gov. cn/jrcj/zfcgdt/201404/t20140414_3386751. shtml.

③ 楚天金报. 武汉民政 1490 万元购买社会服务[OL]. 中国政府采购网：http：//www. ccgp. gov. cn/jrcj/zfcgdt/ 201404/t20140417_3395780. shtml.

④ 许滢. 政府购买服务“试卷”怎么答[OL]. 中国政府采购网：http：//www. ccgp. gov. cn/cgzn/alfx/201404 /t20140411_3383954. shtml.

人身伤害事故责任保险项目、退役士兵教育培训服务承训机构招标项目、太湖污染治理科研课题研究项目、中小学运动场地塑胶化建设工程项目等。

案例 20：黑龙江政府购买社会工作服务[①]

黑龙江政府购买社工服务为居民服务。社工服务的对象是妇女、儿童、青少年、老年人、残疾人、低保户、优抚人员和社区矫治矫正人员等服务对象。社工的服务项目是帮助流动人口融入城市生活，解决留守儿童的困难，为老年人和残疾人提供生活上的帮助，在心理和生活上帮助受灾群众重新回到正常生活，培养社工的专门人才，开展企业社工，帮助企业发展成长，开展社区社工，帮助社区建设。

2）政策文本资料来源

本书在原始资料中加入购买服务政策这一项主要是因为从 2013 年 9 月 26 日国务院办公厅印发了《关于政府向社会力量购买服务的指导意见》（以下简称意见），以及 2013 年 9 月 30 日财政部负责人就该《意见》接受记者访问之后，在此之后半年多的时间里许多省市相继出台了政府向社会组织购买服务的政策意见。这些政策意见中指明了政府购买服务的相关事项的做法，对于研究社会组织能力建设有重要的作用，因此将这部分政策也纳入扎根理论编码的原始资料中。首先，《关于政府向社会力量购买服务的指导意见》和相关的答记者问是两份国家层面的政策，在指导意见中主要明确了以下四个方面的问题、该项工作的重要性问题、总体方向、工作进行的规范性和扎实推进的方法。在省级政府层面，主要选取了江苏、山东、河南和吉林四个省份。这种选择方式是考虑到江苏在向社会力量购买服务这方面一直在全国具有很强的代表性，山东省政府和河南省政府是在国务院《意见》出台同时做出反应和较快反应的代表。吉林省政府是 2014 年 2 月出台的政策，按时间来看是最新的省级相关政策。在市级层面选取了无锡市、威海市、安庆市和泉州市。其中无锡市很早之前就开始了向社会购买公共服务，并形成了“无锡模式”。[②] 2005 年无锡市政府出台了《关于政府购买公共服务的指导意见（试行）》。这是中国国内第一部指导政府购买公共服务的地方政策。在国务院出台的指导意见对无锡市更新的购买服务政策具有很大的研究意义。

---

① 生活报. 黑龙江：政府“掏腰包” 居民可享八类社工服务[OL]. 中国政府采购网：http：//www. ccgp. gov. cn/dfchannel/ heilongjiang/201403/t20140307_3329702. shtml.

② 张根生. 政府向社会购买公共服务“无锡模式”急剧升温[OL]. 搜狐财经：http：//business. sohu. com/20060814/ n244786173. shtml.

威海市的政策出台是基于国务院和山东省的相关政策基础之上，是上下联动的典型代表。安庆市的相关政策比其他市都更加全面，具有相关的配套政策，比如培育社会组织办法、社会服务人才队伍建设办法、基层公共服务综合平台建设等。泉州市购买服务的政策具有一定的超前性，福建省相关的政策尚未出台，因此被选作为相关的资料。10 个政策分层整理的汇总表见表 4-6。

表 4-6　政府购买服务相关政策分层整理汇总表

层级	名称	发布时间
国家级	国务院办公厅关于政府向社会力量购买服务的指导意见（C1）	2013/9/26
	财政部有关负责人就《关于政府向社会力量购买服务的指导意见》答记者问（C2）	2013/9/30
省级	江苏省出台关于推进政府向社会组织购买公共服务的实施意见（C3）	2014/1/9
	山东省人民政府办公厅印发政府向社会力量购买服务办法（C4）	2013/11/12
	河南省民政厅财政厅印发河南省政府购买社会工作服务实施办法（C5）	2013/9/23
	吉林省人民政府办公厅印发政府向社会力量购买服务的实施意见（C6）	2014/2/22
市级	无锡市人民政府印发全面深化政府向社会力量购买服务的贯彻实施意见（C7）	2013/12/12
	威海市人民政府办公室印发威海市政府向社会力量购买服务实施办法（C8）	2014/3/9
	安庆市人民政府办公室印发加强和改进公共服务工作相关配套政策（C9）	2014/3/5
	泉州市人民政府办公室印发泉州市推进政府向社会力量购买服务暂行规定（C10）	2014/2/9

资料来源：国务院办公厅、财政部、江苏省财政厅、山东省人民政府办公厅、河南省民政厅、吉林省人民政府办公厅、无锡市人民政府办公室、威海市人民政府办公室、安庆市人民政府办公室、泉州市人民政府办公室等政府网站。

3）文献资料来源

本书选择了 2010~2013 年政府购买服务和社会组织承接服务两个方面内容的 10 篇高引用率的文献。文献的选取统计资料如表 4-7 所示。

本书的切入点是政府购买服务来研究社会组织的能力建设，因此文献主要是从研究政府购买服务中涉及社会组织能力的和社会组织承接政府服务这两方面选择的。在确定主要方向之后，考虑到理论认识的时效性，本书主要选择 2010~2012 年的文献。此外，考虑到不同领域的工作人员对政府购买服务以及社会组织能力建设的看法不一，因此在文献作者选择上也力求广泛，主要包含学者、社会组织工作人员等。在文献中研究的领域，不但有关于每一方面服务的研究，也有关于某一地区社会组织承接服务的研究。

表 4-7　10 篇文献汇总表

	篇名	作者	年份
政府购买服务视角	政府购买公共服务的风险及其防范（A1）①	周俊	2010
	基于合作式治理视角的政府购买公共服务机制创新研究——以长沙市政府购买居家养老服务为例（A2）②	李静	2011
	政府购买社会组织服务的影响因素与机制创新——一个三维分析框架（A3）③	王达梅	2012
	政府购买社会组织公共服务的现实困境与未来趋势（A4）④	齐海丽	2012
	关于政府购买社会组织服务问题的思考（A5）⑤	伊强	2011
社会组织承接服务视角	中国 NGO 能力建设：现状、问题及对策（A6）⑥	王名、李长文	2012
	公益慈善组织参与扶贫：制度困境与发展建议（A7）⑦	孔祥利、邓国胜	2013
	如何提升社会组织承接政府购买服务的能力（A8）⑧	唐彦	2011
	社会组织参与社会管理和服务研究:南京的探索和实践（A9）⑨	陈华	2012
	鼓励社会力量兴办公益 构建公益服务新格局（A10）⑩	薛澜、邓国胜	2012

4.3.2　社会组织承接政府购买服务能力体系的三级编码过程

整理了原始资料之后，就要利用扎根理论进行三级编码，这三级编码过程分别是：开放式登录（一级编码）、关联式登录（二级编码）和选择式登录（三级编码）。

① 周俊. 政府购买公共服务的风险及其防范[J]. 中国行政管理, 2010（6）：13-18.

② 李静. 基于合作式治理视角的政府购买公共服务机制创新研究——以长沙市政府购买居家养老服务为例[J]. 北京邮电大学学报（社会科学版）, 2011（2）：26-30, 57.

③ 王达梅. 政府购买社会组织服务的影响因素与机制创新——一个三维分析框架[J]. 兰州大学学报（社会科学版）, 2012（11）：103-108.

④ 齐海丽. 政府购买社会组织公共服务的现实困境与未来趋势[J]. 中共天津市委党校学报, 2012（6）：45-49.

⑤ 伊强. 关于政府购买社会组织服务问题的思考[J]. 中共郑州市委党校学报, 2011（5）：69-71.

⑥ 王名，李长文. 中国 NGO 能力建设：现状、问题及对策[J]. 中国非营利评论, 2012（2）：159-161.

⑦ 孔祥利，邓国胜. 公益慈善组织参与扶贫：制度困境与发展建议——基于广东省的实证研究[J]. 新视野, 2013（1）：72-76.

⑧ 唐彦. 如何提升社会组织承接政府购买服务的能力[C]//海南省社科类社会组织工作创新研讨会论文集. 文昌：海南省社会科学界联合会, 2011：71-74.

⑨ 陈华等. 社会组织参与社会管理和服务研究：南京的探索和实践[J]. 中共南京市委党校学报, 2012（5）：52-58.

⑩ 薛澜，邓国胜. 鼓励社会力量兴办公益 构建公益服务新格局[J]. 学会, 2012（11）：28-30.

1. 开放式登录

开放式登录主要是对原始资料进行逐字分析或者是逐行分析登录，将资料上升到概念。这些概念主要是用原始资料的一些语句和观点来概括主要内容，并且将相同的概念归为同一个范畴。范畴是将概念再次排列组合，得到不同的范畴之后，要将这些范畴做出最恰当的命名，以突出该范畴的特点。

本书是从政府购买服务中研究社会组织的能力建设入手的，因此，在选取政府购买服务的相关文献之后，从中提取与社会组织能力建设相关的观点和看法。在这些观点和看法中，有作者个人的观点，也有一些是作者引用的案例和政策文本来支撑观点的论据。本书作者在对 10 篇文献观点的提炼中，经过逐字逐句的阅读之后，提炼出来与社会组织能力建设相关的观点句以及作为论据的支撑句 165 句。对案例和政策文本也按照同样的处理方式整理出原始语句。在对原始语句的整理当中，考虑到句子的完整性，对部分语句进行了添加主语、宾语等方面的调整。在调整的过程中既保持了句子的完整性，又保证了句子的原意没有变化。将这些句子进行概念化，再将概念化的句子发展成为范畴，并将这些范畴进行命名。在将概念范畴化的过程中，为了保证研究的准确，特别选取了在文献、案例和政策文本中都出现的观点和看法，并在每一个范畴后都附上了来自文献、案例和政策文本中的原句。最终得到的范畴有 24 个，分别是订立购买合同、对竞争的要求、内部治理要求、外部合作机制、内部民主建设、独立法人资格、办公场地完善、领导人的责任、培养专业人才、志愿者的队伍、资金短缺困境、加强人员培训、专业技术缺乏、税费优惠政策、登记注册制度、品牌效应战略、公信力的培养、健全财务制度、监督自律机制、创新能力发展、信息公开制度、组织等级评估、信誉形象维护、服务设备建设。范畴和对应的原始语句详见表 4-8。

2. 关联式登录

开放式登录的任务是找出范畴，关联式登录是在这些范畴中总结出主范畴，并寻找范畴之间的内在联系。本书在范畴中找出其中存在的内在的逻辑关系，根据这些逻辑关系，将这些范畴重新整理归类，总结出 9 个主范畴。作者在整理范畴的过程中发现，这些行为的发出主体不同，有些是从政府的角度，有些是从社会组织自身的角度，还有的是从旁观者角度。作者在整理归纳成为主范畴的过程中，将社会组织自身的行为作为主范畴命名的主体，政府和旁观者的意见和要求也归结到社会组织作为主体的出发点。这 9 大主范畴分别是：独立运作能力，资金筹集能力，流程规范能力，设备完善能力，人力资源能力，专业技术能力，自我监督能力，品牌效应能力，形象塑造能力。主范畴和对应范畴以及内涵详见表4-9。

表 4-8　开放式编码形成的范畴

范畴	原始语句
订立购买合同	A6-1“政府购买服务”模式指的是政府利用合同、契约等方式，将旨在提高NGO能力的各类培训交由支持型NGO或者是企业等组织进行实施操作，培训的经费由政府承担。（基本定义中合同的必要性） B10-9 黑龙江省通过竞争性方式选择承接政府购买社会工作服务的社工服务机构，确保社会效益最大化，有效提高公共财政资金使用效益。（提高资金使用效益）同时，订立合同要明确购买社会工作服务的时间、范围、内容、服务要求、资金支付和违约责任等内容。（订立合同）服务提供机构要严格按照合同规定提供各项服务，保证服务数量、质量和实效。（执行合同） C10-8 签订购买服务合同。承接主体确定后，购买主体按期与该承接主体签订购买服务合同，明确政府购买服务的范围、目标、任务、要求和服务期限、资金支付、违约责任等内容。（签订合同）合同签订后，报同级财政部门报备。（报备合同）
对竞争的要求	A9-9 从目前的现状来看，社会组织数量不多（数量少）不足以承接公共服务职能的，使得政府在向社会组织购买服务时，有时会面临参与者“只此一家”的尴尬境地，成为缺乏竞争的“霍布斯选择”。（竞争力不强） B10-4 黑龙江省通过竞争性方式选择承接政府购买社会工作服务的社工服务机构，将择优扶持，确保社会效益最大化，有效提高公共财政资金使用效益。（利用竞争性方式选择） C1-1 公开择优，以事定费。按照公开、公平、公正原则，坚持费随事转，通过竞争择优的方式选择承接政府购买服务的社会力量，确保具备条件的社会力量平等参与竞争。加强监督检查和科学评估，建立优胜劣汰的动态调整机制。（竞争择优）
内部治理要求	A4-2 社会组织管理分散，内部治理和制度建设也没有跟上，功能不完善、组织不健全、资源动员能力有限、运行不规范，既没有赋予充分的自主权，缺乏竞争的动力，也没有形成自身运行的有效机制。（内部治理存在缺陷） B5-2 省民政厅出台的具备承接政府职能转移和购买服务条件的社会组织指导意见中明确规定，承接政府转移职能和购买服务的社会组织必须有完善的内部管理制度。（内部治理重要性） C5-2 具有公益性、非营利性，内部治理结构完善，各种规章制度健全，拥有良好的社会公信力和较强的公益项目运营管理能力。（内部治理能力要求）
外部合作机制	A1-14 社会组织的外部治理能力也相对较弱，大部分组织缺少参与公共服务提供的实践经验。（外部治理能力弱） B7-15 要强化社会力量在政府购买公共服务中的作用，实现公共服务供给主体的多元化，逐步建立起政府、企业、社会组织等共同提供公共服务的合作机制。推动社校合作，兼顾了社会组织的人力需求和大学生的社会实践需求，将会一举两得。（外部合作机制建设） C7-1 要强化社会力量在政府购买公共服务中的作用，实现公共服务供给主体的多元化，逐步建立起政府、企业、社会组织等共同提供公共服务的合作机制。（外部合作机制建设）

续表

范畴	原始语句
内部民主建设	A3-18 社会组织自我发展机制是社会组织内部各项制度的综合体，涵括民主选举制度、民主决策制度等。（民主制度建设） B5-12 省民政厅出台的具备承接政府职能转移和购买服务条件的社会组织指导意见中明确规定，承接政府转移职能和购买服务的社会组织，必须具有健全的民主监督制度。（民主制度要求） C3-6 指导社会组织按照现代社会组织体制要求完善法人治理结构，健全民主机制（建立民主机制），确保社会组织在其宗旨和业务范围内开展活动，引导社会组织成为权责明确、运转协调、制衡有效的法人主体。（规范组织行为）
独立法人资格	A4-4 社会组织相对依附于政府，政府及社会对其作用的认知程度较低。自主性差仍然是中国社会组织发展的痼疾。（自主性差）一些从原来的事业单位转化而来的行业协会等社会组织，对党政机关独立性不强，依赖性严重，缺乏内在活力。（依赖性强） B10-15 独立法人资格和良好社会公信力的社会团体、民办非企业单位和基金会，以及具备相应能力和条件的企事业单位都可承接政府购买社会工作服务。（对独立性的要求） C2-9 需要说明的是，承接主体必备的基本条件是独立的法人，能够承担民事责任。承接主体的具体资质条件，地方可根据实际情况，由购买主体会同财政部门根据购买服务项目的性质和质量要求确定。（对独立性的要求）
办公场地完善	A9-3 对于获得资格入驻“爱德社会组织培育中心”的社会组织，可以在一年左右的孵化期内得到免费的办公场地。（提供办公场地） B2-11 凌云敬老院是一家已有 13 年历史的养老院，指导中心帮助他们重新组建班子，整顿队伍，稳定老人情绪，并对硬件设施整体改造提出意见。通过改建食堂、消除房屋漏雨、疏通下水管道、安装太阳能热水循环系统和呼叫系统等举措，消除了安全隐患，初步形成“服务上水平、管理上台阶、老人得实惠”的良好局面。（维护办公场地） C9-2 各县（市）区政府通过规划配置和新建、改造、整合、共享等多种方式，保证城区社区服务用房不少于 400 平方米，农村社区服务用房不少于 300 平方米。民政、规划部门牵头编制本辖区社区配套服务设施建设规划。（配置办公场地）
领导人的责任	A9-18 可以借助与高校、院所以及富有经验的社会组织合作，以及南京高校众多、文化底蕴深厚、人才突出的优势，通过进行主题培训等方式，和共建社会组织孵化器方式，提高社会组织负责人的制度管理和组织领导能力。（提高领导人能力） B2-3 “我们还会明察暗访，同时组织机构负责人定期互查。”陆美玲说，这样做能使不足之处曝光，而各机构的优点也能让大家一起学习，进步自然很快。（领导人互相交流学习） C3-5 对于社会组织，《意见》提出要提升其承接政府购买公共服务的能力，提高社会组织自我管理、自我发展能力。（组织自我管理和发展）

续表

范畴	原始语句
培养专业人才	A2-11 政府要为社会组织提供人力资源，加强社区工作队伍建设。（帮助社会组织寻找人员） B3-8 通过有计划地在高等院校和中等职业学校增设养老服务相关专业和课程，开辟养老服务培训基地，促进教学、研究、服务紧密衔接，江苏省老年医学、康复、护理、营养、心理等方面的专门人才培养进一步加快，养老服务人才队伍的专业化水平进一步提高。（培养专业知识）目前，全省持证上岗的养老护理员有 1.25 万人，持证上岗率达 45%左右。南京、苏州、无锡、常州等市养老机构护理员持证上岗率已达 70%以上。（全省持证上岗率低） C3-10 完善社会组织人才保障政策。出台加强社会组织人才队伍建设的意见，会同有关部门完善社会组织劳动合同、人才选拔、社会保障等政策。（出台人才保障政策）培育和引进社会组织领军人才，造就一支高素质、专业化、职业化的社会组织人才队伍。（建设专业人才队伍）
志愿者的队伍	A9-19 实施团队能力提升计划，选拔一批素质能力较高的社会志愿者，针对各类社会组织人员开展分类辅导培训，突出提升团队的专业化服务水平。（培养志愿者队伍） B7-2 "高校社工专业学生的参与缓解了我们的人员缺口，也为我们带来了更先进的服务理念和更专业的服务内容。"（高校学生填补人员缺口）南京银杏树社会组织发展中心主任吴友凤告诉记者，在今天的社洽会上，"银杏树"和南京工业大学、应天学院、南京经贸学院等高校的社会组织达成合作。 C9-7 鼓励志愿者参加公共服务工作，实行志愿服务记录制度。（改革志愿服务制度）对志愿者在社区从事公益性服务所需要的工作经费，由县（市）区安排专项经费给予保障，每人每天补贴 20 元的交通和午餐费。（补贴服务经费）
资金短缺困境	A2-3 在资金方面，一些社会组织由于没有专门的经费来源，活动经费严重不足，无法开展正常的活动。（资金短缺） B7-5 香港汇丰银行已确定南京雨花台区铁心桥街道景明佳园等 5 个试点社区，每年每个社区投入 30 万元，连续三年开展"社区治理能力提升行动"。（企业提供资金支持）项目将资助一批立足社区居民需求、有能力推动社区参与的专业社会组织，同时扶持那些致力营造熟人社区的居民自发组织，社企合作能弥补社会组织发展的资金短板。（社企合作缓解资金短缺） C8-7 各级政府应当在政策制定、资金扶持、人才培养等方面积极支持社会组织的培育和发展。（政府提供政策、资金、人才支持）
加强人员培训	A5-12 要提升社会组织核心竞争力，重视社会组织工作人才的培养，鼓励参与和提供岗位技能培训。（重视培训）主要包括项目管理知识的培训、筹资策略知识的培训、管理人员能力知识的培训。（培训项目） B2-10 陆美玲介绍说，从养老院院长到门卫，各个岗位都有针对性的培训，每年 16 个课时。（各个岗位培训）"刚开始有的养老院很抵触，因为护工都是一个萝卜一个坑，抽调出来培训，人手肯定不够。但随着培训深入，养老院自己也发现，培训之后效果大不一样，现在他们遇到困难都会主动来咨询我们。"（培训后效果显著） C3-6 面向不同类型的社会组织从业人员定期开展针对性培训，提升社会组织自律自治水平。（定期针对培训）

续表

范畴	原始语句
专业技术缺乏	A8-5 上海对承接政府购买服务的社会组织制定了严格的资质要求，要具备专业技术能力。（要求具备专业能力） B10-8 具备承接和提供政府购买社工服务所必需的专业技术能力及专业团队，需至少有3名获得社工专业职业资格证书人员。（要求专业能力和资格证书） C3-3 组建专家团队，为社会组织参与政府购买公共服务提供专业化指导，帮助社会组织在项目申报、竞争性谈判、资金安排、项目管理、总结验收等环节增强规范性、提高竞争力。（为社会组织提供专业指导）
税费优惠政策	A2-6 对于协助政府参与社区管理的社会组织，应对其所取得的业务收入、社会资助和捐赠、政府购买服务资金，免收管理类、登记类和证照类的各项行政事业性收费，享受减免营业税和所得税的优惠政策。（减免税费） B3-4 同时，各地积极采取土地划拨、规费减免、购买服务等方式，（土地减费等购买方式）引导鼓励社会力量参与养老服务体系建设，扶持社会资本投资举办福利性、非营利性养老服务机构，推动投资主体多元化。（鼓励社会力量投资） C3-7 落实社会组织税收优惠政策。进一步完善公益性社会组织捐赠税前扣除政策，做好相关政策的落实工作。（税收优惠政策）
登记注册制度	A9-10 降低社会组织，尤其是公益性社会组织的准入门槛。（降低门槛）对社会组织的管理，由重“入口”、静态的管理转向重过程、动态的管理。（改变管理方式）特别是对于那些养老、公共医疗等居民急需领域的社会组织，可以进一步扩大简化登记手续的范围。（特定领域简化登记手续） B5-9 省民政厅出台的具备承接政府职能转移和购买服务条件的社会组织指导意见中明确规定，承接政府转移职能和购买服务的社会组织，必须在民政部门登记注册。（登记注册必要性） C1-2 承接政府购买服务的主体包括依法在民政部门登记成立或经国务院批准免予登记的社会组织，以及依法在工商管理或行业主管部门登记成立的企业、机构等社会力量。（登记注册必要性）
品牌效应战略	A9-7 一些区县结合现实主题，以多种方式培育社区社会组织，形成各有特色的系列品牌，积极发挥社会组织的品牌效应。（建立品牌）玄武区各个社区建立了以“邻里一家亲、社区总关情”为主题、居民之间互帮互助的“一家亲”“万家帮”等系列社区互助社品牌；如白下区的爱心家园、爱心超市等爱心系列品牌。（建立品牌机构例子） B2-9 面向未来，指导中心将注重调动各养老机构的积极性、主动性和创造性，着力打造特色品牌，满足多样化的服务需求。（打造品牌） C4-3 广泛开展公益创投活动，培育社会组织公益服务项目品牌。（培育品牌）
公信力的培养	A7-1 公信力不仅是慈善组织的生命线，也是全体慈善事业的生命线。个别组织在运作中产生的善款清单与实际情况不符，不仅影响的是个别组织的信誉问题，整个慈善组织群体都会受到影响。（公信力的重要性） B6-6 近日，上海市民政局、市社团局、市经信委、市征信办联合印发了《社会组织信用信息记录、共享和使用管理暂行办法》和《社会组织失信行为记录标准》。今后，社会组织发生违法违规、违反章程和有关服务承诺等行为将按照严重失信和一般失信记录到社会组织信用信息管理系统。（失信会被记录） C4-5 在参与政府购买服务竞争前3年内无重大违法违纪行为（无违纪），通过年检、资质审查合格（审查合格），社会信誉、商业信誉良好，（信誉好）获得3A以上评估等级的社会组织可优先获得政府购买服务资格

续表

范畴	原始语句
健全财务制度	A8-3 上海对承接政府购买服务的社会组织制定了严格的资质要求，建立健全独立的财务管理、财务核算和资产管理制度。（健全财务制度） B5-8 徐建国表示，此次评估，为提升我省社会组织的发展起到很好的导向作用，其他社会组织可以参照这些等级高的社会组织，看他们日常如何开展活动，如何健全财务制度等，以此规范自身发展。（健全财务制度） C10-7 具有独立的财务管理、会计核算和资产管理制度。（建立财务制度）
监督自律机制	A10-1 社会组织的治理结构不完善，行业自律机制尚未形成，理事会和监事会形同虚设，社会监督作用远未发挥。（自律机制没有形成） B10-5 黑龙江省还针对购买的社工服务建立了监管与评估机制，按照政府购买社工服务合同要求，对专业服务过程、任务完成和资金使用情况等进行督促检查。建立由购买方、服务对象及第三方组成的综合性评审机制。（外部监督严格） C9-3 供给方负责项目（岗位）实施，接受购买方、政府职能部门和社会监督（接受外部多方监督），按规定开展自我评测，提供服务数据信息，完善档案管理。（自我完善）
创新能力发展	A5-5 现有的社会组织由于缺乏开拓性、灵活性和创新精神，难以承接较为复杂、涉及面广的民政事务和公益、福利服务。（创新能力缺乏） B7-4 南京大学社会学院副院长周诚则认为，政府制度化采购社会组织服务，为各类社会组织的发展带来了新的机遇。（新机遇）社会组织要抓住机遇，加快整合各种社会资源来强身健体，推动南京社会服务形成政、校、企、社联动创新的新格局。（联动创新） C5-15 鼓励、提倡并支持公益服务类社会组织自主设计并申报创新性社会工作服务计划。（鼓励创新计划）
信息公开制度	A9-17 社会组织自身应当建立信息公开制度和社会公信力。由于一些恶劣个案的消极影响，使得社会公众对其知之甚少，加上缺乏相应的披露制度，影响到社会公众对社会组织外部的形象认知，现阶段普遍存在的问题是社会组织公信力缺失。（信息不公开导致公信力缺失） B4-7 河南省还要求承担基本公共卫生服务项目的基层医疗卫生机构将基本公共卫生服务项目纳入本机构向社会公开的信息范围；鼓励街道办事处、乡镇政府及村（居）委会参与考核，充分听取社会意见，自觉接受社会和群众的监督。（信息公开接受监督） C5-12 建立社会工作服务提供机构信息公开和征信管理制度。（建立公开制度）
组织等级评估	A8-7 再拿上海为例，上海对承接政府购买服务的社会组织制定了严格的资质要求，有如下内容：经县级以上民政部门评估，获得 3A 级（3A 级以上）等级的社会组织。（3A 资格限制） B6-7 有失信行为记录的社会组织在 5 年信息有效期内，将依据相关办法，受到限制参加政府购买社会组织服务项目，取消规范化建设评估 3A 以上等级。（失信取消 3A 资格） C3-9 全面掌握本级社会组织承接政府购买公共服务事项能力情况，对获得 3A 以上评估等级的社会组织，优先作为政府转移职能和购买服务的对象。（3A 优先考虑）

续表

范畴	原始语句
信誉形象维护	A8-6 上海对承接政府购买服务的社会组织制定了严格的资质要求，在参与政府购买服务项目前 3 年内无重大违法违纪行为，社会信誉良好。（要求无违纪、信誉好） B10-7 具备承接和提供政府购买社工服务的，必须在参与政府购买服务竞争前 3 年内，无重大违法违纪行为，年度年检合格，社会信誉良好。（要求无违纪、信誉好） C8-4 在参与政府购买服务竞争前 3 年内无重大违法违纪行为，通过年检、资质审查合格，社会信誉、商业信誉良好，获得 2A 以上评估等级的社会组织可优先获得政府购买服务资格。（要求无违纪、信誉好、评级 2A 以上）
服务设备建设	A8-4 上海对承接政府购买服务的社会组织制定了严格的资质要求，具备提供公共服务所必需的设备。（要求设备） B3-3 积极支持优化养老床位结构，加强护理型养老机构建设，进一步提高护理型床位比例，优先保障失能半失能等困难老年人的养老服务需求。到“十二五”末，护理型床位要占养老床位总数的 30%以上。（增加床位） C9-12 民政、教育、文化、卫生、体育、商务等部门相互协调配合，推进社区居家养老服务站、托幼所、文化所（站）、卫生所（站）、体育健身场所、便民服务点等各类服务设施建设，为开展基层公共服务提供良好基础条件。（服务点设施建设）

注: A**表示的是在第**篇文献中出现的观点句或者是支撑句; B**表示的是在第**个案例中出现的原句; C**表示的是在第**个政策文本中出现的原句。

表 4-9　关联式登录形成的主范畴

主范畴	对应范畴	范畴内涵
独立运作能力	独立法人资格	对社会组织的独立性和自主性的要求，防止过度的依赖性
	内部治理要求	社会组织内部治理的重要性和内部治理存在缺陷的矛盾，包括政府对社会组织内部治理的要求
	登记注册制度	在双重管理体制下，社会组织要在有关部门经过合法的登记注册，政府也在研究简化登记注册程序
资金筹集能力	资金短缺困境	社会组织存在不同程度的资金不足的问题，导致活动难以开展，社会组织通过政府帮助与企业、高校合作在改变现状
	税费优惠政策	政府向社会组织提供帮扶，减免部分社会组织的税，并减少社会组织办事中的行政费用
	健全财务制度	社会组织要制定健全的财务制度，确保资金利用效率的最大化

续表

主范畴	对应范畴	范畴内涵
流程规范能力	订立购买合同	政府在购买服务中要求订立合同，社会组织要规范行为和流程
	对竞争的要求	政府采用竞争性方式购买时，社会组织最大限度展现能力，配合政府规范购买流程
设备完善能力	办公场地完善	政府为部分社会组织提供场地，政社应该合作完善办公场地
	服务设备建设	社会组织要与政府合作完善服务设备，确保提供服务的硬件设备
人力资源能力	领导人的责任	要建设好组织，负责人的责任是非常大的，要提高领导人的能力，并让负责人定期交流
	培养专业人才	社会组织需要专业的人才团队，政府要保证社会组织人才队伍建设
	志愿者的队伍	许多社会组织缺乏必要的志愿者队伍，社会组织可以与高校合作，并向志愿者队伍做一定补偿
	加强人员培训	社会组织人才培养需要通过培训，各个岗位都要经过定期培训
专业技术能力	专业技术缺乏	社会组织缺乏提供服务的专业能力，因此要不断发展专业技术
	创新能力发展	创新能力也是关系到社会组织发展的重要能力，政府要鼓励创新，并建立社企社校联动创新机制
	外部合作机制	政府要与企业和高校合作，完善外部合作机制，共同发展
自我监督能力	内部民主建设	社会组织要完善内部民主制度的建设，利用民主制度规范组织行为
	监督自律机制	在外部监督日渐严格的情况下，组织内部要建立起自律机制，以赢得更多的信任

续表

主范畴	对应范畴	范畴内涵
品牌效应能力	品牌效应战略	社会组织也要向企业学习，打造属于自己的品牌
	信息公开制度	信息不公开会影响组织公信力的建设，社会组织应该主动公开信息，接受监督
形象塑造能力	组织等级评估	现在各地民政部门都在组织对社会组织进行等级评估，作为购买服务时的参考
	信誉形象维护	信誉好、无违纪现象已经作为政府购买服务时选择社会组织的标准
	公信力的培养	公信力也是政府选择社会组织的标准，社会组织在政府帮助下不断重视公信力的建设

3. 选择式登录

在主范畴逐渐归纳和整理出来之后，范畴之间的关系也会逐渐明朗。选择式登录是从主范畴中发现“核心类属”，将研究集中在核心范畴上。核心范畴应该具有提纲挈领的作用，在理论上可以将其他的范畴串连起来，像一条“故事线”（story line）。在整理主范畴之间关系的时候，需要理清范畴之间的关联性。本书经过整理主范畴之间的关系，挖掘出了核心范畴——“社会组织能力体系”。主范畴的典型关系结构如表 4-10 所示。主范畴之间的逻辑关系如图 4-3 所示。

表 4-10　主范畴的典型关系结构

典型关系结构	关系内涵	代表性语句
独立运作能力-流程规范能力-资金筹集能力 （责任承担能力）	社会组织资金充实可以保证组织的独立性，独立的社会组织才能在政府购买服务中建立购买方与承接方的规范流程	A1-5 由于双方都有需求从不受控制中的合同获利。官僚和供应方都缺乏提升内部控制和合同管理的动机（独立运作能力-流程规范能力） A2-12 政府应该鼓励社会组织承接社区服务、医疗卫生、慈善活动、公益事业和法律援助等与社会组织发展和居民日常生活密切相关的服务事项。为社会组织发挥作用和发展壮大提供财力支持，支持社会组织参与政府购买公共服务事项的公开招标（资金筹集能力-流程规范能力）

续表

典型关系结构	关系内涵	代表性语句
设备完善能力-人力资源能力-专业技术能力 （服务提供能力）	设备是专业技术的必备基本条件，人力资源是专业能力发展的载体，专业技术的发展需要完善的设备和专业的人才	B3-5 为保障老年人居家安全，使老年人在紧急情况下能得到及时救助，全省许多地方都积极为独居、空巢老人安装“安康通”“居家助理”等居家应急呼叫系统。老年人在发生紧急情况时，只要一按随身携带的呼叫器，120、110 和社区服务组织、志愿者和老年人子女等，就会在第一时间提供援助服务（设备完善能力-专业技术能力） A2-4 社会组织大部分没有专职工作人员，缺少具有社会工作、心理学等科学知识和有关政策法规知识的专业技术人员。（人力资源能力-专业技术能力）
自我监督能力-品牌效应能力-形象塑造能力 （信誉维系能力）	社会组织做好自我监督，建立内部监督机制，才能保证组织的外部形象，建立社会信誉，更好打造属于组织的品牌	C3-2 加强社会组织诚信建设。构建社会组织信用管理体系，建立失信惩戒制度。引导社会组织积极培育诚信服务品牌。（自我监督能力-品牌效应能力） A9-18 社会组织自身应当建立信息公开制度和社会公信力。由于一些恶劣个案的消极影响，使得社会公众对其所知甚少，加上缺乏相应的披露制度，影响到社会公众对社会组织外部的形象认知，现阶段普遍存在的问题是社会组织公信力缺失。（自我监督能力-形象塑造能力）
责任承担能力-服务提供能力	社会组织的独立运作、流程规范、资金筹集能力影响到组织提供服务的数量和质量，并且政府会为缺乏资金的组织提供发展服务能力的资金支持。卓越的服务能力会为社会组织赢得更多的资金，并帮助组织在规范的竞争中能力更突出，不至于选择投机方式	B3-10 2012~2013 年，省财政安排养老护理员培训经费 2000 万元，对全省养老护理员培训工作进行经费补助。 A8-4 上海对承接政府购买服务的社会组织，制定了严格的资质要求，具备提供公共服务所必需的设备和专业的技术能力
信誉维系能力-服务提供能力	社会组织的自我监督、品牌效应、和形象塑造能力也影响到社会组织服务提供的数量，社会组织拥有完善的设备，人才以及技术也影响到社会组织的品牌建设	A8-17 社会组织应该精心打造专业化服务品牌团队。通过借鉴服务理念、考察学习、乐意奉献、充满激情，专业服务到社会组织的信誉、品牌建设团队。 C4-6 在参与政府购买服务竞争前 3 年内无重大违法违纪行为，通过年检，资质审查合格，社会信誉、商业信誉良好，获得 3A 以上评估等级的社会组织可优先获得政府购买服务资格

续表

典型关系结构	关系内涵	代表性语句
责任承担能力-信誉维系能力	社会组织只有具备了独立运作、规范流程、筹集资金能力和责任意识才能更好地发挥信誉维系能力，优秀的品牌和信誉也会为社会组织提供更多的资金来源，并在竞争中占有优势地位	A10-2 社会组织的治理结构不完善，行业自律机制尚未形成，监事会和理事会形同虚设，社会监督作用远未发挥；此外，由于政府在对社会组织的管理中轻监管、重登记严重影响了社会组织公信度的建设 C9-4 开展社会组织等级评估，引入第三方评估机构，在评估等级有效期内，获 4A 以上等级的社会组织，可优先接受政府职能转移、优先获得政府购买服务。对获得 4A 和 5A 等级的社会组织分别给予 3 万元和 5 万元一次性奖补

4.3.3　社会组织承接政府购买服务能力体系结构的理论模型构建

扎根理论的三级编码为社会组织能力体系构建提供了操作范本。但已有的政策文本和研究文献对这些能力的基本内涵、主要内容，以及能力之间的逻辑关系尚未进行过系统的梳理，始终缺乏对社会组织承接政府购买服务能力的整体性认识。本书经过扎根理论的逐级登录，发现了一种整体性的能力，这种整体性、系统性的能力正是要构建的三层级能力体系。

为了更好地梳理能力体系各能力之间的内在关联，本书引入了能力生态的理念，继续推进和深化扎根理论构建的理论模型。能力生态是组织生态学（organizational ecology）发展起来的一个新兴领域，主要研究组织的“能力-人-环境”生态关系的相关问题。1994 年，Baum 和 Singh 在《组织的演化动力学》一书中分析了组织演化的层级本质，即包括组织内演化、组织演化、种群演化和群落演化四个递进层次阶段。① Hawley 认为，组织通过变革提高组织绩效，进行方案选择时的基本准则和目的是提高环境适应性（adaptation）和组织生存能力（viability）。② 国内目前还没有关于社会组织与公共组织能力生态的系统研究，极少学者研究政府能力生态位与能力生态的关系，如有学者提出，在生态位测度指标的选择中，“政府能力是一个由多种子能力有机联系构成的‘群结构’或‘能力群’，从不同角度可以把政府能力归纳成不同的种类。”③ 一般而言，能力生

① Baum J A C. Singh J V. Evolutionary Dynamics of Organizations[M]. New York: Oxford University Press, 1994.

② Hawley H. Human ecology//David, L. S. International Encyclopedia of the Social Sciences. New York: Macmillan, 1968.

③ 苗建军，崔俊富. 南京都市圈城市政府能力生态位分析[J]. 南京社会科学，2007（11）：120.

态体系由能力生态因子、能力生态链和能力生态圈三个方面的内容构成。能力生态的先进理念，为社会组织承接政府购买服务能力体系分析框架构建提供了一种崭新的理论视角。

1. 能力体系的基本内容

根据上述的社会组织能力体系主范畴之间的逻辑关系（图 4-3），可以发现社会组织能力体系包含着相互影响、相互制约的 3 大模块。其中责任承担能力是从法律层面寻找独立运作能力、流程规范能力和资金筹集能力的典型关系。责任承担能力关系到社会组织的合法性。政府向社会组织转移职能的立法情况目前还不是很完善。其中对于社会组织责任的规定更是少之又少。现在全国范围内从中央到地方已经达成共识要改革社会组织的管理体制。在改革双重管理体制方面，广东省和温州市率先做出了表率。近期，又有数十个地方进行改革，探索社会组织的新型登记体制。[①]服务提供能力是从管理层面寻找设备完善能力、人力资源能力和专业技术能力的典型关系。服务提供能力是社会组织进行自我管理，完善组织生存基本的关键，包括管理的决策、领导、组织、人员配置等各个方面。社会组织的人力资源完善问题一直是制约中国社会组织发展的关键因素，但社会组织的人力资源完善也是为组织增强能力契机的关键点。这里的人才队伍建设不仅包括提高社会组织工作人员的专业化、职业化水平，还包括完善负责人管理制度等各项人才管理制度。[②]信誉维系能力是从组织发展层面来进行自我监督能力、品牌效应能力和形象塑造能力的典型关系链接。一些社会组织发生的危害组织信誉和形象的负面事件被媒体无限放大，结果发展成为影响全体社会组织的整体性事件。一些打着公益的旗号进行欺骗的活动也影响到公众对社会组织的印象和看法。[③]依据扎根理论三级编码形成的三大典型关系结构和九大主范畴，以三大能力和九大子能力进行分级。

（1）责任承担能力。这是针对社会组织在政府购买服务中的准入机制。责任承担能力是对社会组织能否独立承担法律责任和社会责任的基本能力要求。社会组织只有独立承担法律责任和社会责任才能准入为政府购买服务的对象。责任承担能力主要包括独立运作能力、流程规范能力和资金筹集能力三大子能力。独立

① 王名. 我国社会组织改革发展的前提和趋势[J]. 中国机构改革与管理, 2014（2）：69-74.

② 顾朝曦. 改革社会组织管理制度充分激发社会组织活力[J]. 中国社会组织, 2014（1）：8-10.

③ 谭日辉. 社会组织发展的深层困境及其对策研究[J]. 湖南师范大学社会科学学报, 2014（1）：32-37.

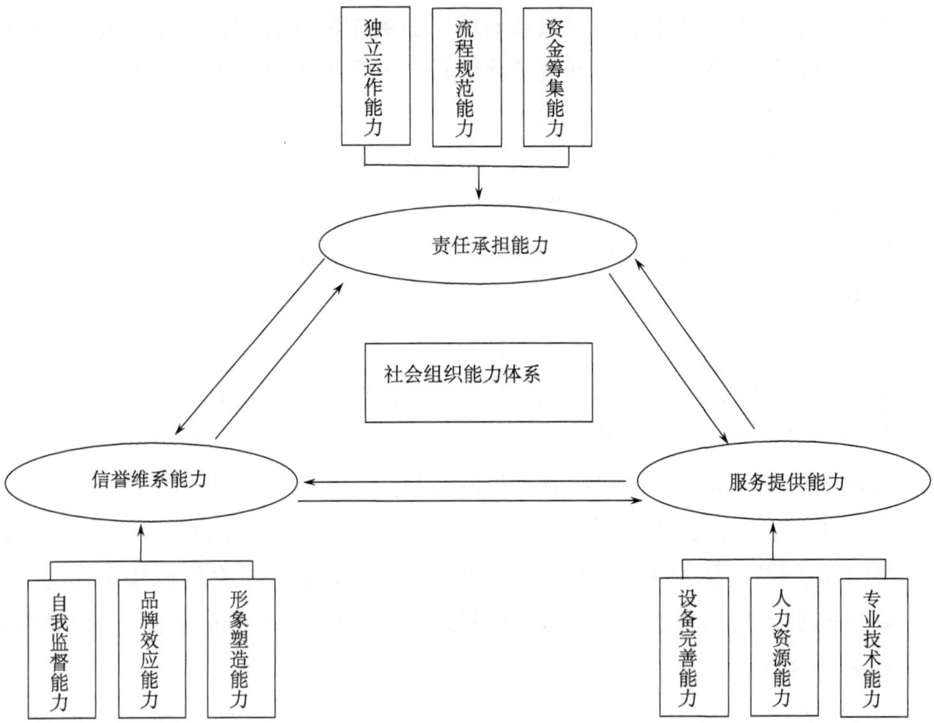

图 4-3　社会组织能力体系主范畴之间的逻辑关系

运作能力是针对中国社会组织发展中存在的“政社不分”的现状所提出来的，它要求社会组织自我管理，独立承担法律责任，履行购买服务合同义务等。从社会三分法的视角出发，完整的社会包括政府、市场和公民社会。一个运作良好的社会需要这三方面独立运作并相互支持。在改革开放之后，中国的市场和社会已经从国家权力高度介入中脱离了出去，下一步的目标就是要进一步加强社会组织的自主性。①以中国的慈善组织为例，慈善组织只有在名义上是“独立”的，但慈善组织无论是在设立时，还是在以后的发展当中，都高度依赖政府的拨款资金。②我国中国政府购买服务尚不成熟，有时存在政府对社会组织的偏见和对转移职能的认识不足，在向社会组织购买服务的过程中为了节约成本经常采取直接委托，忽视了签订购买合同的重要性。社会组织由于自身的缺陷无法承担违约的后果，于是配合政府进行操作。因此，社会组织的独立性得不到长远的发展。流程规范能

① 夏建中，张菊枝. 我国社会组织的现状与未来发展方向[J]. 湖南师范大学社会科学学报, 2014（1）：25-31.

② 董慧凝，周京，赵伟. 论我国慈善组织法人管理弊端及完善途径[J]. 中国行政管理, 2013（3）：69-72.

力是指社会组织不仅要了解和对接政府购买服务中的项目申报、预算编制、组织采购、项目监管、绩效平等一套规范化流程，并且要通过规范化流程提供服务。在政府购买服务的过程中存在流程不规范的缺陷，不仅是政府购买的流程不规范，社会组织承接服务的流程也不够规范。政府购买的项目公布后，遭到社会组织的哄抢，许多组织把政府购买服务看做一个有利可图的机会。[①]社会组织的这种寻租行为阻碍了购买服务流程的规范，也阻碍了政府和社会组织权责划分。资金筹集能力是社会组织的生存之道，是指社会组织为了实现公益目标，获取政府资助和社会捐赠的能力。发达国家形成了多种可供借鉴的筹资机制与策略，如美国就形成了面向政府、会员、企业和顾客的多元化筹资机制，以及协同筹资、联合筹资、网络筹资等多种策略。[②]我国社会组织的筹资能力普遍不够完善，特别是来自于公众捐赠的这一部分，民间组织管理局联合高校为全国的社会组织进行了等级评估并出版了《中国社会组织评估发展报告》蓝皮书，为公众捐赠提供一个参考意见。[③]社会组织资金困境束缚了组织发展的手脚，不能满足社会组织建设的物质基础。在政府加大向社会组织购买服务的机遇下，组织也要不断提升自身的筹资能力，缓解资金困境。

（2）服务提供能力。这是社会组织参与政府购买服务的竞争机制。在政府向社会组织购买服务的过程中，社会组织是否有能力承接该项服务，正是取决服务能力的建设情况。服务提供能力是指社会组织承接政府购买服务项目后向公众提供优质服务的能力，主要包括设备完善能力、人力资源能力和专业技术能力三大子能力。设备完善能力主要指社会组织要具备提供服务的场地设备、基础设施和办公设备，并根据服务标准要求不断进行完善设备设施的能力。如厦门市建设了两岸社会组织的孵化园，为一些初创的、组织规模较小的社会组织提供场地和办公设备等。[④]办公的场地和设备对于初创的社会组织来说是必要设施，随着组织发展还需要一些与服务相关的设备，例如一些老年服务中心需要为一些行动不便的老人提供上楼机等，在购买这些设备时政府也会给予一定的补贴。人力资源能力是指社会组织能够进行人力资源开发，引进与储备服务人才，并提高志愿服务工

① 王玉明，王沛雯. 政府向社会组织购买服务：问题与对策[J]. 广东行政学院学报, 2014（1）：10-15.

② 王洛忠. 中国非营利组织的筹资困境及改善对策——以美国非营利组织的筹资经验为借鉴[J]. 新视野, 2012（1）：82-83.

③ 包颖.《中国社会组织评估发展报告（2013）》蓝皮书发布让评估等级成为公众捐赠指南[J]. 中国社会组织, 2014（2）：24-27.

④ 刘平. 大力培育社会组织 充分激发社会活力[N]. 中国社会报, 2014-1-9：1-2.

作者素质的能力。在社会组织去“行政化”的过程中，其中有一点就是要杜绝在职的或者退休的领导干部到社会组织中任领导职务，安徽省就在开展清理党政领导干部在社会组织兼职的现象。[①]只有将党政机关和社会组织从人员上彻底划清界限，才能实现社会组织真正意义上的独立。在引进专业人才、建设人才队伍和志愿者队伍时，应该利用政府和高校的优势资源结合自身优势完善组织的人力资源。专业技术能力是社会组织进行服务体系建设、提升组织竞争力的核心要素，它是指社会组织具备基本的服务提供专业技术知识、技术操作规范，并进行知识创新、技能交流，持续地提升业务水平的能力。专业技术的能力离不开人才队伍的建设，现阶段的社会组织中工作人员的专业素质不高，并且缺乏创新精神和创新能力。

（3）信誉维系能力。这是社会组织参与政府购买服务的保障机制。主要内涵是指社会组织在维护社会诚信、取得社会公众和被服务对象信任，塑造良好形象的能力，主要包括自我监督能力、品牌效应能力和形象塑造能力。自我监督能力是指社会组织通过自律机制，在承接服务、提供服务、组织运作的过程中严于律己，进行自我评估，自觉地接受社会监督的能力。中国对社会组织的外部监督机制不健全，首先是相关的法律法规不完善，其次是公众监督的热情不高。[②]违背公益性的事件对社会组织的生存和发展的打击是致命性的。在外部监督机制不完善的情况下，为了规避危机事件为组织带来的负面影响，建立内部的监督机制是十分必要的。组织内部自律意识的培养需要健全内部的监督机制并且提高工作人员的自我监督的素质。品牌效应能力是指社会组织在承接服务和提供服务的过程中具有品牌意识，整合资源，开发品牌产品，为政府和公众在服务品牌的使用中带来良好效益和影响的能力。社会组织的品牌建设与企业的品牌建设有一定的相关性，首先要提高组织的服务质量，其次要建设独立的特色服务项目，最后要采用营销和宣传的手段将服务和特色进行推广。形象塑造能力主要是指社会组织在服务过程中要注意自身形象的塑造，将每一次承接政府服务的机会都当做提升组织形象的一个机遇。即使遇到突发事件发生后，能够快速调动各种传媒资源，及时、快捷、恰当、准确处理和引导社会舆论，恢复正常工作，将危害和风险降到最低，重塑良好形象的能力，提高组织的危机公关能力。中国的一些社会组织由于带有

---

① 汪国梁. 2559 个社会组织完成“脱钩”今年继续开展党政领导干部社会组织兼职专项清理[N]. 安徽日报, 2014-3-31：1.

② 程云蕾. 公益组织的诚信危机与治理[J]. 人民论坛, 2014（8）：134-136.

典型的"行政烙印"在实际运作的过程中缺乏群众基础，公信力建设程度不高，① 因此在危机事件发生之后，没有重塑声誉的群众基础。在网络和媒体的时代，社会组织不应该只着力于服务能力的提升，适当的形象塑造会为组织带来更多的收益。

社会组织的三大能力和九大子能力是依据扎根理论寻找主范畴和典型关系结构总结出来的，本书依据社会组织能力体系主范畴之间的逻辑关系，进一步探讨能力体系的分析框架。

2. 能力体系结构的理论模型

本书在上述能力体系内容分析的基础上，参考其他相关文献，②经过扎根理论的研究，归纳出了中国社会组织承接政府购买服务能力建设的内容体系，即主要由责任承担、服务提供和信誉维系"三大能力维度"和独立运作、资金筹集、流程规范、设备完善、人力资源、专业技术、自我监督、品牌效应、形象塑造"九大子能力"构成。这九大能力可以大体上划分为"对内、对外、软、硬"四个相互联系的能力面向。为了更深入研究三大能力维度和九大子能力的关系，需要构建一个理论模型。

鉴于此，本书以社会组织承接政府购买服务能力的软硬为横坐标，以社会组织承接政府购买服务能力的对内对外为纵坐标，构建了一个整体性能力体系模型（图 4-4）。

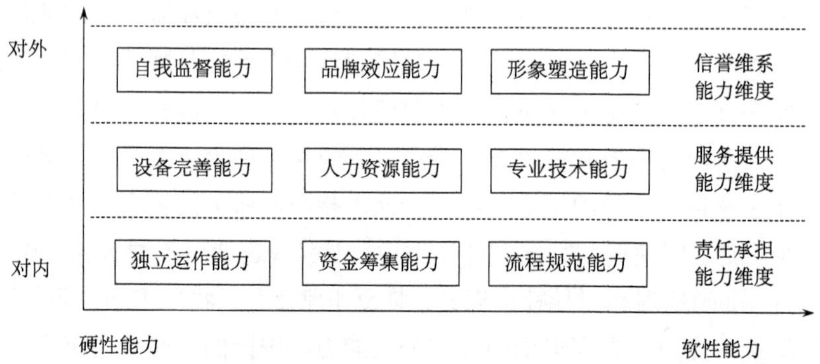

图 4-4　社会组织承接政府购买服务三层级能力体系的逻辑结构图

① 张冉. 社会转型期我国非营利组织声誉研究：危机溯源与重塑路径[J]. 浙江大学学报（人文社会科学版），2014（1）：107.

② 王仲伟，胡伟. 国家能力体系的理论建构[J]. 国家行政学院学报, 2014（1）：18-22; 张琳. 山东省安市泰山区　嘉德社区：建立"一二三四"模式 提升社会组织服务能力[N]. 中国社会报, 2012-11-23：1-2.

（1）三大能力维度的框架结构。如图 4-4 所示，社会组织承接政府购买服务能力体系由“三大能力维度”和“九大子能力”构成。“三大能力维度”体现了相互联系、相互促进的三种能力面向：①责任承担能力主要是法律制度层面的能力，它要求社会组织在法律制度的规范下独立运作、合理合法地筹集资金，以及信息透明和责任明晰地进行管理；②服务提供能力主要是管理过程层面的能力，它要求社会组织具备提供服务的设备设施、人力资源与专业技术；③信誉维系能力主要是社会资本层面的能力，它要求社会组织在承接政府购买服务过程中不断地增加信任、信誉等社会资本，自觉进行自我监督、建立品牌效应和有效地进行危机公关，从而维系良好的社会信誉。

（2）九大子能力的要素构成。“九大子能力”在特点与性质上也是有所不同的：有些子能力明显地倾向于硬性能力，如独立运作能力、设备完善能力、人力资源能力、自我监督能力等；有些子能力则明显地倾向于软性能力，如品牌效应能力、形象塑造能力、专业技术能力。同时，有些子能力是明显地倾向于对内的，如独立运作能力、自我监督能力、设备完善能力等；有些能力则是明显地倾向于对外的，如品牌效应能力、形象塑造能力、流程规范能力等。这“九大子能力”在“三大能力维度”的坐标框架下相互联系、相互补充，构成一个整体性、系统性的社会组织承接政府购买服务的能力体系。

3. 能力体系结构的内在逻辑

社会组织承接政府购买服务能力体系结构的内在逻辑是指出能力体系结构的运行机理，主要包括三层级能力的关联逻辑和内部逻辑。

（1）三层级能力的关联逻辑。社会组织承接政府购买服务三层级能力在理论上是一个层级递进的有机整体：责任承担能力是一种准入性能力，它是社会组织承接政府购买服务所需要的基本资格条件，具有独立运作、流程规范和筹资能力的社会组织方能顺利地进入政府服务采购流程；服务提供能力是一种竞争性能力，拥有完善的设备、优质的人力资源和专业技术的社会组织在政府服务购买的主体选择中才具有较大的竞争优势；信誉维系能力是一种发展性能力，能够自觉地进行自我监督，形成服务品牌，能够有效地进行形象塑造的社会组织就可以持续地获得政府购买服务项目，从而为自身造就一个持续的发展空间。这三种能力相互联系、相互促进，构成了一个持续发展的能力生态体系。

（2）三层级能力的内部逻辑。三层级能力的内部逻辑指的就是每一层级内部的三个子能力之间的相互关联。下面针对每一层级内部进行子能力相关性的逐一分析。

在第一层级中，社会组织的独立运作能力关系到资金筹集和流程规范能力。社会组织保持独立性有利于组织在向社会募捐的过程中独立地出现。社会组织与政府“脱钩”，保持了公益性质的独立性，有利于在一定程度上改善公众对公益事业的认识，增加了捐赠的几率。此外，独立的社会组织在政府购买服务的过程中作为承接方，在签订服务合同的过程中以独立的法人结构作为合同一方履行义务。社会组织承接政府购买服务也是组织获得资金的一种来源方式。在承接服务的过程中是否根据服务流程进行，影响到组织提供服务的规范性，在出现纠纷的时候，影响到对组织服务的判定。

在第二层级中，社会组织的设备完善能力作为基础的、硬性的能力，直接影响到服务的质量。在吸引人才进入组织工作时，基础设备的完善程度也会影响到人才的招募。人力资源能力和专业技术能力之间关联性就更加密切了。人才队伍的建设直接影响到组织专业能力的提升。专业人才的缺乏导致社会组织在参与社会创新管理时专业能力欠缺。①在高度重视社会管理“第三方”社会组织的现状下，未来社会组织之间的竞争也必将更加激烈。完善创新能力，打造核心技术团队，有利于组织提升竞争力。

在第三层级中，社会组织的自我监督能力关系到组织公信力的建设。具备良好公信力的社会组织在民政部门对组织的评估中创先争优，向更高的组织目标迈进。结合宣传和营销能力，将组织的外部形象加工润色，并结合特色的服务项目，形成品牌效应。

① 唐俭. 社会组织参与社会管理创新的困境及出路[J]. 山东行政学院学报, 2014（1）：24-29.

第5章　发达国家公共服务组织结构变革借鉴

发达国家公共服务组织结构变革主要经历了两次改革浪潮，第一次是20世纪70年代末开启的新公共管理运动，以组织结构分散化、高效化为基本特征；第二次是20世纪90年代中后期英国、美国、新西兰、澳大利亚等国家开启的整体政府改革运动，以组织结构整合化、高质化为基本特征，这次改革有效地解决了新公共管理组织结构分散化所带来的弊端。本章主要系统梳理了当代西方发达国家政府改革运动中的公共服务组织结构创新和发展，着重分析了整合性服务组织结构、协同性组织结构和承接性组织结构三种主要的理论模式和实践类型，为中国地方公共服务组织结构的优化提供了借鉴。

5.1　整合性公共服务：整合性组织结构模式①

自20世纪90年代中后期，公共服务需求日趋复杂化。为了应对这种复杂化的需要，当代西方国家推行整体政府改革运动，主要形成了三大改进公共服务提供结构的措施：一是通过更好地了解民众的服务需求，实现更多的服务导向，并围绕服务需求组织服务，明确预期公共服务的对象；二是实行在线服务，使民众能够容易地、便捷地获得服务；三是把公民与政府的利益相关者连接起来，形成合作伙伴，以改善公共服务和公共政策的质量。②这些措施与新公共管理改革中公共服务提供分散化结构相比，具有崭新的特征，形成了以整合性公共服务为特征的整合性结构。

5.1.1　整合性公共服务的产生背景与内涵特征

整合性公共服务作为一种整合性结构模式，它是理论与实践发展的产物，具有区别于新公共管理分散化公共服务提供模式的新内涵。

---

① 这部分内容参见：曾维和. 整合性公共服务——当代西方国家公共服务提供的新模式[J]. 上海行政学院学报，2012（1）。

② OECD Public Management Reviews: IRELAND: Towards An Integrated Public Service[M]. Paris: OECD, 2008：84.

1. 整合性公共服务的产生背景

整合性公共服务模式的产生，首先在于它在理论上较好地破解分散化公共服务组织结构模式的困境。自 20 世纪 70 年代末，西方国家掀起了一场新公共管理改革运动，这场运动改革的基本内容就是运用市场竞争机制改善公共服务。这一改革形成了一种分散化公共服务提供模式，该模式的基本特征是通过分散化的单一机构提供多样化的公共服务。这对于个性化的公共服务需求具有很高的效率，但对于日趋复杂性的公共服务需求却无能为力。分散化公共服务提供模式走向极端有两种模式——碎片化公共服务和碎片化治理。公共服务碎片化是分散化公共服务提供模式在管理层面极端化的产物，它主要表现为公共服务体系的分散化问题，政策与执行之间出现矛盾与冲突，以及公共服务的整体效率低下等。例如，新公共管理改革后的法国社保制度就变成了高度碎片化，表现为大碎片套小碎片。[①]美国的大都市化进程中的地方体制也趋向碎片化。[②]这些制度与体制的碎片化最终将导致公共服务的碎片化。碎片化治理（fragmentation of governance）是分散化公共服务提供模式在治理层面极端化的产物，它主要包括如下几个方面的内容[③]：转嫁问题，让其他机构来承担代价，互相冲突的项目，重复导致浪费并使服务使用者感到沮丧，互相冲突的目标，在对需要做出反应时各自为政，公众无法得到服务或对得到的服务感到困惑，服务提供或干预的遗漏。碎片化公共服务和碎片化治理引起了西方各国政府的高度重视，例如，美国把协作性公共管理作为地方政府改革的新战略，英国在 1999 年《现代化政府》白皮书中把“联合的公共服务供给”作为新的施政目标，新西兰在 2001 年政府的组织评审就专门关注“分权化”和服务供给分割的问题。一场旨在解决由机构裂化、部门分割、职能划分带来的政策、服务碎片化等问题的后新公共管理改革运动在西方各国盛行起来，碎片化公共服务已引起学界与政界的高度关注。可见，随着分散化公共服务提供模式走向碎片化公共服务和碎片化治理，亟须在理论上寻求一种整合性公共服务提供模式。

在实践上，整合性公共服务模式有效地回应了公共服务需求日趋复杂性的挑战。在后新公共管理改革时代，经济与社会变得多维度、多面向和快节奏，公

---

① 郑秉文. 法国高度“碎片化”的社保制度及对我国的启示[J]. 天津社会保险. 2008（3）：43-46.

② 刘建芳. 美国大都市化进程中的地方政府体制“碎片化”及其影响[J]. 宁夏大学学报（人文社会科学版），2008（6）：19-220.

③ Leat D, Setzler K, Stoker G. Towards Holistic Governance：The New Reform Agenda[M]. New York, 2002：48.

共服务需求日趋复杂。这种复杂性的公共服务需求与前文分析中国地方公共服务组织结构变革面临的形势基本一样，也具有三个典型的特征：①渐增性。当代西方国家公共服务需求的渐增性既表现在横向需求份额的增加，也表现为纵向需求份额的增加。公民对公共服务的需求具有收入弹性，教育、医疗等社会公共服务随着收入的增加变化较快，呈现出社会公共服务需求随着收入的增长而急剧增加的态势。②多样性。当代西方国家公共服务需求的种类是传统社会所无法比拟的，其公共服务需求不仅表现形式多样化，而且呈现出个性化内容。③交叉性。公共服务需求的交叉性是指某一公共服务需求问题在内容上具有交叠、交互、模糊等交叉性特征，如预防犯罪、污染治理、反恐斗争、社会救济等。这些交叉性公共服务需求只有依赖多个公共服务组织或机构协同工作才能奏效。

经济合作与发展组织（OECD）在管理评论系列丛书研究报告之一的《爱尔兰：迈向一种整合性公共服务》中指出："应对复杂性、交叉性的问题需要一种整合性公共服务，要求通过增加网络结构的行动，而不是采用自上而下的组织结构。"[①]该研究报告指出，提供整合性公共服务源于两个挑战：第一个挑战是 OECD 国家现代化议程已经把改革扩展到超越了公务员系统，把提供公共服务扩展到各种公私行为者协同运作；第二个挑战是克服 OECD 国家传统公共服务供给的弊端，发展一种基于共同协商结果的责任结构，只有这样，各种公共服务的行动者才能以一种整合的方式解决共同面对的社会问题，而不是以一种松散的个体结构，围绕各自的利益与议程去面对共同的问题。因此，提供整合性公共服务就必须有效地使用各种网络结构，增加公共服务提供者的灵活性和自主权，使不同的行动者能够促进和支持整体构想和明确目标的公共服务。

2. 整合性公共服务的内涵及特征

整合性公共服务（integrated public service）也称为"协同性公共服务"（joined-up public services）或"协同服务"（joined-up services）。学者们和国际组织从多个视角揭示了整合性公共服务的内涵：Bath Priory（2005）在《迈向一个共同的框架：通过更好的知识和信息管理来提供整合性公共服务》一文中认为，整合性公共服务就是"通过协同的知识（joined-up knowledge）和信息战略（information

① OECD Public Management Reviews. Ireland: Towards An Integrated Public Service[M]. Paris: OECD, 2008：12.

strategies）来提供服务，发展知识管理标准、政策、程序和良好的实践是整合性公共服务的基本要素，伙伴关系则是共享知识和信息的基本工具”。[①]Considine 和 Mark（2002）在《在线的结束？网络时代的责任治理、伙伴关系和整合性服务》一文中指出，整合公共服务就是责任治理、伙伴关系和在线网络技术与平台提供服务的过程。[②]OECD（2008）指出：“迈向一个更加整合性的公共服务，就是要提供一个更多专业与知识共享，并且使公共服务更加注重贡献，促使以公民为中心的社会结果得以实现。”[③]Richard Veryard（2002）在《整合性服务》一文中指出：“整合性公共服务主要包括以下 6 个方面的管理安排：①使政府的结构与公共服务需求结构相适应；②通过一个综合性的协议灵活性回应公民的需求；③建立一个基于独立积木（building blocks）的持续的和高效能的服务；④连接服务系统与顾客之间的技术；⑤增加组织适应变化的能力，并使组织的能力不断与技术变化相平衡；⑥注重公共服务提供结构的灵活性”。[④]

结合上述界定，本书认为，整合性公共服务是各种公共服务组织或机构为了应对公共服务需求复杂性的要求，在不断的交互作用下跨越地方层级（甚至国家层级）利益相关者的组织边界，进行整合性公共服务提供的过程。多机构的伙伴关系是整合性公共服务的基本工具，多机构的功能整合则是整合性公共服务的本质所在。整合性公共服务的特征主要包括：①跨界性协同的公共服务。整合性服务要求各种公共服务组织跨部门边界、组织边界和区域边界进行伙伴关系式的服务提供。这与以往各部门间各自为政、组织分割与区域隔离为特征，通过具体的目标和预算方案提供服务形成显著的区别。②以公民为中心的公共服务。整合性公共服务就是要改变传统官僚制模式下公民以点的方式获得服务和新公共管理模式下分散式公共服务的状况，实行以面为基础的高效性、无缝隙的整合性服务，把公民及其需求在公共服务提供中处于中心位置。③以信息技术为基础的整合性服务。充分利用信息技术和电子政务，提供整合性的在线服务（integrated online services），使公民能够容易地获取信息、数据等公共资源，能够快速地和便捷地获取整合性服务。

① Bath Towards a common framework ：delivering jolned-up services through better knowledge and information management. KM Review, Sep/Oct2005, 8(4): 33.

② Considine M. The end of the line? Accountable governance in the age of networks, partnerships, and joined-up services[J]. Governance, 2002, 15(1): 21.

③ OECD Public Management Reviews: Ireland: Towards An Integrated Public Service[M]. Paris: OECD, 2008：12.

④ Richard V. Joined-up services. 2002.(2): 3. http：//www. users. globalnet. co. uk/~rxv/government/services. htm.

5.1.2　整合性公共服务的工具、结构与模式

整合性公共服务有效地克服了新公共管理改革下分散化公共服务的碎片化困境，形成了新型的提供工具、提供结构和实践模式。

1. 整合性公共服务的基本工具

与分散化公共服务竞争性的市场化工具不同，整合性公共服务提供的基本工具是伙伴关系（partnership）。学者们对伙伴关系进行了广泛的探讨。Tom Ling（2002）认为，伙伴关系是指两个或两个以上的组织或机构分享共同议程协同工作，同时保持着自身的目标及其活动的独立性。①民营化大师萨瓦斯指出，可以从三种意义上来界定伙伴关系：一是广义界定，即指公共与私营部门共同参与生产和提供物品和服务的任何安排，如合同承包、特许经营、补助等。二是指一些复杂的、多方参与并被民营化了的基础设施项目。三是指企业、社会贤达和地方政府官员为改善城市状况而进行的一种正式合作。

此处的伙伴关系是指各种公共服务组织及机构协同运作，提供整合性公共服务的合作思想与行动的总称。伙伴关系由伙伴（partner）与伙伴间的联系两部分构成（表 5-1），其中资源整合与政策整合是维系伙伴关系的两种基本方式（表 5-2）。

表 5-1　“伙伴关系”的构成要素及其内容

伙伴关系的成员：	伙伴间的联系：
个人、组织的一个部分、组织整体、公共部门、私有部门、志愿组织	正式的/非正式的/合同的、高或低信任的、平等的或等级制度的、聚焦的、共同发展、联结和汇聚的
规模与边界：	伙伴关系的组织背景：
国家的/地方的/全球的、伙伴的数量、地域边界、组织的紧密度、组织的集权度	适应现存制度、建筑学、隶属关系的形成、合法的、非法的、资源依赖、影响/掌舵能力

资料来源：*Delivering joined–up government in the UK dimensions*（Ling，2002）。

① Ling T Delivering joined–up government in the UK dimensions, issues and problems [J]. Public Administraion. 2002，80（4）：615-642.

表 5-2 伙伴关系的两种整合方式

整合	过程	结果
资源整合	资源消费的协作与整合	评价资源花费的价值，增加效率和效能
政策整合	在伙伴各方的不同观点中发展一种协同的意见	解决问题的创新观点、维持伙伴之间文化与目标的原始差异

资料来源：*Working together: creating a better environment for cross-sector partnership*（Jupp, 2000）。

从伙伴之间的相互搭配来看，构成当代西方国家整合性公共服务改革的伙伴关系主要具有如下两种：一是政府与非营利组织的伙伴关系（government-nonprofit relations）。这种制度安排主要是为弥补政府失灵、市场失灵和志愿失灵以更好地满足公共服务需求，建立一种公共服务的跨界性组织结构与替代性反应机制。政府与第三方执行者在公共资金支出和公共权威运用方面的裁量权上实现了高度共享。①政府与非营利组织的伙伴关系理论也受到国家多元主义政治结构理论的支持，成为公共服务中的一种较为普遍的组织结构模式。二是公私合作伙伴关系（public private partnerships, PPPs）。公私合作伙伴关系兴起于后新公共管理改革时期，它主要是通过公私合作的制度安排，以充分发挥公私部门各自禀赋优势的一种跨组织结构模式。

2. 整合性公共服务改革的主要内容

整合性公共服务改革产生了诸多创新性的内容。OECD（2008）在《爱尔兰：迈向一种整合性公共服务》一书中总结了“迈向整合公共服务”的八项内容。②

（1）改善治理与绩效的协商对话。当公共服务机构发展和适应了快速变化的外部环境的时候，就必须思考什么是更适合的治理与绩效安排。这需要在国家公务员制度与公共服务需求之间，尤其是在部门与机构之间增加信息与知识的共享，通过对话达到实现共同绩效目标的协议，并协商各方的责任以实现这个目标。

（2）网络化的工作方法。这需要创造新的结构，一个整合性公共服务提供结构就是能够使个人跨越不同部门（中央政府、医疗部门、教育部门、地方政府等）的边界协同工作，并允许更多的合作，更多横向联系的政策制定，采用网络的灵

① [美]莱斯特·M·萨拉蒙. 公共服务中的伙伴关系——现代福利国家中的政府与非营利组织的关系[M]. 田凯，译. 北京：商务印书馆, 2008：42-43.

② OECD Public Management Reviews. Ireland: Towards An Integrated Public Service[M]. Paris: OECD, 2008：12-14.

活性、非正式性和开放性协调等网络化的工作方式，来识别和回应复杂性的社会公共需求。

（3）转向以绩效为中心。改变传统的注重投入和过程，而不是产出与结果的公共服务模式。传统模式需要更多地收集关于产出与结果的信息，导致公共服务绩效不高。转向以绩效为中心，就是要开发有意义的结果措施和绩效指标，并使这些措施和指标与国家的总体目标和高层次的社会目标联系起来，使公民能够了解公共服务的好处。

（4）预算框架内的支出优先顺序。在财政紧缩的环境下，强化资源管理与分配方式是必要的。强化性的绩效测评机制就是这样的一个好方法。发展更具战略意义的预算机制和涉及支出优先顺序的预算计划有助于增强高级管理人员的确定性和更有效的执行方案和提供服务。

（5）使用电子政府提供整合性和以公民为中心的服务。这需要以公民为中心思考服务的提供。电子政务及发展更集成信息和通信技术的接口，能够增加公民快速、便捷地获得服务的机会。而一个安全的和共享的公共服务资源数据库更是简化了公民获得服务的程序。

（6）增强服务提供人员的灵活性和流动性。传统公共服务较少的灵活性和流动性限制了技术和能力的共享，不利于提供整合性服务。整合性公共服务需要给公务员提供更多的跨部门工作的机会，使通才式员工能够在多部门之间流动，把跨部门和跨组织边界流动的工作作为一个优先的制度安排。开发公务员多样化的能力和技能，建设区域劳动力市场和跨公共服务网络都是整合性公共服务所必需的。

（7）高级公共服务（senior public service）。这包括增加公务人员的公开招聘的力度，使公共服务提供者迅速地获得必要的技能；支持和推动一个新的改革议程，发展更广泛的综合性方法，确保高级公务员和高层管理者对公共服务的需求和存在的问题做到整体性的把握与了解，以增强公共服务的核心价值观。

（8）强有力的领导关系。这是实现整合性公共服务的重要保证。与强有力的领导关系传统的职位控制不同，它需要发展政治与行政层级的领导关系和建立一个现代化的改革议程，以确保整合性公共服务改革能够渐进地、有节奏地进行。

3. 整合性公共服务的提供结构及运作过程

以伙伴关系为工具，整合性公共服务形成了跨界性协同的服务提供结构。跨界性协同结构是整体政府（whole of government）理论的一个基本主张。波利特（Pollitt，2003）在综合相关文献的基础上提出了整体政府的暂时性定义，即一种通过横向和纵向协调的思想与行动以实现预期利益的政府治理模式。它包括四个方面的内容：排除相互破坏与腐蚀的政策情境，更好地联合使用稀缺资源，促使某一政策领域中不同利益主体的团结协作，为公民提供无缝隙而非分离的服务。① 整体政府意味着这样一种政府改革的治理模式，即在公共政策与公共服务的过程中，采用交互的、协作的和一体化的管理方式与技术，促使各种公共管理主体（政府、社会组织、私人组织，以及政府内部各层级与各部门等）在共同的管理活动中协调一致，达到功能整合，并有效地利用稀缺资源，为公民提供无缝隙服务的思想和行动的总和。提供优质的公共服务是整体政府的根本目的，跨界性的机构功能的整合（integration）是其精神实质（曾维和，2009）。②因此，从各主体合作关系来看，“合作的‘跨界性’是整体政府的核心特征之一，也是提供整合性公共服务的基本结构。跨界性协同结构具有多种表现形式：同级政府部门之间、上下级政府之间、不同政策领域之间、公共部门和私人部门之间（Considine，2002）。”③

提供整合性公共服务，进行跨界性协同运作的第一步就是选择正确的合作伙伴。正确地选择合作伙伴涉及两个方面的因素：一是文化兼容性。文化兼容性是伙伴关系中各伙伴保持长期的、互利互惠关系的一个软条件。文化的问题因网络的特性有所不同，但共同的信念与维系伙伴关系的价值观是最基本的要素。二是评估潜在伙伴的运行能力。这主要考虑如下要素：成本、特殊专家、财政生存能力、承担一定风险的能力、亲近顾客、邻里纽带与合法性。④选择正确的合作伙伴为整合性公共服务的跨界性协同奠定了主体性基础。在选择正确的伙伴后，下一步就要对跨界性协同运作进行制度设计。

首先，一个成功的跨界性协同运作的公共服务提供结构一般包括五个阶段制度设计，这五个阶段中的每个阶段都包含着一些具体的注意事项（图 5-1）。

---

① Pollitt C. Joined up government: a survey[J] . Political Studies Review, 2003, 1：（1）：34-49.

② 曾维和. “整体政府”论——西方政府改革的新趋向[J]. 国外社会科学, 2009（2）：108.

③ Considine M. The End of the Line? Accountable Governance in the Age of Networks, Partnerships, and Joined-Up Services. Governance, 2002, 15(1).

④ [美]斯蒂芬·戈德史密斯，威廉·D·埃格斯. 网络化治理[M]. 孙迎春译. 北京：北京大学出版社, 2008: 58-61.

涉及哪些参与者？

这需要确定是否存在合作伙伴或可以承担一个新职责的组织。如果没有这样的组织参与协同运作的时候，各部门就需要平衡参与的机构和社会团体的利益，解决和避免实际困难，以组织和激励一大批合作伙伴。这里不存在"一刀切"的协同运作模式，应以最佳途径提供服务为基准。一些"开端计划"（sure start）的伙伴关系就是通过协议确保公司提供服务，而其他的则决定不给予它们较大的灵活性。一些地理空间边界的伙伴关系应尽可能地与现存的行政区划的内容相同。新的协同运作倡议应有效地与地方和中央政府的倡议相链接

有那些倡议能强化协同运作？

可以采取多种激励的形式，强有力的领导可能是一个重要的激励因素，尤其是这种激励具有很大的优先性且与建立在承诺基础上的协同运作时候，更是如此。倡议的目标与组织伙伴的目标越是契合，就越容易协同。额外的资金也许是激励共同努力的一个强有力措施，当允许伙伴们灵活性地使用资金和资源的时候更是如此

有哪些方法可以提高组织协同运作的能力？

必须认真考虑如何建立和发展地方社区群体及其他组织在伙伴关系中有限工作经验的能力，使它们协同起来，共同地提高效率。这些能力包括：咨询和指导；提供专家援助；学习网络，包括会议、研讨会、培训活动和本地网络会议

如何提供资金来促进协同运作？

必须认真考虑是否有协同的工作安排，灵活地和恰当地使用资金或者紧缩中央控制单位或部门负责所需要大笔开支的国家优先项目的政策。总的说来，更好的协同运作就是由伙伴关系来控制这些资金。集资预算（pooled budgets）能提供很大的灵活性，有利于伙伴关系根据本地情况设计合适的解决方案，并鼓励发展一种战略性的方法

协同运作将持续多久？

一些伙伴关系建立起来是为了在一个固定的时间内实现具体的目标，另一些伙伴关系建立起来是为了发挥持续的作用而没有具体的时间限制。这里没有适合所有情况的单一方法，当设计一些倡议时，必须考虑使用的伙伴关系是否合适

最能促进协同运作的责任与规则框架是什么？

责任安排可以有所不同，这主要取决于协同运作的性质，但至少应该包括如下要点：明确的定义角色和职责；明确的目标绩效措施；明确说明从倡议中受益的各种目标；可靠的和定期的执行绩效信息；清楚地了解谁有责任在需要补救的时候采取补救措施；审计的财务报表；定期独立评估

图 5-1　设计协同运作的 6 个核心阶段

资料来源：*Joining up to improve public service*，（NAO report,2001）

其次，跨界性协同的公共服务提供结构至少需要如下五个基本条件（NAO report，2001）：[①]①目标：朝着一个界定明晰的、交互性价值的和共享的目标运作。如果目标不明晰，且不是共享的，那么公共服务的伙伴就会朝着不同的方向运作，从而形成不相融的目标和难以达成预期的结果。②进程测量：围绕着预期目标进行持续的进程评估，并且在需要的时候采取必要的补救措施。这是协同运作与一般的管理活动的不同之处，因为协同的过程必须进行持续的监督，如果效能不能很好地满足预期目标的时候，就必须采取必要的补救措施。③资源：保证协同运作具有充足的与合适的资源供给。如果没有充足的资源和适当的技能，协同运作就很难长期运作。④领导：指导一个团队和主动实现目标的主动性。当多个公共服务伙伴协同运作的条件变得相当复杂的时候，协同运作的创新与目标很

① NAO report. joining up to improve public service，report by the comptroller and auditor general HC 383 Session 2001-2002: 7 December 2001：9.

难持续跟踪与监督。那么一个好的领导就能够发挥这种核心作用，他就是把这些协同运作的创新与目标胶合在一起的一个重要工具。⑤良好共事的协同工作：实现共同的责任。如果组织之间没有在相互支持、信任、认同彼此差异和共享信息的基础上建立良好的工作关系，那么协同运作将会失败，而改善公共服务的目标也很难达成。

最后，跨界性协同的公共服务提供结构可以采取多种合作形式。这些多种合作形式形成了一个跨界性协同运作系列，即从不同类型的伙伴组成的非正式合作伙伴关系到通过系统方法明确界定合作任务的正式合作伙伴关系的运作系列（图5-2）。

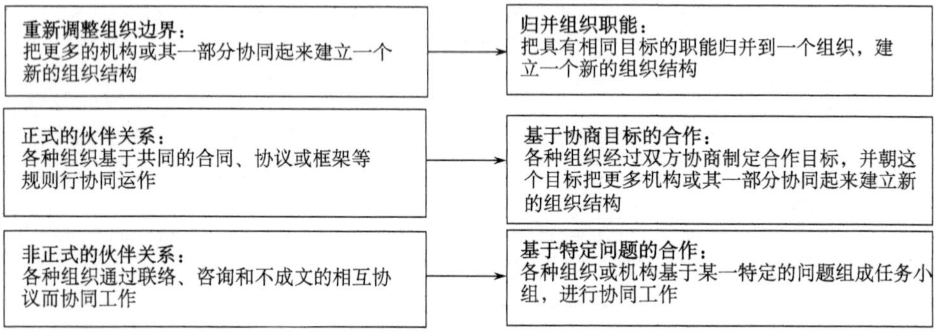

图 5-2　整体政府组织结构的协同运作形式

资料来源：*Joining up to improve public service*,（NAO report,2001）

4. 以公民为中心的协作性公共管理实践模式

当代西方国家的整合性公共服务改革形成了一个以公民为中心的协作性公共管理实践模式。该模式坚持民主行政的价值取向，克服了新公共管理“顾客隐喻”的缺陷，把服务对象分为用户、纳税人和公民三大类，以解决人民的生活问题作为核心关怀，真正地确立了公民本位，形成了一个以公民为中心的协作性公共管理实践模式（图 5-3）。①

这一协作性公共管理实践模式包括五种参与途径和六个协作变量。五种参与途径就是协商的、公民社会、信息交换、选民的和对抗的途径。六个协作变量即

① Cooper T L, Bryer T A, Meek J W. Citizen-Centered Collaborative Public Management. Public Administration Review, 2006（66）：76-88.

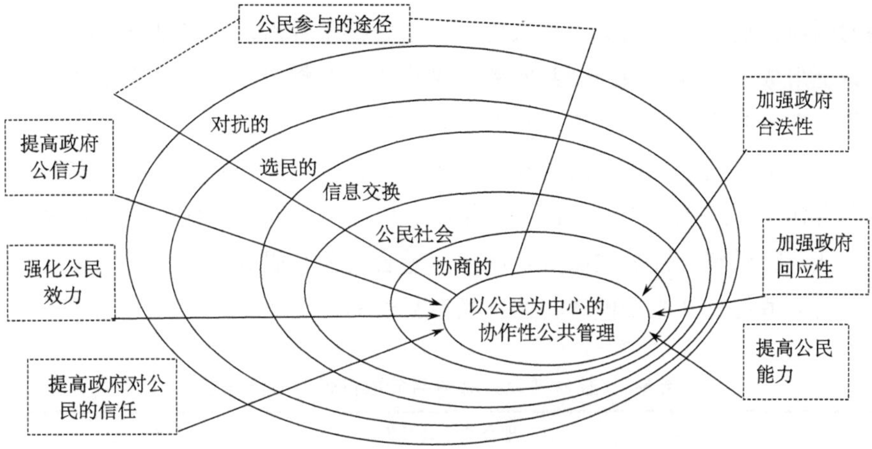

图 5-3　以公民为中心的协作性公共管理实践模式

加强政府合法性（government legitimacy），加强政府回应性（government responsiveness），提高公民能力（citizen competence），提高政府公信力（citizen trust in government），提高政府对公民的信任（government trust in citizen）和强化公民效力（citizen efficacy）。六个协作变量的最大化有利于以公民为中心的协作性公共管理发挥最大的功效。在公民参与途径中，对抗的途径是最不能增加公民参与的协作变量，而协作的途径是最能增加公民参与的协作变量，它们代表了公民参与途径的两端点。选民的、信息交换和公民社会的途径则是一些具有中间功效的参与途径。在图 5-3 中，从外向内，参与途径的功效逐步增强。因此，通过协商的途径是实现公民参与的最佳途径，这一途径的实现依赖于对公民参与五个维度的正确把握：公民中哪些人是参与者？他们的参与动机是什么？他们为什么参与？在什么地方参与最有效？公民怎样进行参与？当代西方国家的公共服务改革从理论和实践上完整地回答了这五个问题，从而使公民参与在公共政策和公共服务中能够广泛地运用协商途径，实行协作性公共管理，从而实现真正意义上的以公民为中心的整合性公共服务。

5.1.3　整合性组织结构的借鉴意义

经过十多年的整体政府改革探索，当代西方国家，尤其是 OECD 国家大都提出了“无缝隙政府”（seamless government），“网络化政府”（networked government）或“协同政府”（joined-up government）来提供整合性公共服务，以克服 20 世纪 70 年代末以来新公共管理改革所产生的碎片化治理和碎片化公共服务的困境。这些改革的努力有效地回应了公共服务需求日趋复杂性的挑战，并在理论上形成了一种新型的公共服务提供模式，即整合性公共服务提供模式。

整合性公共服务模式一方面吸纳了新公共管理分散化公共服务的优秀因子，如充分运用信息技术、电子政务和绩效考核等来优化公共服务，另一方面则从竞争转向合作，广泛地运用跨部门、跨组织、跨区域协同与合作提供公共服务的技术与方法，提供整合性公共服务。因此，整合性公共服务模式与新公共管理改革所形成的分散化公共服务模式相比，具有显著的特色（表 5-3）。

表 5-3　整合性公共服务与分散性公共服务比较

		整合性公共服务	分散性公共服务
不同点	服务理念	效率、效能、效益	公平、民主、正义
	服务工具	市场化竞争工具	社会化合作工具
	服务提供	分散化、单目标机构	跨界性、多目标机构
	服务对象	顾客	公民
	理论基础	新公共管理	整体政府
相同点	充分运用信息技术、电子政府、绩效考核等来有效改进和优化公共服务		

随着社会主义市场经济体制的建立与完善，中国的公共服务需求也日趋复杂化，既产生了服务类型差异和区域性的差异，也产生了城乡公共服务非均等化困境。公共服务管理体制中，机构重叠、职责交叉、政出多门等问题表现突出，不少公共服务领域中碎片化现象也十分严重。以中国当前的养老保险制度为例，城乡之间、不同地区之间、不同群体之间都实行具有明显差异的养老制度。由于没有全国统一的指导性文件，各地在养老保险制度上和标准上都不统一。“遍地开花”带来的是“各行其道”，制度停留在地方分割、低层次统筹层次上，“碎片化”趋势非常严重。全国 2000 多个统筹区的大部分地区农村养老保险仍停留在县区级低层次统筹上，分别由几千个经办机构管理着养老保险业务，其标准大多是“一地一策”，甚至“一地多策”。[①]

因此，当代西方国家整合性公共服务模式对中国公共服务改革具有重要的借鉴意义。首先，要树立以公民为中心的整合性公共服务的理念，然后在这个理念的引领下，推进“三化”对策，造就中国特色的整合性公共服务模式。

① 李长远. 我国农村社会养老保险制度“碎片化”路径依赖及对策[J]. 社会保障研究. 2010（3）：47.

（1）以信息化推动公共服务一体化。推动信息化和工业化深度融合，加快经济社会各领域信息化。发展和提升软件产业。积极发展电子商务。加强重要信息系统建设，强化地理、人口、金融、税收、统计等基础信息资源开发利用。实现电信网、广播电视网、互联网“三网融合”，构建宽带、融合、安全的下一代国家信息基础设施。推进物联网研发应用。着重以信息共享、互联互通为重点，大力推进国家电子政务的网络建设，提升政府公共服务和管理能力，提供整合性的在线服务。

（2）以城市化推动公共服务网络化。这可以通过完善城市化布局和形态来实现。按照统筹规划、合理布局、完善功能、以大带小的原则，遵循城市发展客观规律，以大城市为依托，以中小城市为重点，逐步形成辐射作用大的城市群，促进大中小城市和小城镇协调发展。科学规划城市群内各城市功能定位和产业布局，缓解特大城市中心城区压力，强化中小城市产业功能，增强小城镇公共服务和居住功能，推进大中小城市交通、通信、供电、供排水等基础设施一体化建设和网络化发展，推进城乡和区域基本公共服务均等化。

（3）以社会化推动公共服务整体化。首先，健全覆盖城乡居民的社会保障体系。坚持广覆盖、保基本、多层次、可持续方针，加快推进覆盖城乡居民的社会保障体系建设，完善农村和城镇职工及居民养老保险制度，实现基础养老金全国统筹。其次，提高综合统筹能力，完善跨部门协调机制，加强实施“走出去”战略的宏观指导和服务。维护中国海外权益，防范各类风险。最后，加强和创新社会管理。按照健全党委领导、政府负责、社会协同、公众参与的社会管理格局的要求，加强社会管理法律、体制、能力建设。完善法律法规和政策，健全基层管理和服务体系，加强和改进基层党组织工作，发挥群众组织和社会组织作用，提高城乡社区自治和服务功能，形成社会管理和服务合力。

5.2　公共服务中的伙伴：协同性组织结构模式①

在人类社会的历史上，漫长的奴隶社会与封建社会是没有真正意义上的公共服务的。一般认为，公共服务是资本主义制度确立后，管理型政府设立的产物。19 世纪末期到 20 世纪 80 年代以前，发达国家普遍实行的是以政府垄断式公共服务提供模式。这种服务提供模式虽然具有组织周密、执行迅速、目标明确，具有

① 这部分内容参见：曾维和. 公共服务中的伙伴——当代西方国家公共服务合作提供模式及借鉴[J]. 中国海洋大学学报（社会科学版）. 2012（6）：86-93.

连续性和统一性等优势，但由于“全能政府”政府的假定，缺乏与其他部门合作，势必造成政府机构臃肿、财政压力过大等困境，公共服务供给高度垄断、定位模糊、供给不均衡等问题的产生（石国亮，2011）。①随着社会发展和社会结构的复杂化，公共服务的类型和需求也不断增加，变得日趋复杂。由政府垄断式提供公共服务的传统模式受到了极大的挑战，越来越不能满足公共服务需求复杂化的需求。人们要求改变公共服务提供模式的呼声此起彼伏、持续高涨，从而使通过多主体合作提供公共服务成为 20 世纪 80 年代以来西方国家公共服务提供模式创新的基本内容。本书从福利多元主义的视角系统地分析当代西方国家公共服务合作提供中的协同性组织结构模式创新。

5.2.1 福利多元主义：公共服务协同提供的理论基础

20 世纪 70 年代末以来，西方国家对传统的福利模式进行反思，积极地寻找替代方案，推行福利国家改革。福利多元主义（welfare pluralism）就是在这种背景下产生的。福利多元主义理论起源于 1978 年英国的《沃尔芬德的志愿组织的未来报告》，该报告主张英国社会政策实践中运用福利多元主义。在这个报告之后，一些学者对福利多元主义进行了持续的关注，如罗斯（Rose）在《相同的目标、不同的角色——国家对福利多元组合的贡献》（1986 年）一文中就对福利多元主义多个部门进行了界定，他指出一个社会中的福利来源于家庭（household）、市场和国家这三个部门。罗斯在国家这个部门之外，提出福利多元组合的理论而得到学界的一致认可。

自罗斯之后，不少学者在罗斯理论的基础上建立起分析框架。福利多元主义理论经历了从三分法到四分法的发展逻辑。②

1. 福利多元主义的三分法

罗斯早期倡导的福利多元主义理论实质上就是一种福利多元主义的三分法，即由国家、市场和家庭三个提供者组成。伊瓦斯在罗斯研究的基础上提出了福利三角（welfare triangle）的研究范式，即由家庭（households）、（市场）经济（market economy）和国家共同组成的福利整体（表 5-4）。③

---

① 石国亮. 公共服务合作供给的生成逻辑与辩证分析[J]. 江海学刊, 2011（4）：137.

② 彭华民，黄叶青. 福利多元主义：福利提供从国家到多元部门的转型[J]. 南开学报（哲学社会科学版），2006（6）：40-48.

③ 彭华民，福利三角：一个社会政策分析的范式[J]. 社会学研究, 2006（4）：157-167.

表 5-4　伊瓦斯福利三角：组织、价值和关系

福利三角	组织	价值：文化/社会经济和政治背景	关系：文化/社会经济和政治背景
（市场）经济	正式的	选择与自主	行动者与（市场）经济的关系
国家	公共的	平等和保障	行动者与国家的关系
家庭	非正式/私人的	（微观）团结和共有	行动者和与家庭的关系

表 5-4 中的（市场）经济、国家、家庭三方在提供社会福利时相互补充，形成一个福利三角，这三方形成了良好的互动关系。

2. 福利多元主义的四分法

福利三角的研究范式不断地得到充实与完善。彭华民总结了伊瓦斯的理论，在其三分法的基础上又提出四分法的划分模式（表 5-5）。

表 5-5　伊瓦斯福利多元主义四个部门的特征

部门	市场	国家	社区	民间社会
福利生产部门	市场	公共部门	非正式部门/家庭	非营利部门/中介机构
行动协调原则	竞争	科层制	个人责任	志愿性
需方的角色	消费者	拥有社会权的公民	社区成员	市民/协会成员
交换中介	货币	法律	感激/尊敬	说理/交流
中心价值	选择自由	平等	互惠/利他	团结
有效标准	福利	安全		社会/政治激活
主要缺陷	不平等，对非货币化结果的忽视	对少数群体需要的忽视，降低自助的动机，自由选择的自由度下降	受道德约束降低个人选择的自由，对非该团体的成员采取排斥态度	对福利产品的不平等分配，缺乏专业性和低效率

其他学者也提出过福利多元主义四分法的观点，如约翰逊（Johnson）在福利三角基础上加入了志愿组织，强调志愿组织在社会福利提供中的作用。约翰逊指出，政府不应被视为提供集体福利的唯一来源，除政府以外，还有非正式部门（informal sector）、志愿部门（voluntary sector）和商业部门（commercial sector）三个来源。[①]吉尔伯特福利也认为福利多元主义结构可以被视为由政府、志愿组织、非正式组织和商业组织四个部门组成。福利多元主义的四分法是对三分法的进一

① Johnson N, The Welfare State in Transition：The Theory and Practice of Welfare Pluralism. Amherst：University of Mas sachusetts Press. 1987.

步充实与细化，它的理论贡献在于其在福利三角的基础上加入了志愿组织，提出志愿组织也是社会福利提供的一个重要主体。换言之，福利多元主义的四分法与三分法的不同之处就是它特别强调民间社会在社会福利提供中的特殊作用，注意到了民间社会中的社会资本对社会福利的整合功能。

总之，福利多元主义理论的一个基本观点就是要超越政府与市场二分的传统思维，寻找提供社会福利的第三种力量，来弥补福利提供中的"政府失败"和"市场失灵"。福利多元主义理论认为，政府通过税收职能可以实现重新分配资源和促进平等，提高社会福利与服务提供效率。[①]因此，通过政府与社会组织建立起密切的合作伙伴提供公共服务是福利多元主义的一个重要理论贡献。福利多元主义成为公共服务合作提供的一个重要理论基础。

5.2.2 公共服务协同提供的两种模式

在福利多元主义理论视域下，当代西方国家公共服务的提供以伙伴关系为主要特征，在实践上形成了政府与私营部门合作、政府与非营利组织合作两种服务提供模式。

1. 政府与私营部门合作提供公共服务

公私合作伙伴关系（public private partnerships, PPPs）是政府与私营部门合作提供公共服务的主要形式，它是通过公私合作的制度安排，充分发挥公共部门和私有部门各自禀赋优势的一种跨组织结构模式。公私合作制已经成为合作规则下公私合作伙伴关系的一个典范。达霖·格里姆赛等对 PPPs 进行了如下定义：[②]"公共部门实体将其控制的土地、财产或设施移交给私营部门实体（同时支付或无须支付对价），通常是根据合约的条款而定；私营部门实体新建或扩建设施；公共部门实体规定该设施的运营服务；私营部门实体使用该设施在规定的时间段内提供服务（通常在运营标准和定价方面还有限制）；以及私营部门实体同意在合约结束时将该设施移交公共部门（付费或不付费）"。

目前，PPPs 模式在公共服务中已经成为一种非常有效地实现激励相融的合约安排与融资结构，成为政企组织有机合作的代表性组织结构模式。PPPs 模式在美

① Gilbert N. Welfare Puralism and Social Policy.//Midgley, J. , Tracy, M. B. & Livermore, M. , eds. , Handbook of Social Policy. Thousand Oaks, CA：Sage Publications. 2000：72.

② [英]达霖·格里姆赛，[澳]莫文·K·刘易斯. 公私合作伙伴关系：基础设施和项目融资的全球革命[M]. 济邦咨询公司，译. 北京：中国人民大学出版社, 2008：5-6.

国得到了充分的运用，广泛存在于水务、医疗、城市重建、福利等多个公共服务领域。如在水务服务中，美国许多城市已经建立了合作模式以保证污水处理系统的运营和维护。如密尔沃基印第安纳玻利斯的城市排水区域项目都涉及一个为期 10 年的运营和维护（O&M）合约。在医疗服务中，尽管美国的医疗保险制度和公共医疗补助制度是随着管理式医疗出现的，合约形式已经发生了改变，但实际上，政府却总是依靠私营企业来提供医疗服务。在城市重建中的项目层面，私营部门开发商和当地政府合资，共同建造政府办公楼、住房和运动设施。从 20 世纪 80 年代起，开发公司已经与个体房地产开发商在具体项目上展开合作，如 Battery Park City 项目、时代广场的再发展项目、波士顿住房合作项目等。在福利服务中，美国当前的各种福利计划都有私营实体的参与。例如，“小卡片”用于食物券津贴、母婴健康服务，以及其他政府补贴服务的电子给付转账（EBT）。私营承包商负责开发并实施这些电子系统。此外，在监狱、技术等领域，PPPs 模式也得到了有效的运用，私营监狱的建立与政府出资帮助私营部门进行行业研发与技术合作等。在美国之外，英国、法国、德国、意大利等欧洲诸多国家的公共服务供给领域中也广泛地实施 PPPs 模式。

PPPs 模式以伙伴关系为基础，具有多种形式，主要包括建设—运营—移交（BOT）、建设—拥有—移交（BOO）、租赁、合资（JV）、运营或管理合同、合作管理等。这些 PPPs 模式既具有一般伙伴关系的共同特征，也具有独特的特征。这些独特的特征主要包括：①类型。PPPs 模式的伙伴关系是基于资产的服务，与社会和经济基础设施的长期服务供给合约。②关注服务。此处强调的是政府接受的服务，而不是政府对经济或社会基础设施的采购。③全寿命期成本。在 PPPs 模式的合约中，有可能实现合约一方将前期设计、建造成本、已开发的服务、运营、维护和更新成本完全整合。④创新。注重产出物规格的一种 PPPs 实现途径，为投标者提供了更多的机会和激励措施，使他们提供创新的解决方案，以满足这些规格提出的各种要求；⑤风险分担。在 PPPs 模式中，政府可以将拥有和运营基础设施所承担的巨大风险成本部分地转移给能以较低成本运营的私营部门，形成风险分担的格局。[①] PPPs 模式虽然形式多样，且独具优势，但并不适合所有的公共服务领域，它主要适用于电力、自来水、电信、港口、道路、桥梁等基础设

① [英]达霖·格里姆斯，[澳]莫文·K·刘易斯. 公私合作伙伴关系：基础设施和项目融资的全球革命[M]. 济邦咨询公司，译. 北京：中国人民大学出版社, 2008：9-12.

施建设。因为这类公共服务具有自然垄断性和可收费性两个基本特点。[①]

PPPs 模式在实践中也存在不少问题，如公私共谋（collusion）现象、贴现率问题、风险与不确定性问题、责任问题等。要想避免这些问题，不仅要按照上述的操作流程进行规范化、程序化运作，还需要建立有效激励机制，确保公私合作顺利进行。

2. 政府与非营利组织合作提供公共服务

在福利多元主义理论的影响下，通过政府与非营利组织的伙伴关系提供服务是当代西方国家提供公共服务的一种普遍模式。萨拉蒙（2002）教授通过实证研究发现，非营利组织已成为当代西方国家的一个重要的经济力量，在公共服务的提供中发挥着巨大的作用。在西欧和其他发达国家中，非营利组织占非农业劳动力的 7%左右，远远超出拉美与东欧（在拉美仅占 2.2%，在中、东欧仅占 1.1%），在教育、卫生保健、社会服务三个公共服务领域中发挥着主导作用。[②]

在实践中，政府与非营利组织在公共服务中结成伙伴关系的一个成功经验就是政府对非营利组织提供多种形式的资助。萨拉蒙（2008）教授分析现代福利国家中政府与非营利组织的关系时指出："政府已经成为非营利人类服务机构的唯一最重要的收入来源，远远超过了作为生计来源的私人捐赠和服务收费。简而言之，政府与志愿部门的合作，已成为福利国家人类服务供给系统的支柱，成为非营利部门生存的主要资金来源。"[③]在当代西方国家，政府对非营利组织的资助非常广泛，而且形式多样。政府的资助成为非营利组织收入来源的一个重要组成部分。在一些项目中，政府对非营利组织的援助，除了直接采用现金形式外，还包括采用服务购买合同、政府提供贷款等。在国际援助领域，政府对非营利组织的资助更是形式多样，主要包括海运费补偿、政府多余财产、剩余食品、运作项目补助金、发展项目基金、制度支持补助金等。[④]

非营利组织争取政府资助已经成为一种专业，不仅需要熟谙各种募款策略（如校友网络、直接信函、计划性赞助等），还需要深入了解向政府筹措资源的复杂性，做到对地方、区域和全国各层相关资源有深入了解。一般而言，政府赞助的

① 卢映川，万鹏飞. 创新公共服务的组织与管理[M]. 北京：人民出版社，2007：284.

② [美]莱斯特 · M. 萨拉蒙. 全球公民社会——非营利部门视界[M]. 贾西津、魏玉，等，译. 北京：社会科学文献出版社. 2002：14-18.

③ [美]莱斯特 · M. 萨拉蒙. 公共服务中的伙伴——现代福利国家中政府与非营利组织的关系[M]. 田凯，译. 北京：商务印书馆. 2008：34-35.

④ Bolling, Landrum R. Private Fpreign Aid：U. S. Philanthropy for poor and Development[M]. Boulder: Westview press, 1982.

信息比较容易获得，因为政府实行政务公开，且政府经费多以项目的形式专款专用或以基金形式资助项目。非营利组织从政府那里获得资助具有如下几个优点：一是政府签约通常可以提供稳定且可靠的经费来源。假如当地政府正考虑将某些范围的保健服务实施外包，有些机构的固定管理成本约占总费用的 75%，如项目的直接成本是 100 000 美元，入选的非营利组织的总经费可以达到 175 000 美元；二是政府项目经常会委托专家组进行缜密审核，若非营利组织的提案考虑得比较周全，则其通过审查的机会就很大。①

通过政府资助使政府与非营利组织在公共服务中结成稳定的伙伴关系以提供多样化公共服务，在 20 世纪 80 年代初就在美国得到了广泛的使用。政府资助成为基于伙伴关系的协同性组织结构创新的一个重要驱动因素。萨拉蒙教授根据美国普查局和国内收入署的相关数据，分析了来自联邦政府的收入在非营利组织总收入中的比例（表 5-6）：美国联邦政府资助达到了非营利组织总支出的 35%。对其中有些组织来说，联邦政府的资助份额较高，如社会服务组织是 55%，社区发展组织是 43%。可见政府与非营利组织通过资金依赖结成公共服务的伙伴关系在美国的公共服务中较为普遍。

表 5-6　来自联邦政府的收入在非营利组织总收入中的比例（1980 年）

组织类型	总收入/美元	来自联邦政府的项目收入/美元	来自联邦政府项目收入占总收入中的比例/%
社会服务	13.2	7.3	55
社区发展	5.4	2.3	43
教育/研究	25.2	5.6	22
卫生	70.0	24.9	36
艺术/文化	2.6	0.3	12
总计	116.4	40.4	35

资料来源：《公共服务中的伙伴关系——现代福利国家中的政府与非营利组织的关系》（萨拉蒙，2008）。

20 世纪 90 年代中后期，当代西方国家的政府与非营利组织在公共服务中结成伙伴关系提供服务变得更为频繁。例如，1998 年 11 月，英国地方与全英非营利组织协会签署了《政府与志愿及社区组织合作框架协议》（COMPACT）。该协议通过的一系列原则为英国政府与非营利组织之间合作提供了工作备忘录与指南。通过资金资助非营利组织提供公共服务成为当代西方国家政府与非营利组织

① [美]詹姆斯·P·盖拉特. 21 世纪非营利组织管理[M]. 邓国胜，等，译. 北京：中国人民大学出版社, 2003: 100-101.

合作的一种常用方式。英国每年给非营利组织提供约 33 亿英镑的资助总额，德国各级政府每年用于自主社会福利项目的资金，约有 2/3 给了非营利组织，澳大利亚非营利组织的主体是社会福利组织，其资金的 56%来自政府的资助。①

21 世纪，政府通过资助非营利组织结成伙伴关系提供公共服务成为一种经常性活动与战略性安排。根据约翰·霍普金斯非营利组织比较项目的研究，在 39 个有数据支持的国家中，当代西方主要国家的政府资助成为非营利组织收入来源的一个重要形式（图 5-4）。

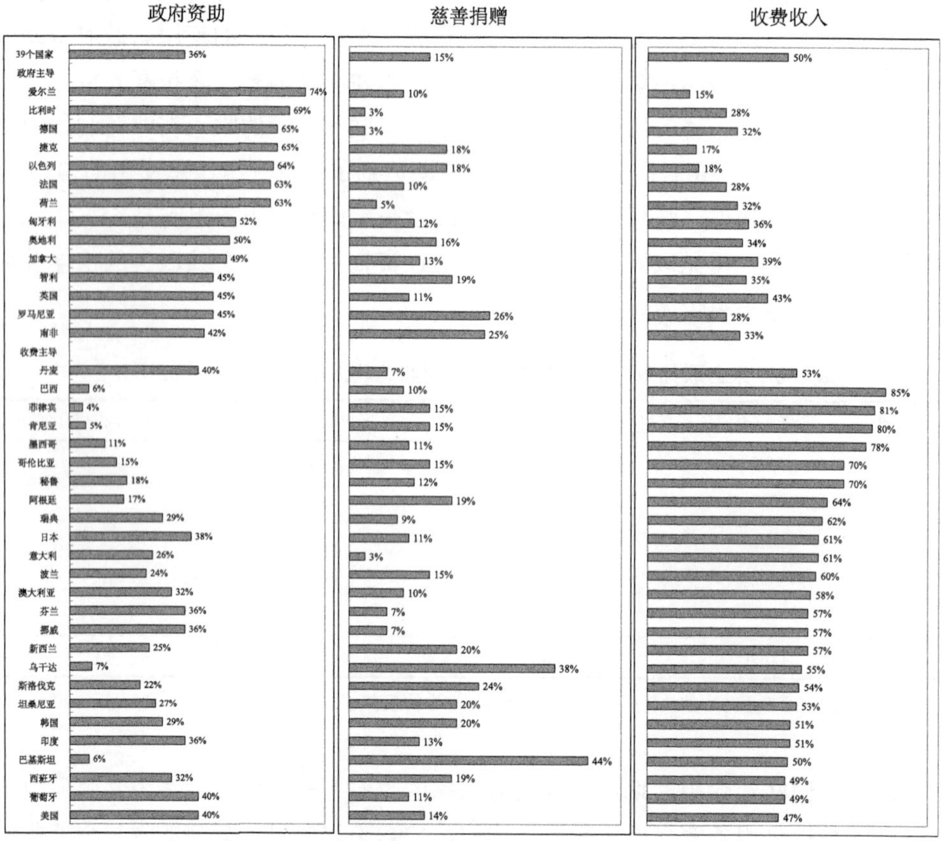

图 5-4 非营利组织财政收入来源（按国家）

注：图中的百分比分别指政府资助、慈善捐赠和收费收入占全部财政收入的比例

资料来源：《政府向社会组织购买公共服务研究：中国与全球经验分析》，（王浦劬和萨拉蒙，2010）

① [美]詹姆斯·P·盖拉特. 21 世纪非营利组织管理[M]. 邓国胜，等，译. 北京：中国人民大学出版社, 2003：100-101.

如图 5-4 所示，非营利组织收入中的政府资助超过了慈善捐赠的一倍多（分别是 36%与 15%）。当代西方国家对非营利组织的资助力度都比较大，不少国家资助比率都超过了 50%，如爱尔兰是 74%，比利时是 69%，德国是 65%，法国是 63%，荷兰是 63%。

虽然西方国家都注重对非营利组织支持提供公共服务，但各国的政府对非营利组织的支持程度也存在着很大的差异，有些国家资助超过了 50%，有些国家的资助相对较低，如新西兰只有 25%，美国、英国等发达国家也都是 40%左右。此外，各国政府对非营利组织活动的支持领域也存在着较大的差距，在三个主要的公共服务领域中，政府对非营利组织的资助占非营利组织收入的 40%～50%，即卫生（49%）、社会服务（47%）、教育科研（42%）。[①]

总之，虽然各国政府与非营利组织在合作提供公共服务的模式上存在差异，但还是具有许多的共性内容，如各国政府都认识到和非营利组织合作的重要性，都通过法律保障非营利组织的独立与自治，都启动税收优惠政策促进非营利组织的发展，都给非营利组织大量的资金资助，并进行相应的管理与监督。通过这些措施，当代西方各国政府与非营利组织在公共服务的提供中呈现出合作中竞争、合作中互补等良性互动的合作关系，形成了多种多样的合作模式。从实际效果看，扩大政府与非营利组织的合作具有潜在的优势，这种安排对于可能受到合作影响的三大利益相关者（政府、非营利组织和受益人）都不乏益处：[①]①对政府来说，非营利组织规模小，反应灵敏，能够以灵活的方式应对问题，可以提高公共服务的质量；可以获得非营利组织拥有的处理问题的专业知识；可以通过私人捐赠和志愿的方式，动员更多的资源；能够以收费的形式将部分服务成本转移给用户；能够利用非营利组织在解决棘手问题时所设计的创新方法；可以及早地识别需要解决的问题，促进社会和谐。②对非营利组织来说，可以增加获取资源的渠道，使资金来源趋于稳定，提升能力，减少募捐活动上花费的时间和资源等。③对受益人来说，可以有更多的，回应性更强的服务提供方式的选择。因此，当代西方国家的政府与非营利组织结成伙伴关系提供公共服务在近些年已经达成一个广泛的共识。政府依靠非营利组织提供公共服务在当代西方国家已经成为一种普遍的形式。虽然“收费主导”的国家中政府资助所占比例小于那些“政府主导”的国家，但仍然具有一定的规模。例如在美国，从特定边际看，政府对非营利组织的

① 王浦劬，[美]莱斯特·M. 萨拉蒙. 政府向社会组织购买公共服务研究——中国与全球经验分析[M]. 北京大学出版社. 2010：206.

资助（40%）仍然远远超过慈善捐赠（14%）。可见，政府的资助推动了非营利组织的发展，也为政府与非营利组织在公共服务的提供中结成稳固的伙伴关系不断地创造了条件。①这样，政府与非营利组织通过稳定的资金资助关系使公共服务合作提供得以高效的维持。

5.2.3 协同性组织结构的借鉴意义

从实践看，当代西方国家通过公共服务中的伙伴提供服务已经成为一种行之有效的服务提供模式。这种服务提供模式对于中国公共服务提供模式创新的借鉴主要有以下三点。

一是树立公共服务合作提供的理念。从计划经济时代依靠政府计划式的提供观念转变为政府与企业组织、非营利组织合作提供公共服务的观念。首先，要改变当前政府对社会组织的以效率为导向的主导性管理关系，切实实行政企分开、政府与非营利组织分开，建立平等合作的新型关系。其次，提倡政府职能收缩和卸载的理念。借鉴福利多元主义理论，对国家和政府的职能进行适当的收缩和卸载，扩大社会管理和社会服务职能，充分发挥企业组织和非营利组织提供服务的优势。把政府的职能定位在提供核心公共产品和公共服务上，而非核心公共服务则由政府组织、企业和非营利组织的伙伴关系来提供。总之，通过公共服务中合作伙伴提供服务应成为中国未来服务型政府建设的一个基本理念。

二是政府在合作中要做精明的买主。福利多元主义理论与实践表明，政府的经费支助是非营利组织经费的一个主要来源，也是二者合作的经济基础。中国今后应以政府购买服务为基础，发展多种形式的政府支助，如竞争性购买形式和非竞争性购买形式，生产性补助模式和消费性补助模式等，合同制的服务购买模式、项目申请制的服务购买模式等。但与此同时，政府一定要在合作中成为一个精明的买主，即要回答政府想要购买的内容、在什么地方购买和购买到什么东西这三个“委托—代理”理论所提出的问题。②通过合同制治理是政府在公共服务合作中成为精明的买主的一个有效的方法。美国学者库珀（2007）提出了培养政府合同管理能力的四个方面：③①需要为合同管理确立预算；②认识到“合同运作的很多

①王浦劬, [美]莱斯特·M. 萨拉蒙. 政府向社会组织购买公共服务研究——中国与全球经验分析[M]. 北京大学出版社. 2010：206.

② [美]唐纳德 · 凯特尔. 权力共享：公共治理与私人市场[M]. 孙迎春，译. 北京大学出版社，2009：145.

③ [美]菲利普·库珀. 合同制治理：公共管理者面临的挑战与机遇[M]. 竺乾威，等，译. 上海：复旦大学出版社，2007：116-117.

甚至大部分成本可以转移到承包商名下”这种假设是不可靠的；③要对管理合同的公共部门管理者提供教育；④要招聘、培训和留住公共部门中一些高水平的公共管理者。这四个方面内容对中国政府购买公共服务、进行合同管理有重要的借鉴价值。

三是创新公共服务合作提供模式。建立以资源互补为纽带的伙伴关系提供服务是创新公共服务合作提供模式的基础。正如理查森所言，对互补性资源的需求是推动组织间合作的关键。[①]在资源互补的良性互动基础上，必须发展多种可选择性的政府与企业组织、非营利组织合作提供公共服务的模式。有学者在此基础上提出了未来中国公共服务合作提供的三种可选择性模式：①协作增效模式。这是一种以资源互补为特征的复杂性合作关系，政府和企业组织、非营利组织都付出各自的资源，承担相应的责任，协同地提供公共服务。②服务替代模式。这种模式就是利用企业组织和非营利组织提供公共服务的优势，把原来由政府提供的服务转交企业组织和非营利组织来提供，具体可以分为公办民营、竞争性外包和伙伴关系式外包。③拾遗补缺模式。这是一种非严格意义上的合作，指的是企业组织和非营利组织政府未能涉及的服务领域，开展公共服务，弥补政府服务的不足。[②]除这三种模式外，还可以发展政府与企业组织、非营利组织的各种临时性或组织化的公共服务合作关系，只要能够提高公共服务提供的效率与品质，各种模式都可以创造性运用，如结合地方政府竞争下的产业选择、就业和收入分配等要素运用等模式。[③]

5.3　政府购买服务：承接性组织结构模式[④]

从发达国家社会组织承接政府公共服务职能的过程看，主要有三个基本环节，即公共服务的转移、公共服务职能的承接和公共服务的消费。这三个环节相应地涉及公共服务的转移者、承接者和消费者三类主体。本书在这三个环节和三类主体基础上，引入动态管理的理念，构建一个社会组织承接政府公共服务职能的“转

---

① George B. Richardson. The Organization of Industry. Economic Journal. 1972, 82. PP883-898.

② 汪锦军. 公共服务中的政府与非营利组织合作：三种模式分析[J]. 中国行政管理, 2009（10）：78-80.

③ 唐志军等. 地方政府竞争下的产业选择、就业和收入分配[J]. 大连理工大学学报（社会科学版），2012（6）：44-45.

④ 这部分内容参见：曾维和，元瑾. 发达国家社会组织承接政府公共服务职能探讨[J]. 华中科技大学学报（社会科学版），2015（5）。

承—接供”动态分析框架。在这个分析框架下系统研究发达国家社会组织承接政府公共服务职能的 “转承”机制、“接供”模式、能力建设、法制保障、基本类型等方面的经验，最后结合中国实际，提出中国社会组织承接公共服务的政策建议。社会组织承接政府购买服务形成的结构模式，属于外层协同性结构的范畴，由于它以“承接服务”为基本特征，因此将它称为“承接性组织结构模式”。

5.3.1 “转承—接供”动态分析框架的构建

在政府与社会组织的关系研究中，存在着竞争和合作的两大理论谱系。这两大理论谱系在服务提供的方式上是针锋相对的，但是它们都重视社会组织在公共服务提供中的作用。

西方的市场失灵理论、公共选择理论、新公共管理理论、公共选择理论等是竞争性理论的代表，这些理论都在一定程度上为政府和社会组织在公共服务提供领域的合作奠定了一定的理论基础。这几种理论的相通之处在于重视竞争机制的引入和竞争关系的建立，从而改变政府提供公共服务的垄断地位，建立政府、社会组织等各种社会服务机构在提供社会公共服务上的合作伙伴关系，最终提高公共服务供给的数量和质量，对中国转变政府职能、建设服务型政府有重要的启示作用。

公共物品的多元供给理论、福利多元主义、整体政府理论等则是合作性理论的典型。在多元供给理论中，以美国学者奥斯特罗姆夫妇为代表。20 世纪 60 年代，奥斯特罗姆夫妇提出了区分公共服务的“提供”和“生产”问题——一项公共服务的提供者在某些条件下并不需要自身去生产该服务，也就是说，公共服务的提供者和生产者可以分离。在此基础上，政府作为公共服务的提供者，并不一定要进行公共服务的生产，而非政府组织、非营利组织等各种社会组织作为政府之外的其他社会主体可以作为公共服务的生产者。福利多元主义主张通过多元主体提供社会福利与公共服务，整体政府理论则主张通过制度整合、结构整合和技术整合等来提供整合性公共服务。

从这两大理论谱系演进过程看，随着公共服务的复杂化，竞争性理论谱系逐渐走向式微，合作性理论谱系成为新宠。通过合作提供公共服务成为了国际公共服务改革的一个基本趋势。因此，本书试图在“政府—社会组织—公众”三维分析框架下构建一个合作性的公共服务提供框架。同时引入前沿的动态管理理念，增强合作性服务提供的动态性。

党的十八大报告在“加强社会建设、创新社会管理”中首次提出“动态管理”

理念。在“动态管理”的视域下，从社会组织承接政府公共服务职能的动态过程看，主要有公共服务的提供、公共服务的承接和公共服务的消费三个基本环节。这三个环节相应地涉及公共服务的转移者、承接者和受益者三类主体。以这些环节和主体为基础，引入动态管理的理念，可以构建一个社会组织承接政府公共服务职能的“转承—接供”动态管理分析框架（图 5-5）。

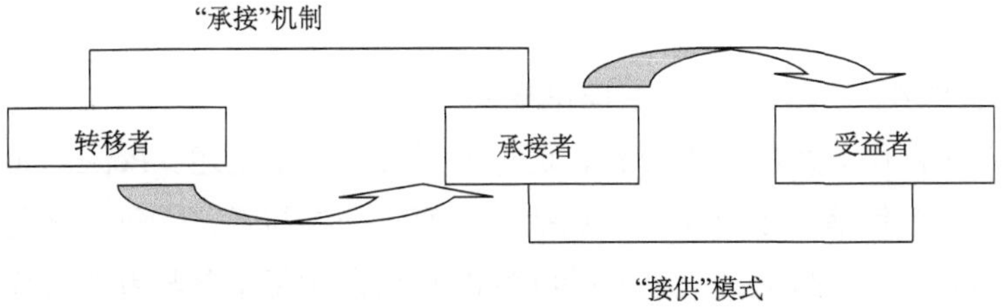

图 5-5　社会组织承接政府公共服务职能的动态分析框架

这个分析框架表明，政府向社会组织转移公共服务职能或购买公共服务职能的过程就是社会组织承接政府公共服务职能的过程。通过社会组织的服务承接，可以更好地提升公共服务的效率和质量。这一分析框架具有三大特征：①从内容上看，这个分析框架主要包括三类服务提供的合作性主体：服务转移者的政府、服务承接者的社会组织和服务受益者的公众；一个动态的服务机制，即社会组织承接公共服务的“转承”机制；一个动态的服务模式，即社会组织承接公共服务的“接供”模式。②从实践过程上看，社会组织承接政府公共服务职能是一个动态的过程，“转承”机制和“接供”模式的划分只是理论研究的需要，它们在实践中不是截然分开的，而是一个持续的动态过程。③从服务提供主体的地位来看，这个分析框架把社会组织这一服务的承接者置于中心位置，在公共服务提供的整个过程中处于承上启下的作用。社会组织独特优势的发挥对整个公共服务提供过程具有关键性作用。

5.3.2　社会组织承接政府公共服务职能的“转承”机制

社会组织承接政府公共服务职能涉及“3WIH”：转承的服务类型是什么？为什么要转承？什么时候进行公共服务的转承？怎样进行有效的转承？最重要的问题是如何转承政府的公共服务职能，也就是社会组织转承政府公共服务职能的工具和具体转承机制。即如何建立有效的转承机制，将社会组织的参与社会管理的热情引导到公共服务的有效提供方面。发达国家此领域的“转承”机制可以为中国提供借鉴。总体来看，发达国家的社会组织形成了一个以“伙伴关系”为基本工具的动态承接公共服务机制。

1. 基本“转承”工具：伙伴关系

利用伙伴关系这一工具提供公共服务的实践在发达国家极为普遍。国内外学者对于伙伴关系进行了多个视角的理论探讨，达成了一定的共识，为伙伴关系的实践奠定了理论基础。

1）社会组织—政府伙伴关系理论概述

有学者对伙伴关系的基本内容、运行方式等进行了论述。Peters Guy（1998）认为，伙伴关系包括五个方面：①包括两个或多个参与者；②每个参与者都是主要角色；③成员间有持久的关系及持续性的互动；④每个参与者对合作者都必须提供一些物质或非物质的资源；⑤参与者共同承担责任。[①]有学者认为，公私伙伴关系意指政府与企业、第三部门及个别公民在追求实现社群需求上共同合作与分享资源。[②]由此可见，合作伙伴关系的建立，源于合作方任何一方都无法单独完成某项目标，需要联合起来行动。政府部门的缺点恰好是社会组织的优点，由于政府机制存在的本质缺失，在公共服务领域，无法使资源配置效率得到最佳；而社会组织较政府组织少层级结构，更具弹性，针对服务对象直接提供公共服务，回应性强而且多数社会组织不仅关心公私组织的服务和产品质量，更关注他们对消费者或社会的影响，社会组织可以扮演一种捍卫公共利益的角色。同时，社会组织的民间性质在涉及运用公权力的和专业程度高的领域，提供公共服务的能力受到限制，某种情况下还可能发展成为特殊群体服务或图利私人的组织，需要政府的支持和正确引导。总而言之，社会组织和政府之间存在功能的互补性。

资源依赖理论对社会组织与政府的伙伴关系提供了一个有力的理论解释。该理论认为，合作是一种资源相互流动的过程。[③]公共部门流向社会组织的资源有：财政支持、政策优惠、法律保障、政府信任、参与机制等；而社会组织流向政府的资源有：公共服务、民意、政治合法性等。社会组织和政府在公共服务提供上的合作伙伴关系可以聚合政府和社会组织两者的资源和力量，提高公共服务的提供效率和质量，满足公共需求的多样性和异质性。两者之间的资源互赖性见图 5-6。

---

① Peters Guy. Managing horizontal government: the politics of co-ordination. Public Administration, 1998, 76(2): 295-311.

② Longton. Public-private partnership hope or hoax? [J]. National Civic Review, 1982, 72：34.

③ 汪锦军. 走向合作治理：政府与非营利组织合作的条件、模式和路径. 浙江大学出版社, 2012：62.

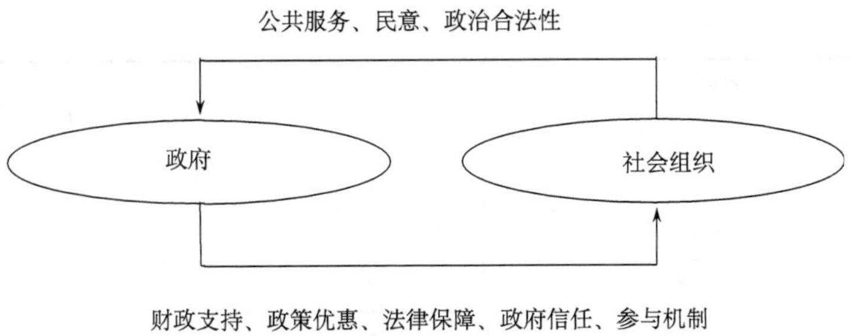

图 5-6 政府和社会组织资源的互赖性

发达国家社会组织承接政府公共服务的具体机制都是建立在政府和社会组织在公共服务领域的合作伙伴关系基础上的。政府与社会组织合作，进行资源置换，可以实现各自目标并促进公共利益。

2）社会组织—政府伙伴关系实践举要

本书在各国“社会组织—政府伙伴关系”的实践中，选取美国作为范例。美国政府与社会组织在多种类型的公共服务领域建立了合作伙伴关系，尤其在儿童日间看护、老年人看护、法律服务和卫生服务领域。在众多社会组织与政府合作的项目中，联邦政府起管理的作用，把很大程度的裁量权交给了政府的合作伙伴。萨拉蒙曾对美国公共服务领域社会组织和政府间广泛的合作伙伴关系进行过数据上的简单统计研究（表 5-7）。

表 5-7 政府出资的社会服务提供者

地区＼机构	非营利组织/%	政府/%	营利性社会组织/%
匹兹堡（阿勒格尼县），宾夕法尼亚等	50	18	32
伊利诺伊	48	18	35
纽约市	43	18	39
普罗维登斯，罗德岛	40	22	38
旧金山，加利福尼亚	40	19	41
圣保罗（拉姆西县），明尼苏达	40	24	36
明尼阿波利斯（亨内平县），明尼苏达	38	21	42
菲尼克斯（马里科帕县），亚利桑那	37	27	36
维克斯堡（沃伦县），密西西比	34	27	37

续表

机构 地区	非营利组织/%	政府/%	营利性社会组织/%
博伊西（埃达县），爱达荷	33	17	50
弗林特（杰纳西县），密歇根	28	31	41
达拉斯（达拉斯县），德克萨斯	27	24	49
亚特兰大（富尔顿县），佐治亚	27	20	53
杰克逊（海恩兹县），密西西比	23	16	59
卡萨格兰德（皮纳尔县），亚利桑那	16	18	66
卡罗（塔斯科拉县），密歇根	12	18	71
（均值）未加权	34	21	45
（均值）加权	42	19	39

资料来源：《公共服务中的伙伴》（萨拉蒙，2008）。

上述数据表明，美国呈现出一种福利体制的混合模式，社会组织和政府在公共服务提供领域紧密联系在一个关系网络中。其他发达国家的社会组织与政府伙伴关系提供服务业较为普遍。在新西兰，截至 2005 年 10 月，社会组织已超过 97 000 个，它们通过与政府合作提供各种服务，在 2003 年 3 月～2004 年 3 月创造了 36.4 亿新西兰元，达到新西兰的国内生产总值的 2.6%。社会组织成为新西兰经济和社会发展的重要力量。① 英国、澳大利亚等国家都进行了多种形式的社会组织与政府伙伴关系的服务提供实践。

这些实践表明，只有用联系的观点分析发达国家社会组织承接政府公共服务职能的具体内容（社会组织能力建设、志愿服务、服务外包和政府支持等），才能深化对社会组织承接公共服务内在机制的认识。

2. 动态环路的服务“转承”机制

本书通过资料搜集和案例分析，归纳出发达国家社会组织在承接政府公共服务职能过程中主要具有能力建设、志愿服务、服务外包和政府支持四大基本要素。这四大基本要素相互联系、相互促进，构成了一个社会组织动态环路的服务“转承”机制（图 5-7）。

① Eweje G, Stakeholder collaboration in New Zealand: adding value and legitimacy [J]. Journal of Corporate Citizenship, 2011：79-101.

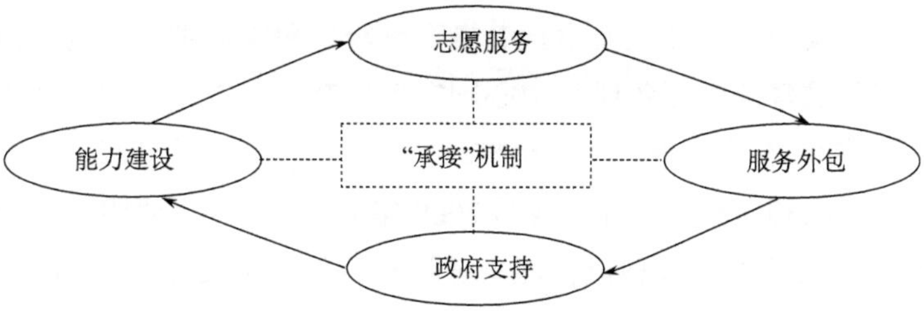

图 5-7　社会组织动态环路的服务“转承”机制

图 5-7 表明，具有独立地位的社会组织具有参与公共服务提供的积极性，它们通过组织本身的能力建设为公众或特定服务对象提供优质的志愿性服务，取得一定的服务提供经验和公信力后，努力通过争取服务外包与政府合作提供服务的伙伴地位，进而也可得到更多政府在资金和政策等方面的支持；反之，政府在资金和政策等方面的支持又可以提高社会组织能力建设的积极性，增加社会组织进行能力建设的资源基础，社会组织更愿意以志愿服务和承接服务外包的方式提供多样、便捷和高质量的服务，获取政府更多支持甚至奖励。

通过这样持续的动态循环，发达国家社会组织承接公共服务的“转承”机制形成了一个服务的动态环路，通过四大要素的良性循环，社会组织承接政府公共服务职能的能力不断增强，从而能够为民众提供有效率、便捷、优质的公共服务。现将发达国家社会组织承接公共服务的四大“转承”机制分别介绍如下。

1）能力建设

社会组织的能力建设是社会组织承接公共服务的首要因素。社会组织的组织技巧、管理能力、成员素质直接影响社会组织提供公共服务的质量。在发达国家的社会组织能力建设中，社会组织自身积极参与其中，明确能力建设的需要、目标和方案规划，增强了社会组织（尤其是中小型的非营利组织）承接政府公共服务的能力。

在西方发达国家，社会组织能力建设参与的主体与手段的组合有不同形式，包括自下而上的组织性途径、自上而下的组织化途径。[①]在实践中，可具体分为社会组织主导的组织能力建设和政府引导型社会组织能力建设两种类型：美国是社会组织主导的组织能力建设的典型，在美国，各类基金会、伞形组织和管理支持组织在筹资、技术服务、培训、研究等领域分工协作，能力建设已经成为一个相

① Crisp B R，Swerissen H, et a1. Four approaches to capacity building in health：consequences for measurement and accountability[J] . Health Promotion International, 2000（2）: 99 .

当活跃的产业。其中基金会主要承担着资金供给者和服务供给者两种角色，思想库主要提供相关的建议，而各研究中心则发挥调查、报告、评估、理论研究、培训等功能。[①]美国的各类社会组织积极推动社会组织能力建设事业，在整个能力建设过程中起着主动和主导的作用。根据 2009 年爱德华·肯尼迪服务美国法令的授权，联邦政府设立了“非营利机构能力建设项目”（NCBP），为申请合格的非营利组织在发展与实施绩效管理系统方面提供 20 万~100 万美元的资金援助，并要求申请者提供配套资金。而英国则具有政府引导社会组织能力建设的特征。英国的社会组织能力建设采取了志愿部门联合会（NCVO）与政府共同协作和推进的合作主义的、自上而下的、内外结合且有一定伙伴关系和社区基础的实施途径。1998 年英国志愿部门联合会与工党政府共同建立了《政府与志愿及社区组织关系协定》（COMPACT），该协定明确了双方的合作主义协作形式及其对于民主社会的意义。2002 年，英国财政部对非营利组织能力进行了评估，指出了资助的必要；2004 年，政府推出了名为“转变”（Change-Up）的能力建设项目，为非营利组织提供财务、治理等六个方面的能力支持；2006 年，英国政府推出了“能力建设者”，到 2008 年已投入 7000 万英镑的资金，并且还确立了 2006~2011 年的五大战略目标。[②]比较来看，美国社会组织在能力建设事业推进中发挥了主动主导的作用，其效果显著。美国成为了社会组织能力建设的代表性国家。

综上所述，发达国家社会组织能力建设的主要内容包括：组织核心人物培养社会组织能力建设的长远眼光和战略意识，组织成员的技能开发和培训，建立组织内部良好的治理模式，发展扁平式快速反应的组织结构，引进现代化信息技术等基础设施，能力建设活动的评估等方面。此外，部分发达国家社会组织或政府甚至建立了负责推进社会组织能力建设的专项部门。

2）志愿服务

志愿服务是指由非营利组织志愿者所提供的服务，它是社会组织承接政府公共服务职能的一个直接表现形式。志愿服务的内容极其广泛，如慈善团体的救助；志愿者认领道路、树林的保护等。通过志愿劳动，慈善组织提供了很多人们需要的服务，例如，在发达国家，经常有一些共同关注某些问题的人组成慈善团体，这些慈善团体着力解决一些特殊的疾病和特殊的社会问题。同时，还有其他的志愿团体也提供许多社区服务，例如志愿消防队提供的火灾防护、邻里协作组织提

① 邓宁华. 发达国家的非营利组织能力建设[J]. 国外问题研究, 2011（2）：3.

② 王名，李勇，黄浩明. 英国非营利组织[M]. 北京：社会科学文献出版社. 2009：167.

供的保护巡逻等（见案例 21）

案例 21：美国大苹果路面和人行道保护协会的志愿服务[①]

1980 年，纽约市通过了一项法律，市政府不将再因路坑或人行道损毁所引起的伤害受到起诉——除非这些路坑的存在事先通报给了市政当局。原来对道路状况漠不关心的律师们发现自己的生计受到了威胁，于是联合组建了大苹果路面和人行道保护协会。这一新的民间志愿组织雇佣工人巡逻街道，并把发现的路坑等在地图上标出来，然后正式通知市政当局！这些记录达到 6000 多页。私人路巡逻行动强迫市政当局在加大投入和支付赔偿之间认真权衡，1997 年这项赔偿达到了 4200 万美元。

社会组织的志愿性服务常常可以创造性地满足地方需求并且同时促进公共利益的实现。上面的案例很好地说明了此点，大苹果路面和人行道保护协会有效地促进了“路坑”这一公共问题的解决。

自我协助可以看作是政府提供的公共服务不符合或是不能满足民众的需求，人们自行寻求解决问题的方式，社区服务是自我协助方式的一种主要方式。早在 1973 年，美国就颁布了《国内志愿服务法案》，保障了社区服务的组织基础。1990 年，布什政府签署了《社区服务法案》，从法律上明确了学校开设社区服务课程的权利和义务，确立了社区服务的义务性与合理性。1993 年，克林顿总统签署了《国家社区服务信托法案》，并建立了全国社区服务协会，标志着美国国内所有的社区服务项目都被纳入到统一的管理中。管理网络协会的宗旨是通过发动不同年龄段志愿者投身社区服务来改善和强化社区的各项服务。英国政府的一份白皮书指出，社区中心是正常环境下正常社区生活的一项基本福利设施，它通常具有相对完善的设施条件，集社会福利、成人教育、职业培训、老年保健、儿童看护、娱乐休闲、信息交流等功能于一身，面向社区居民开展各种服务。[②] 同时，英国的社区中心又与政府机构、志愿组织和慈善机构一道，构成了完善的社区服务网络。社区中心通过为这些组织提供活动场所和设施，支持和协调更加广泛的社区服务。新加坡在城市社区规划建设中，根据错综复杂的社会生活内容将居民住宅

① Kollbert E. A map to Suing the City, or 6000 pages on the sidewalks of New York. New York Times, 20 April 1998, B1.

② 韩央迪. 英美社区服务的发展模式及对我国的启示[J]. 理论与改革, 2010（3）：24-29.

区作为社会单位加以全面规划，社区内服务设施齐全、服务功能完善，新加坡人不用出门就可以办很多事情，既减少了人们在市区内奔波的疲劳，也大大缓解了城市中心的交通压力。在美国、加拿大和欧洲的许多国家，都有类似功能的社区服务设施和机构。

3）服务外包

服务外包是社会组织承接政府公共服务的一个基本途径。发达国家社会组织承接政府公共服务大部分都是通过服务外包获得的。服务外包是政府雇用私部门（私人公司或社会组织）提供公共服务，费用由政府编列预算支出。2009 年 OECD 成员国家政府外包的平均水平达到了 GDP 的 10%。①服务外包已成为市场化条件下社会组织通过承接政府公共服务职能的一项重要内容。发达国家主要通过两种方式进行服务外包：其一，可能购买社会组织的商品和服务，使它们作为自己内部的服务供应链；其二，政府可以支付社会组织费用，使它们直接向最终用户提供商品或服务。在荷兰、德国和美国，有超过 55%的价值的商品和服务的政府会外包出去，比起其他经合组织成员，政府更多地依靠私人非营利机构生产商品和服务。②在美国，城市政府和私人组织签订直接面向公众的服务合同，例如垃圾收集、马路维修和多样化的社会服务，其中大多数社会服务是由社会组织提供的。1998 年，纽约市将世界著名的中央公园的管理和维护工作合同外包给一个非营利性组织，该组织在过去 20 年显示出了其卓越的管理能力。③ 1992 年，美国 1504 个市、县级地方政府是与非营利组织以签约方式提供各种公共服务的（表 5-8）。

表 5-8　合同承包和内部供应的市镇和县政府服务

服务领域	市镇和县政府的比例/%			
	使用自己的雇员		运用合同承包	
	完全	部分	非营利机构	营利企业
运输	57	22	2	22
公用事业	45	6	3	31
公共安全	60	11	3	15
健康和人力资源	28	17	17	11

① OECD. Government outsourcing in Government at a Glance 2011[M]. OECD Publishing, 2010：3.

② OECD. General government production costs, in OECD Factbook2013: Economic, Envieonmental and Social Statistics[M]. OECD Publishing, 2013：32.

③ Snell L. Indianapolis Parks Bloom under Church Management [M]. Privatization Watch, October 1998.

续表

服务领域	市镇和县政府的比例/%			
	使用自己的雇员		运用合同承包	
	完全	部分	非营利机构	营利企业
公园和娱乐	72	19	3	7
文化与艺术	32	19	23	3
辅助服务	65	19	1	14
加权平均	55	18	5	16

资料来源：*Alternative Service Delivery in local Government, 1982-1992* ，（Rowan and Karlyn, 1994）。

发达国家的服务外包手段形式多样，可以将其大体地归为生产方补助和消费方补助两大类。[①]前者是指政府给服务的生产方提供各种优惠，鼓励生产方为社会提供服务；后者是指援助支付给为之采取行动的个人，利用抵用券发放，让个人自主选择社会组织进行消费。这两种方式都可以采用间接或直接的形式。一般来讲，社会组织倾向于采用生产方补助的方式，受益人倾向于采用消费方补助的形式。萨拉蒙从生产和消费者两方对发达国家社会组织承接公共服务的外包手段进行了总结（表 5-9）[②]。

表 5-9　可用于社会组织服务外包的工具类型举例

导向程度	补助形式	
	提供方	消费方
高	直接由政府机构提供	
中	合同——设计标准	服务券
	合同——绩效标准	税收支出
	分类资助	贷款担保
低	整笔资助	
	整笔拨款	

资料来源：*The Tools of Government：A Guide to the New Governance*,（Salamon,2002）。

在西方国家，外包服务的整个过程都在法律框架内进行，外包服务过程中使

① 王浦劬，萨拉蒙. 政府向社会组织购买公共服务研究[M]. 北京：北京大学出版社. 2009：89.

② Salamon L M. The Tools of Government：A Guide to the New Governance. New York：Oxford University Press, 2002：45.

用了多种多样的外包工具。例如：德国的分类财政补贴、韩国的政府拨款补助、广泛应用于美国和欧洲国家的外包合同、英国的贷款和贷款担保、法德美等国的抵用券和美国的特殊税收规定。社会组织承接政府外包的服务，显示了政府在创造需求方面的作用，并在非政府部门间接促进了就业和改善公共服务的提供质量。

4）政府支持

政府支持是社会组织承接公共服务的一个重要保障。在提供公共服务方面，社会组织和政府可以发展合作伙伴关系，通过两者的合作，提高公共服务提供的效率和质量。此外，非营利组织的发展亦需要得到政府部门的扶助和管理。发达国家政府支持社会组织承接公共服务主要表现在财政资助、政策指导、政府责任和监督评估几个方面。

第一，财政资助。在发达国家，政府一直是非营利组织等社会组织经费的主要补助来源。据萨拉蒙估计，美国联邦政府在 1980 年对非营利组织的补助金达 404 亿美元，大概是私人捐献的 2 倍。[①]除了政府对社会组织的直接资助外，社会组织还接受各种各样的间接财政支持。主要包括：对向社会组织进行捐赠的纳税人进行税收减免、为承接公共服务项目的社会组织提供贷款及贷款担保，或者将援助支付给为之采取行动的个人，利用消费券的发放，给消费个人补偿与某项服务相关的费用，让个人自主选择社会组织进行消费。

按照约翰·霍普金斯的非营利比较项目研究，在 39 个有可靠数据支持的国家中，社会组织收入中政府财政资助与私人或企业捐赠的比例大概为 50%。

第二，政策指导。发达国家对社会组织承接政府公共服务的政策指导具有很长的历史，并随着时代的发展不断地丰富其内涵和扩展其内容。在英国，16 世纪末的《慈善使用条例》和 17 世纪初的《伊丽莎白济贫法》规定了社会组织提供公共服务的重要性。英国国家财政部参与制定了 2002 年和 2004 年的 *Cross-Cutting Reviews*，指出通过创建"未来建设者"和"提升性变革"会使第三部门在承接社会服务中起到更大作用。[②] 2006 年，英国政府出台了第三部门公共服务承接计划。2007 年，英国内阁办公室发布了《第三部门在社会和经济振兴中的未来作用：最终报告》，包含了政府与第三部门关系的长期战略。目前，英国甚至专门在内阁中设置了一个第三部门部长，也就是社会组织办公室的领导者，英国的第三部门办公室在 2006 年通过了《公共服务的合作关系》对合同转包和联合会建设提供支

① 莱持·M. 萨拉蒙. 公共服务中的伙伴. 北京：商务印书馆, 2008：34.

② 王浦劬，萨拉蒙. 政府向社会组织购买公共服务研究[M]. 北京：北京大学出版社. 2009：221-224.

持，并在 2008 年发布了关于联合会工作的指导方针。

在法国，政府进行了专门的立法活动，鼓励社会组织参与公共服务的提供。例如，1998 年法国政府出台了鼓励“中介组织”给困难群众提供公共服务；1992 和 2004 年，法国政府分别通过减少雇员的社会缴款和其他优惠政策立法鼓励创造“邻里工作”（家政、儿童看护等）鼓励更多的社会组织承接社会服务。①

在德国，1922 年《帝国福利法案》建立了公共机构与私营机构提供公共服务的同等地位，意味着在社会服务提供方面政府与社会组织之间形成了一种由法律规定的长期合作关系。德国于 2004 年颁布的《社会保障法》指出，公共机构有义务与社会组织合作，合作应以伙伴关系为基础，并在有关目标设定、任务执行和组织机构安排方面，尊重社会组织的独立性，受天主教的社会教谕、保守的父爱主义国家家长作风和自由主义传统的影响，经过多年的发展，德国形成了一个以六家大型联合体为首的大规模社会组织网络与政府一起提供公共服务。②

第三，政府责任。在社会组织对社会公共服务的承接过程中，政府除了在保证社会组织目标制定、方案实施等环节的独立性之外，应该承担起绩效标准制定、战略规划、法规制定和对社会组织的职责。在英国，政府机构必须保证对承接公共服务的社会组织的财政资助有合理的控制，在政府公共资金核算中，政府责任在于确保资金只能给予和用于通过批准的用途，保证资金的公平给予，不受不公正的影响，确保资金的使用以最小的成本获得最大的收益。在法国，政府认为在外包过程中，自身必须起主要指导作用。国家正式提供某种形式的服务标准；政府对于特定的基本服务负有责任，保证公平服务；某些高度技术性的服务，由政府提供；对于外包给社会组织的社会服务，政府负责监督社会组织的活动。在德国，联邦政府就工作方法、形式、内容和价值导向给予社会服务提供者帮助，而各州主要负责为地方社区和非公共志愿组织提供必要的手段，对机构的常规建立进行管理，在保证社会组织独立性的同时，有权检验这些组织非公共设施的使用是否合理。③

第四，监督评估。西方发达国家政府对社会组织承接公共服务整个过程进行监督和评估，主要包含以下两个方面：一是资质要求。为保证公共服务提供的质量，西方国家对承接公共服务的社会组织有一定的资格要求。以法国为例，法国

---

① Archambault E. Social Services in France: A Public-Private Parternership[M]. Post-Print, 2002：231.

② 王浦劬，萨拉蒙. 政府向社会组织购买公共服务研究[M]. 北京：北京大学出版社. 2009：236.

③ Claudius P. Cooperation between Social service providers[M]. 1999：34.

政府和地方当局通过三种法律程序监视社会组织是否有承接某项社会服务的资质，如对政府的授权和认证，为公共事业组织身份等。二是与国家机构组织签订协议，规定服务绩效标准。在澳大利亚，社会组织为获得政府资助，必须要向相关的政府机构提交申请，说明自己能从事的服务类型并证实自己有提供此项服务的能力，政府相关部门还要对社会组织进行雇佣前的安全检测。发达国家对社会组织承接服务的监督评估主要表现为四个方面：①设定绩效标准。主要关注服务是否完成既定任务量、是否改善了某项服务提供现状、是否令受益人满意以及弱势群体是否享受到更多的服务。②绩效评估。西方国家政府根据一定的绩效标准对社会组织的绩效进行评估，重点关注服务提供的结果而不是过程，并考虑让服务受益者参与绩效反馈。③财务审计。大型机构性社会组织受到严格规范的审计管理，以专业化管理模式运作。④法律管制。主要表现在制定社会组织管理的法律法规，鼓励社会组织发挥正面功能，同时进行监管，防止发生违法的事。

总之，发达国家的社会组织形成了一种以“伙伴关系”为基本工具的动态环路的服务“转承”机制。这一机制包括社会组织能力建设、志愿服务、服务外包、政府支持四大基本要素。这四大要素相互促进形成一个动态环路的服务“承接”机制：能力建设是首要因素和前提条件，志愿服务是主要形式，服务外包是基本途径，政府支持是重要保障。这四大要素形成了一个良性循环的动态环路，相互促进共同发展。具体而言，在发达国家的社会组织能力建设中，最重要的主体是非营利组织自身。非营利组织自身积极参与其中，明确了能力建设的需要、动机、目标和活动策略，使能力建设不断取得成效。慈善组织通过志愿劳动提供了很多人们需要的服务，在发达国家，经常有一些共同关注某些问题的人组成慈善团体，着力解决一些特殊的疾病和特殊的社会问题，同时还有其他的志愿团体提供社区服务。在美英等发达国家，城市政府和私人组织签订直接面向公众的服务合同，例如垃圾收集、马路维修等多样化的社会服务，其中大多数社会服务是由非营利组织提供的。各种社会组织的发展亦需要得到政府部门的扶助和管理。社会组织得到了政府支持，又为社会组织的能力建设提供了保障，进而推动更高层次的动态环路发展，因此，社会组织“转承”机制是一个自我完善、自我促进的智能系统。

5.3.3　社会组织承接公共服务职能的“接供”模式

在动态环路的服务“转承”机制的基础上，发达国家社会组织承接政府公共服务职能过程中以“顾客导向”为理念，形成了多种具有特色的“接供”模式，主要表现为三种面向的服务“接供”模式。通过这三种“接供”模式，社会组织把从政府那里承接过来的公共服务职能有效地“接供”给服务对象公众。按照公众的需求，给他们提供个性化、无缝隙和整合性的公共服务。

1. 基本的“接供”理念：顾客导向

1）顾客导向的提出与内涵

顾客导向（customer orientation）最开始是消费行为学、市场营销学等领域兴起的一个热门话语，它是指企业以满足顾客需求、增加顾客价值为企业经营出发点，在经营过程中，特别注意顾客的消费能力、消费偏好以及消费行为的调查分析，重视新产品开发和营销手段的创新，以动态地适应顾客需求。① 顾客导向强调的是要避免脱离顾客实际需求的产品生产或对市场的主观臆断。近年来，学术界开始将顾客导向理念引入公共部门的研究，有学者研究了顾客导向下澳大利亚公共部门服务员工规模及指标构建。②也有学者将顾客导向引入公共管理领域，将顾客视为受公共政策和公共管理行为影响的人，即民众。在此基础上，有学者模糊了企业和政府主体之分，指出顾客导向意指组织及组织成员站在顾客的立场上，仔细评估组织的管理绩效，以追求顾客满意为基本目标。③ 在“政府再造”大师奥斯本的推动下，顾客导向成为了发达国家新公共管理改革的一种基本的价值取向。

综合各学者观点，顾客导向具体的内涵为：组织要站在顾客立场上思考，组织所关心的是顾客而不是组织，顾客的满意就是组织的目标，针对顾客的需要，设计、提供理想的产品和服务，加强与顾客的直接互动，了解顾客的期望，并将此信息作为改进工作和管理的方向。

作者认为，顾客的概念，源自于企业组织中顾客服务（customer-service）的理念。顾客为尊，追求顾客满意是企业管理并提升竞争力的基本法则。自 1990 年，西方各国的政府改革军将顾客导向作为改革的一个重要措施，此时的顾客一词就是个比拟的说法，将人民与政府间的关系重要性比拟为市场中企业与顾客关

① 刘武，杨雪. 论政府公共服务的顾客满意度测量[C]//“落实科学发展观推进行政管理体制改革”研讨会暨中国行政管理学会 2006 年年会论文集, 2006（8）：34.

② Perrier, C Construct validation of the customer orientation（organizational climate）scale in a public sector service organization [J]. Public Administration and Management. 2009, 14(2): 238-253.

③ 张成福，党秀云. 公共管理学[M]. 中国人民大学出版社. 2011：245.

系的重要性，来改变政府习惯性的以己为尊和权威心态，从而为公民提供更好的服务。在社会组织提供公共服务领域，服务的受益人即是顾客，在社会组织提供多种多样的公共服务时，社会组织工作的重点就在于达成受益人的合理期待和愿望，针对性地满足公众各种各样的服务需求。社会组织将顾客导向理念作为提供公共服务的基本理念，可以促使社会组织对公众负责，促使社会组织采用各种创新方法为受益人提供更广泛更具针对性的服务，并注意保护弱势群体利益，增进社会公平。发达国家社会组织“接供”服务以顾客导向理念为指导，进行了多种形式的公共服务提供实践，并形成了个性化、无缝隙和整合性的社会组织服务“接供”模式。

2）顾客导向下的服务类型

社会组织的民间性质决定了社会组织只能提供一定类别的公共服务，在涉及运用公权力的领域，如国家安全、公共安全、法律执行等方面的公共服务不可由社会组织来提供。除这些涉及公权力的服务类型外，社会组织的服务几乎涉及了公众所需要各种服务类型，其公共服务内容繁杂广泛，种类多样，大体可以分为硬服务和软服务两大类：硬服务可以进行明确的成本收益衡量，例如街道维修、垃圾处理等；而像家庭服务、老年人服务、职业培训等（Lavery，1999）软服务则难有明确的绩效评估指标。英国、法国、德国、美国等发达国家各种类型的社会组织承接了形式多样的公共服务类型，其提供服务的层次和类型可以为中国社会组织公共服务提供借鉴（表 5-10）。

表 5-10　英国、法国、德国、美国的社会组织“接供”公共服务一览表

	英国	法国	德国	美国
社会组织类型	注册慈善机构、非慈善事业的非营利实体、协会、自助组织和社区组织	主要是协会和基金	主要是注册的协会、非营利基金会、非营利有限责任公司等	注册慈善机构协会、自助组织和社区组织、基金会
“接供”公共服务的类型	犯罪预防、对犯罪受害者援助、儿童基金、儿童护理、健康和情感开发服务、联系项目、青年新政（18~24 岁的青年人的就业咨询和帮助）、社区新政、资助慈善收容所、医疗服务、退伍军人服务、技能训练（14~16 岁年轻人职业培训）	残疾人服务、儿童保护、社区困难人群服务、老龄居住服务、家庭保健服务、家庭家务服务、家政服务、儿童日间看护等	家庭服务、老年服务、残疾人服务、家庭护理、儿童日间看护、职业培训、诊所和医院服务、其他卫生服务等	儿童日托、照顾老人、卫生保健、私人教育、对吸毒酗酒赌博成瘾人群的帮助、残疾人帮助、为有婚姻和家庭问题的人提供咨询服务、帮助移民和其他社会边缘人群、帮助受到侮辱或被忽视的人群、减贫计划等

资料来源：《政府向社会组织购买公共服务研究》（王浦劬和萨拉蒙，2010）。

形式多样的社会组织“接供”服务类型改善了公共服务提供的质量，增加了公众对公共服务提供的满意度。Hansman 认为，当服务提供的质量很难由消费者来监督时，委托非营利性的社会组织进行服务提供往往是有效的选择。① 从上述英法美等发达国家来看，社会组织承接的公共服务类型主要集中于对妇女、儿童、青少年、老人、残疾人等群体的服务，这些服务可以很好地照顾到弱势群体的利益，促进社会公平和社会和谐。

2. 三种面向的服务“接供”模式

发达国家在上述宽领域、多层次的公共服务类型中形成了以顾客服务导向为理念的三种具有代表性的“接供”政府公共服务职能的实践模式，即个性化服务“接供”模式 、无缝隙服务“接供”模式和整合性服务“接供”模式。这三种服务“接供”模式分别面向不同服务需求，并具有独特的理论依据和形成了差异化的公共服务“接供”特色（表 5-11）。

表 5-11　三种面向的服务“接供”模式比较

基本类型	需求面向	理论依据	“接供”特色
个性化服务“接供”模式	多样性服务需求	新公共管理理论	个性化服务
无缝隙服务“接供”模式	便捷性服务需求	无缝隙组织理论	无缝隙服务
整合性服务“接供”摸式	交叉性服务需求	整体政府理论	整合性服务

个性化服务“接供”模式以新公共管理理论为基础，面对服务对象的多样性服务需求，为服务对象提供个性化服务；无缝隙服务“接供”模式以无缝隙组织理论为基础，面向服务对象的便捷性服务需求，为服务对象提供无缝隙服务；而整合性服务“接供”模式，以整体政府理论为基础，面向服务对象的交叉性服务需求，为服务对象提供整合性服务。这三种服务“接供”模式构成了西方发达国家社会组织承接政府公共服务的代表性模式，满足了公众多方面的服务需求。

1）个性化服务“接供”模式

这是一种有针对性的服务方式，该服务方式根据特定的服务对象的设定来实现，依据各种渠道对资源进行搜集、整理和分类，向特定对象提供和推荐相关信

① Hansman H. The role of nonprofit enterprise[J]. Yale Law Journal, 1980, 89（3）：835-898.

息，以满足他们的需求。[①]从整体上说，个性化服务克服了传统的被动的服务模式弊端，能够充分利用各种资源优势，主动开展以满足特定对象个性化需求为目的全方位服务。个性化服务与标准化服务相对立，标准化服务注重的是规范和程序，个性化服务强调服务的灵活性和有的放矢，提倡发挥服务提供者的主观能动性。要达到服务个性化的要求，首先要有很好的标准化服务作为前提和基础，服务的个性化源于标准化，又高于标准化。1995 年成立于德国的艾因根老年社会服务中心案例可以代表性地说明西方社会组织个性化的社会服务“接供”模式（见案例 22）。

案例 22：德国的艾因根老年社会服务中心个性化服务[②]

艾因根老年社会服务中心由一家名为 Alter warden in Echingd 的非营利组织经营，该中心致力于改善老年人住房和生活质量，创建统一的地方保健设施。这些设施由独立的管理团队负责，该团队秉承以客户为中心的思想为人们提供各项服务。

服务中心提供完整的地方服务设施，并且通过改善居家服务，给退休家庭或需要看护的家庭提供各种可接受的选择。该中心设有一个新式的以客户为中心的组织结构。该中心的工作重点是为那些需要看护与援助的老年人提供服务。该中心提供各种服务，包括社会服务、居家服务、家庭看护、医疗看护和庇护住宅。中央协调办公室负责协调事宜，其运作模式类似于服务预约机构。针对短期看护、日间看护和门诊看护，该中心还专门建立了一个单独的团队，以便在获取客户充分的信息基础上轻松转换服务。常规员工会议和案例会议也保证了信息在员工之间的交换。另外，中心的所有员工都与客户相熟悉，很大程度上便利了信息的交换。

护理人员遵循轮换原则，减轻员工对重复性工作的压力。对于有严重疾病或老年痴呆症的病人，工作人员都不会单独应对。该中心员工参与水平和以员工为中心的管理程度都很高，员工周转率很低。老年公民作为协会成员可以拥有共同决策权，从一开始，服务使用者就可以参与到整个政策的决定过程中。1998 年，该中心撰写了质量保证战略，主要内容包括在职培训项目等。

---

① 李娟. 澳大利亚社区图书馆的管理与服务[J]. 高等函授学报（哲学社会科学版），2008（10）：35.
② 王浦劬，萨拉蒙. 政府向社会组织购买公共服务研究[M]. 北京：北京大学出版社. 2009：234.

西方国家个性化“接供”模式表现为一个目标、两个保障和三类个性化，充分体现了社会组织服务灵活性的特点。

一个目标：以受益人获得满意的服务为目标。社会组织以个性化服务的方式提供公共服务就是要针对受益人的需要，了解受益人期望，加强与受益人的直接互动，设计、提供理想的产品和服务。如受因根老年社会服务中心秉承以客户为中心的思想提供公共服务，建立了新式的以客户为中心的组织结构，以提供给该地老年居民满意的住房和生活质量。

两个保障：包括受益人信息保障和社会组织成员能力保障。①社会组织要提供个性化服务就必须让组织成员充分了解服务对象信息，做到心中有数，定制服务。为此，社会组织往往利用各种机会通过各种渠道收集服务对象各类信息，并运用先进的信息管理系统建立服务对象档案，在案例 22 中，该协会的成员都遵守“短线”原则，与客户相互熟识，便于信息的交换。②社会组织成员应该具备提供个性化服务的意识和能力。一方面，社会组织结构简单有弹性、强调参与和对话，强调学习和创新的特征和对公共服务的奉献精神，对人、自然社会的关怀和关爱、对平等权利的尊重等都使得社会组织成员易于树立个性化服务的意识，使得组织成员自觉主动为服务对象提供个性化服务。另一方面社会组织应加强成员的个性化服务能力培养，如受因根老年社会服务中心建立了员工轮换岗位制，不仅减轻了员工对重复性工作的厌倦，而且还可以使他们针对不同的服务内容掌握新的技能。同时，员工参与政策制定也鼓励了员工积极地提供各种服务。

三类个性化：①服务对象的个性化：服务对象的个性化指的是特殊的服务对象。不同社会组织提供不同类型的社会服务，每种社会服务面对的服务对象都是独特的个体，他们会对社会组织有不同的实际情况和服务期望。受因根老年社会服务中心的客户有多种类型，例如独居的老人、有轻微疾病的老人，甚至有严重疾病或有老年痴呆症的老人等。②服务内容的个性化：服务对象的个性化决定了服务内容的个性化。社会组织应与服务对象直接互动，全面掌握服务对象的实际情况和服务期望，提供公共服务。受因根老年社会服务中心根据客户的实际情况，为客户提供居家服务、家庭看护、医疗看护、短期照顾、门诊看护、心灵沟通等多种老年人看护服务。③服务方法的个性化：社会组织个性化的服务“接供”模式灵活性的特点很大程度体现在服务方式的灵活上。个性化的服务“接供”模式是结果导向和顾客导向的。在社会组织提供公共服务的过程中，没有规定的服务方式和标准的步骤和程序。它注重结果，而不是过程，只要服务的结果使受益者满意，采用的服务提供方法可以多元化。

2）无缝隙服务“接供”模式

“无缝隙服务”是美国行政学家林登在《无缝隙政府》一书中提出的一种公共服务的新理念。无缝隙政府是以满足顾客无缝隙需要为目标的一种组织变革，传统上以精细分工为手段并生产和提供大批量、规模化的公共产品和服务的提供方式已经无法满足顾客的要求，只有以无缝隙服务的生产方式生产和提供多品种、小批量的柔性化的公共产品和服务才能满足公众需求。① 无缝隙服务“接供”模式指的是社会组织以顾客为导向、以结果为导向，使得社会组织的每一项资源投入、人员活动、公共产品或服务的提供等，都能真正有效地符合服务对象的要求，通过创新机制和基础结构建设能“随时随地”地为服务对象提供公共服务。西方发达国家的一些专业化的社会组织利用无缝隙组织形式，在工作人员与服务对象直接接触的过程中，以跨职能团队或专项团队的形式，采用先进的信息科学技术为服务对象提供迅速、便捷和人性化的服务。

英国的戴安娜儿童社区服务团队是一个致力于为有致命疾病儿童提供高质量、无缝隙的医疗服务的典型（见案例 23）。

案例 23：英国的戴安娜儿童社区服务团队②

为纪念已故王妃戴安娜为慈善事业做出的贡献，英国政府卫生部资助建立戴安娜儿童社区团队（DCCTs），为社区中有致命疾病的儿童提供卫生医疗服务。该服务团队的具体工作任务和价值表现在：减轻医院负担、给儿童及其家庭提供了在家中接受高质量临终服务的可能性、为社区儿童提供专业资源和专业人员护理、提高和维护儿童和家庭的生活质量、为患有致命疾病的儿童提供 24 小时紧急服务。为提供快速、高质量的无缝隙服务，戴安娜儿童社区团队建立了跨功能的工作小组，小组内各技能不同的工作人员合作为患病儿童提供服务。各工作部门和小组内部都建立了畅通的沟通机制，这些沟通机制能够迅速组成服务小组并在小组内迅速沟通患者信息。各组织员工在小组内开展各种培训和能力发展项目，享有很高的工作满意度。近来，戴安娜社区儿童服务团队还开展了“2000 家庭计划”，与英国红十字会开展了家庭特殊需求支持的服务计划。接受服务的大部分家庭都愿意接受戴安娜儿童社区团队的服务，他们认为戴安娜服务团队可以提供“在

① [美]林登. 无缝隙政府[M]. 中国人民出版社. 汪大海，等，译. 2001：5-9.

② Danvers L, Freshwater D, Cheater F, Wilson A. Providing a seamless service for children with life-limiting illness: experiences and recommendations of professional staff at the Diana Princess of Wales Children's Community Service[J]. Journal of Clinical Nursing. 2003, 12（3）.

屋檐下"的便捷无缝隙服务。

结合上述案例，可以总结出，西方发达国家无缝隙的服务"接供"模式形成了较为完备的软硬件系统，主要表现为四个"无缝隙"。

第一，无缝隙的组织结构。无缝隙组织的出现是由生产者社会向顾客社会转变。无缝隙组织的形式不固定，无明显界限，可以用流动的、灵活的、弹性的、完整的、透明的、连贯的等词语来形容。无缝隙组织在提供各种服务时会让服务对象感到这个组织有透明度、办事顺畅、不费力气。① 社会组织具有较大的灵活性，较少层级结构，更利于围绕结果进行组织，避免了传统的科层组织各职能部门职责不明晰、效率低下的问题。如戴安娜社区儿童服务团队建立了掌握多种技能的跨部门小组或专能小组，可以发挥通才的作用，提供全过程一次到位的服务。② 戴安娜社区儿童服务团队就是一种无缝隙组织结构（图 5-8）。

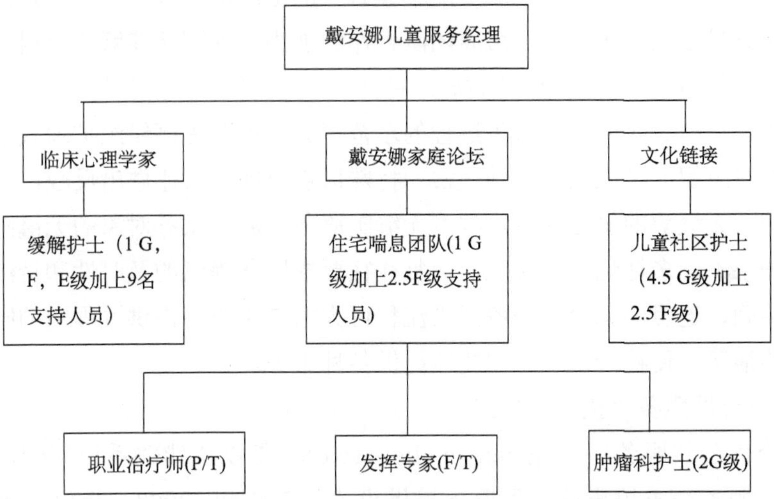

图 5-8　戴安娜社区儿童服务团队的组织构成

资料来源：Providing a seamless service for children with life-limiting illness: experiences and recommendations of professional staff at the Diana Princess of Wales Children's Community Service.（Danvers L et al.,2003）。

① [美]林登. 无缝隙政府[M]. 汪大海，等，译. 北京：中国人民出版社. 2002：2-4.

② Danvers L, Freshwater D, Cheater F, Wilson A. Providing a seamless service for children with life-limiting illness: experiences and recommendations of professional staff at the Diana Princess of Wales Children's Community Service. Journal Of Clinical Nursing, 2003, 12（3）：353.

戴安娜儿童社区服务一个小组内有各种不同技能的专家和护理员，避免了遇到特定的服务需求时临时联系专业人员的时间消耗。

第二，无缝隙的基础设施。在无缝隙的社会组织中，信息技术可以快速便捷地提供各种服务。戴安娜儿童社区服务组织利用互联网、专家网络、数据库管理系统等信息工具使社会组织工作人员了解服务对象服务需求和具体信息，组织成员间也经常根据情境进行面对面、电话、电子邮件等方式的交流，大量减少了文书工作，并尤其注意与新进团队成员的沟通，保持了社会组织中信息渠道的畅通，方便了信息的快速传递。为了有利于使戴安娜儿童社区服务组织与医院及服务对象建立更好的联系，社会服务组织中的服务经理利用发表文章和录制宣传视频公开组织内的各种服务信息。过硬的基础设施使得服务信息能在组织中迅速传递，甚至“在走廊上快速组成团队”，为服务对象提供快速优质的服务。

第三，无缝隙的组织成员。现代信息技术已成为社会组织对顾客需求快速反应的工具，这就要求社会组织成员能掌握必要的电脑信息技术，有一定的时间敏感度，认识到速度的重要性，培养团队合作的能力，使团队能够整合组织成员各种能力发挥整体效益。为很好地达成此目标，戴安娜儿童社区服务组织设计了“教育包计划”，通过录制优秀服务过程的示范视频，不断提高组织护理人员的服务水平，使得组织成员在面对各种正常和特殊情境时能够快速做出反应。

第四，无缝隙的服务提供流程。无缝隙服务根源于服务对象的无缝隙需求，公众的需求不仅多样化、个性化，而且往往要求服务提供的及时性和持续性。形成一套明确、连贯的无缝隙服务提供流程可大大减少服务提供过程中的时间、人力资源的浪费，使社会组织更便捷地提供各种服务。

3）整合性服务“接供”摸式

整合性公共服务（integrated public service）是以伙伴关系为基础，针对交叉性公共服务需求提出的新型服务提供模式。OECD（2008）指出：“迈向一个更加整合性的公共服务，就是要提供一个更多专业与知识共享，并且使公共服务更加注重贡献，促使以公民为中心的社会结果得以实现。”[①] 社会组织承接服务的整合性服务“接供”模式，是一种协作提供公共服务的方式，也可以看作是提供公共服务的一种“组团模式”，主要表现为多个独立的社会组织相互联合，形成合力，共同承接政府公共服务职能，为服务对象提供整合性的公

① Ireland: Towards An Integrated Public Service，OECD Public Management Reviews Paris，OECD, 2008: 12.

共服务。[①]

整合性服务"接供"模式运作过程中，多个合作的社会组织是行动的主体，这些社会组织可以表现为具有相同的活动范围、相同的活动地域或是相同的活动行业的同质性，也可以表现为在技术、资源或者地域、能力上的互补性。通过促成不同性质、不同领域、不同功能的社会组织之间的合作提供公共服务，构建社会组织互动联动机制，满足服务综合性的服务需求，有利于整个社会组织系统的结构合理化、功能整合化（见案例 24）。

案例 24：英国某儿童（资源）中心为残疾儿童家庭提供整合性服务[②]

不同的机构和专业人士一起工作，用多学科的方法提供一个整体服务，是非常必要的。残疾儿童的需求具有复杂的特点，单一组织无法满足其全部需求，而各服务机构的专业性质不同，分别展开不同程度的教育和培训，各组织成员个人背景的不同，各服务组织提供服务模式不同，为避免组织整合带来的混乱和反作用，英国某儿童（资源）中心的服务机构保持了相对的独立性，此案例也可作为各组织合作提供公共服务的标准案例。调研发现，多数家长认为此中心实现了自己的目标，这也表明了不同的社会组织和专业人士可以为了共同的目标在一起紧密地接触，并使接受服务的家庭受益。

在过去的十年里，儿童保健立法、调查、报告和研究给各种机构和专业人员服务于残疾儿童的实践以重要启示，1991 年卫生部的指示和 1989 年的儿童行动阐述了各种机构合作为有残疾的儿童和家庭提供服务的必要性。随后，家庭支持中心和儿童发展中心等组织一起为有残疾儿童家庭提供服务。威斯克和罗素等人指出残疾儿童对家人和专业机构人员护理中有意无意的虐待和忽视方面表现出极大的脆弱性。为此，当地机构——健康、社会服务、教育和代表性的志愿部门为残疾儿童在一个北方地区建立了一个儿童（资源）中心，为残疾儿童家庭提供综合性服务。

该中心各相对独立的专业组织提供异质性的服务，配合抽样调查的家庭跨组织接受综合性服务的数据情况如下（表 5-12）：

① 朱晓红，陈吉. 北京市政府购买社会组织服务放入组团模式解读[J]. 北京航空航天大学学报，2012（4）：5.

② Cigno K, Gore J. A seamless service: meeting the needs of children with disabilities through a multi-agency approach[J]. Child & Family Social Work, 1999, 4(4): 325-335.

表 5-12　调查样本中接受每一服务组织的近似比例

服务机构	健康服务	教育服务	社会工作团队
比例/%	75	50	33.3

在上述案例中，多组织进行公共服务的合作提供时，为防止服务提供的遗漏和重复，几个服务组织之间存在“跨组织服务评估程序”、“关键员工”和“跨组织协调小组”机制。例如，在为一个儿童提供服务时，各组织内会有掌握一定技能的服务专家对儿童需要接受的服务进行评估和讨论，并联合制定一个以服务对象儿童，或其家庭为中心的整体护理计划。下表为抽样调查的服务对象家庭对各组织的整合性服务的评价数据（表 5-13）。

表 5-13　服务对象对该中心整合性服务模式的评价

非常满意	85%
部分满意	13%
不满意	2%

资料来源：*A seamless service: meeting the needs of children with disabilities through a multi-agency approach. Full Text Available.*（Cigno K, et al., 1999）。

不少服务对象家庭都认为，相对于他们过去接受到的分散化、碎片化的服务，多个服务机构整合性、全面性的服务模式很好地满足了他们的需要。同时，上述案例也表明，整合性公共服务“接供”模式也有一定的局限，这主要表现为一些理论上应该受益于其服务的山村和偏远地区，由于地区缺乏一定数量和系统的社会组织而无法享受到全面性和整合性的服务。将整合性的服务“接供”模式惠及更广地域和更多人群是社会组织在未来相当长时期的任务之一。再者，在多组织合作提供全面性的整合服务时，不同组织或同一组织内不同工作人员的不同背景应得到考虑，多样性和选择应得到尊重，多个组织间或单个组织内部应周期性举办“工作、情感交流小会”加强组织之间和组织成员之间的相互理解和工作默契，以使得各组织的成员能够在合作提供全面性的服务时能积极地扮演各自的角色。

发达国家在宽领域、多层次的公共服务类型中形成了以顾客服务导向为理念的三种具有代表性的“接供”政府公共服务职能的实践模式：个性化服务“接供”模式，是一种有针对性的服务方式，它以更具特定的服务对象的设定来实现，表现为服务对象的个性化、服务内容的个性化、服务方法的个性化。无缝隙的服务

“接供”模式有着较为完备的软硬件系统，其主要构成要素有无缝隙的组织结构、无缝隙的基础设施、无缝隙组织成员和无缝隙的服务提供流程。整合性服务“接供”模式，是一种协作提供公共服务的方式，主要表现为多个独立的社会组织相互联合，形成合力，共同承接政府公共服务职能，为服务对象提供整合性的公共服务。不同性质、不同领域、不同功能的社会组织之间的合作提供公共服务，可以构建社会组织互动的承接性组织结构，从而达到满足服务综合性的服务需求。

5.3.4　承接性组织结构的借鉴意义

与发达国家相比较，中国社会组织承接政府公共服务职能才刚刚起步，尚存在不少较为突出的问题：一方面，社会组织承接政府公共服务职能的“转承”、“接供”能力，可持续发展能力都不够强；另一方面，政府对承接服务的社会组织监督、管理也不够完善。中国社会组织及政府应针对这些问题，借鉴发达国家的经验，构建促进中国社会组织承接政府公共服务职能的发展三大对策。

1. 加强社会组织的可持续“转承”服务能力建设

借鉴动态环路的政府公共服务职能“转承”机制，可以从四个方面加强中国社会组织的可持续“转承”服务能力建设：一是倡导志愿服务精神。借鉴发达国家乐善好施的慈善传统，弘扬奉献、友爱、互助、进步的志愿服务精神，增强志愿组织的使命感和社会责任感，树立志愿服务品牌。二是推进契约化管理。改变过去社会组织的“次级政府”性质，使社会组织成为独立于购买者之外的法人实体，具有与购买者平等的谈判及足够的谈判能力，在承接政府公共服务职能过程中形成具有约束力的契约关系，明确政府购买服务的范围、标准、方式和程序及各方责任关系，实行契约化的规范管理。由于《政府采购法》没有明确规定政府采购公共服务性产品，政府购买公共服务缺乏全国性的法律依据，因此，制定和修订相关法律法规——尤其是制定和颁布《社会组织法》，是实行政府购买服务契约化管理的当务之急。三是提供持续性财政支持。政府的财政支持与社会组织可持续发展具有密切的联系，约翰·霍普金斯非营利比较项目研究显示，全球 39 个有可靠数据支持的国家中，社会组织收入中政府资助占 36%，慈善捐赠仅占 15%。[①] 我国政府也应加大对各种社会组织提供公共服务过程中的资助，将政府购买服务费用纳入公共预算，形成制度化的公共资源分配方式，确保政府购买服

① 莱斯特·M. 萨拉蒙. 公共服务中的伙伴. 田凯，译. 北京：商务印书馆, 2008: 203.

务的经费持续、稳定增长，从而扩展社会组织的成长空间和“转承”服务能力。

2. 开发地方特色的社会组织“接供”服务模式

三种面向的政府公共服务职能“接供”模式启示我们，社会组织承接服务应注重地方特色。经过10多年的政府购买服务实践，不少地区已经形成了特色鲜明的工作模式，例如，北京市宣武区家养老服务的“星级会员服务制”、上海市杨浦区的“一键通”紧急救援老人服务、注重“边际效益”和第三方评估的政府购买服务鸡西样本、突出项目选择与服务定价机制的无锡模式、深圳购买岗位的社工模式等。归纳这些实践模式的做法及借鉴发达国家的经验，本书认为可以从如下几个方面开发地方特色社会组织“接供”服务模式：首先，以公众需求为导向。把地方实际和公共服务需求偏好作为地方特色社会组织“接供”模式开发的出发点。其次，综合运用多种方式方法。按照地方的服务内容、服务领域、服务对象等差异，运用政府购买、定额补助和凭单等购买服务方式和全额补贴法、差额补贴法、平均成本法、微利法等服务定价方法，形成个性化服务“接供”模式；协同多个社会组织，或建立社会组织服务分中心，形成服务网络，形成无缝隙服务模式；构建综合服务中心，提供一站式政府购买服务，形成整合性服务模式。最后，将统一标准与实践创新相结合。地方特色的社会组织“接供”服务模式并不排除统一标准体系的建立，可以在建立服务需求标准、项目选择标准、服务质量标准等条件下，允许、鼓励地方结合本地实际进行社会组织承接政府购买服务模式创新，根据购买服务的领域和购买服务的方式进行创新，形成地方特色的“接供”服务模式。

3. 构建社会组织承接服务的动态监管与调整机制

对于政府来说，社会组织承接公共服务职能存在委托代理关系中的道德风险，面临着管理与问责的可能，动态监管与调整机制是一个保障性条件，它包括以下两个层次递进的内容。

一是动态监管机制。政府购买服务实质上是政府职能的转移、分解、委托和授权，使政府从服务的生产者转变为服务的监督者和管理者。职能的转变要求政府组织对社会组织承接公共服务职能进行全程跟踪监管，对其服务成果进行检查验收。在具体操作中，政府既可以对其购买服务项目的招标、申请、评审、立项、签约、执行、验收、评估、反馈等环节建立动态的监管机构及相应的管理办法，也可以引入对社会组织的评估监督机制进行第三方评估，定期或不定期对政府购买服务项目进行包括绩效、组织管理和综合能力等在进行评估，并进行社会公示。[①]通过第三方评估可以对政府购买服务各个环节内的动态评估和监管。

二是动态调整机制。这是动态监管的一种绩效反馈，按照公开择优、优胜劣汰的原则，保留那些能够较好承接公共服务的社会组织，淘汰那些资质不够、能力不强的社会组织，通过竞争选择的方式有效地选择承接政府购买服务的社会力量。在具体操作中，可以依据政府购买服务的效率评价体系和受益者的效果评价体系进行综合绩效评估，淘汰那些财政资金使用边际效用较小、受益者满意度不高的购买服务项目，登记那些合同履行情况较好的社会组织，并在其他的政府购买服务项目中优先考虑。通过引入市场机制，进行动态调整，实现政府购买服务行为的帕累托最优。

① 朱晓红，陈吉. 北京市政府购买社会组织服务的组团模式解读[J]. 北京航空航天大学学报（社会科学版），2012（4）：5.

第 6 章　地方公共服务组织结构变革优化路径

本书在总结了中国地方公共服务组织两层级组织结构实践模式优秀经验基础上，又借鉴了一些发达国家公共服务组织结构变革的优秀做法，基于“服务体制”和“服务能力”两大组织结构的优化路径，探讨深化了地方公共服务行政体制改革和完善承接政府购买服务能力体系建设的具体措施，并以此为基础，构建了一个地方公共服务组织复杂适应需求理论模型，从而形成一个中国特色的地方公共服务组织结构变革优化路径。

6.1　内联与外协：深化地方公共服务行政体制改革①

在中国推进大部制改革的热潮中，战略性地思考深化地方行政体制改革的未来方向是颇为必要的，它是稳步有序地推进地方大部制改革的一项基础性工作。早在大部制改革启动时，就有不少学者已经开始在这方面进行了探索和思考，如北京大学的周志忍（2008）教授就提出“大部制：难以承受之重”警示与担忧，②也有学者指出，大部制改革是一个“不轻松的新长征”，在大部制改革后是否能够正视调整，理顺新的部门内部、部门之间以及中央与地方政府间利益关系带来的改革的长期性问题，成为当前推进大部制改革中需要高度重视的问题。③换言之，深化中国行政体制改革，必须具有战略性的理论思考。

体制改革通常是沿着一定的路径进行自我强化的。中国行政体制改革基本路径的内涵在党的几次重大报告中均有表述，但国内学术界尚未对此进行深入挖掘和分析，作者试图借助当代较为前沿的“整体政府”理论与协作理论系统地探讨这一内涵的战略性改革路径。党的十七大报告在阐述“加快行政管理体制改革，建设服务型政府”时提出：“要抓紧制定行政体制改革总体方案，着力转变职能、理顺关系、优化结构、提高效能，形成权责一致、分工合理、决策科学、执行顺

① 这部分内容参见：曾维和. 深化我国行政管理体制改革的战略性思考[J]. 内蒙古社会科学（汉文版）. 2011（6）：10-14.

② 周志忍. “大部制”：难以承受之重[J]. 中国报道, 2008（3）：63-65.

③ 董娟. 大部制改革：不轻松的新长征[J]. 理论与改革. 2011（1）：50.

畅、监督有力的行政体制。”这表明中国行政体制改革的总体目标是“形成权责一致、分工合理、决策科学、执行顺畅、监督有力的行政体制”，其基本对策是“着力转变职能、理顺关系、优化结构、提高效能”。“转变职能”是深化行政体制改革的关键，它必须与“理顺关系、优化结构”相结合。党的十八大报告在“深化行政体制改革”中更是明确地提出了“建设职能科学、结构优化、廉洁高效、人民满意的服务型政府”的科学论断。十八届三中全会报告提出了“必须切实转变政府职能，深化行政体制改革，创新行政管理方式，增强政府公信力和执行力，建设法治政府和服务型政府”的论断。十八届五中全会公报进一步提出了“深化行政管理体制改革，进一步转变政府职能，持续推进简政放权、放管结合、优化服务，提高政府效能”的论断。可见，这些内容实际上已经构成了深化地方公共服务体制改革的基本内容，即建立“内联”治理结构和发展“外协”合作关系，并通过转变政府职能与建设和谐行政文化实现二者的整合。

6.1.1　建立“内联”治理结构

“内联”治理结构是“整体政府”（whole of government）理论与实践发展的逻辑结果。20 世纪 90 年代中后期，英国首倡“整体政府”改革。此后，澳大利亚、新西兰、加拿大、美国等国家都进行了类似的实践探索。1997 年，英国工党执政后，在政府管理方式上继承了保守党的一些优秀做法，如管理主义和用户至上主义，但政府管理的主题发生了一个突出变化，即“利用‘协同政府’或‘整体政府’的方式来解决社会和经济问题”。[①]“整体政府”既包括公共政策的决策、执行与监督，也包括部门纵向与横向的合作。Geoff Mulgan 认为，“整体政府”关注两个共同问题：一是协调。即引导和鼓励各机构、部门、单位和专业人员朝着大致相同的方向前进，至少不破坏彼此的工作。二是共同问题的组织和整合。即如何使动机、文化和权力结构有效地适应跨越组织界限的关键任务。[②]澳大利亚政府调查委员会（RCAGA）调查发现，部门界限清晰、各自为政不利于解决跨部门所形成的横切关注点问题（cross-cutting issues），进而提出“整体政府”的“内联”治理结构两个层次含义：一是基层“联合”，地方层级的一体化。这主要是解决地方层级组织分裂的问题，采用“一站式服务”，把联邦、州、地方

① [瑞典]埃里克，等. 趋向地方自治的新理念？——比较视角下的新近地方政府立法[M]. 北京大学出版社，2005：130-131.

② Geoff Mulgan：Joined up government: past, present and future - Geoff Mulgan（2005）. A report that examines how social innovations grow, drawing on analysis and case studies. www. youngfoundation. org. uk；

政府和非政府组织的员工连接成一个组织整体，建立伙伴关系，进行联合治理；二是高层“联合”，中央政府的适度集权与部门间的有机整合。具体方法包括伙伴关系的备忘录、一体化治理，以及与规模、风险相适应的制度化责任安排，并通过公共资金预算和联合拨款来保证。[①]从性质上看，“内联”治理结构是一种介于传统科层治理结构与现代网络治理结构之间的类型，它既强调适度集权控制，也注重信息的传递和组织协调功能的发挥。

行政体制改革经过30多年的实践，其目标模式已由“一元”走向“多元”，即由过去单一的服务型政府，转向服务型政府、有限政府、法治政府、责任政府等多种管理理论并存的局面。这些目标模式的一个共同关注点就是致力于治理结构的建立与改善。有学者从政府治理的视角对中国行政体制的“内联”治理结构进行了初步探索。如张立荣教授提出了以麦肯锡 7S 系统思维模型为分析框架的中国政府治理范式变革整体性思路，即“中国政府治理范式系统中的战略、结构、体制、风格、人员、技术、共同理念等要素之间的相互关系以及要素与系统之间的关系以整体为主进行协调，局部服从整体，使整体效果为最优”。[②]这一整体性思路为中国深化行政体制改革、建立“内联”治理结构提供了有益启发，即要着眼于整体，统筹谋划，行政体制的各要素（行政权力体制、行政领导体制、人事管理体制、行政监督体制、中央与地方的关系体制、行政区划体制等）的变革必须配套进行，且保持对社会环境的最佳适应状态。

要深化中国行政体制改革，就必须结合中国行政体制的现状，借鉴西方“整体政府”的新理念，建立“内联”治理结构必须坚持正确的指导思想，找准着力点和把握科学的路径依赖。深化中国行政体制改革的基本指导思想是按照科学发展观的要求，坚持以人为本，注意全面发展，强调协调发展，保证可持续发展，运用统筹兼顾的根本方法。基本着力点是解决机构重叠、职责交叉、政出多门等问题。基本路径依赖则是稳步有序地推进大部制改革。

那么，深化中国行政体制改革，建立“内联”治理结构应怎样具体化地操作呢？这可以在大部制改革的进程中通过机制创新来实现，具体应建立如下三大机制。

---

① Wilkins P Accountability and Joined-up Government. Australian Journal of Public Administration, Mar2002,61（1）：114.

② 张立荣. 当代中国政府治理范式变革探析——以麦肯锡 7S 系统思维模型为框架[J]. 中国行政管理. 2006（6）：97.

一是建立结构化的部门协同机制。一方面要对部门内部的组织结构进行职能整合，即通过大部制改革对相同或相近的政府职能进行整合、归并，综合设置政府机构，促使政府部门逐步向大农业、大交通、大文化、大科技、大环保的管理模式过渡，从而建立部门内协同联动运作机制。如海南省在建立“大交通”后，由省交通厅统一负责地方航空、铁路的规划和协调工作，并指导、协调城市交通行业管理。另一方面也要对部门间的组织结构进行职能整合，合理地配置宏观调控部门职能，强化行业管理职能，加强整合社会管理和公共服务部门，加快推进政企分开、政资分开、政事分开、政府与市场中介组织分开，将以往多部门下的部际矛盾转化成部际协调或部内协调，建立一种多中心的部际治理结构与制度安排。

二是建立制度化的权力约束机制。当前中国政府行政权力协调困难主要是决策与执行不分所致。以往多次机构改革大都停留在结构层面的调整与变动，缺乏制度层面的跟进措施。因此，重构政府权力运行机制，为大部制改革提供制度化的权力监督和保障就变得至关重要。如当年深圳“行政三分制”改革的核心思想就是“探索建立决策、执行、监督适度分离、相互协调的政府机制”。那次改革方案的主要设计者杜钢建指出，深圳市改革的经验就是既要制定可靠的方案，也要将行政三分与审议民主结合起来，由人大任命一批专家组成决策咨询委员会，分散行使和监督政府部门的决策权，不使新的大部委权力过大，出现“政府权力部门化”的弊端。[①]因此，在权力运行制度化的基础上建立行政权、执行权和监督权三权既相互协调又相互制约的权力结构和运行机制是进行大部制改革至关重要的一环。

三是建立民主化的利益协调机制。大部制改革与以往的机构改革具有本质的区别，它是行政体制改革质的飞跃，必须对部门利益及相关个人利益进行大调整。在利益驱使下，政治博弈不可避免。现阶段中国行政体制之所以存在着职能交叉、权限冲突、决策周期长且成本高、协调沟通困难等问题，部门利益是一个极其重要的影响因素。中国历次机构改革出现机构合并不当导致改革“反弹”就是一个典型的例证。针对部门利益这个最大的阻力，必须处理好“维护公共利益与消解部门利益的关系”，“崇尚和坚守政府的公共性，切实践履执政为民的宗旨”[②]才能以国家整体利益调整和消解部门利益，从而化阻力为动力。西方“整体政府”

① 陈善哲. 大部制的深圳初恋[N]. 南方都市报，2008-3-7.

② 龚常，曾维和，凌峰. 我国大部制改革述评[J]. 政治学研究. 2008（3）：102-105.

的改革经验也表明，部门利益是客观存在的，它不能根除，但可以通过民主化协商程序进行协调与化解。可见，建立民主化的利益协调机制是中国稳步大部制改革、减少阻力的关键所在。

6.1.2 发展“外协”合作关系

“外协”合作关系是协作管理理论的一个基本内容。协作管理理论作为一种管理模式，已成为后新公共管理改革的一个前沿理论。它虽然不像官僚制理论、新公共管理理论与治理理论那样具有规范的知识基础和理论渊源，但它从多种理论与学科中吸取知识基础，形成理论框架。在企业管理中，协作管理理论与公司战略联盟、动态联盟和协作系统等密切相关。

在公共管理中，协作管理具有丰富的理论与实践基础。在理论上，“整体政府”理论认为公共政策目标的实现既不能通过现存组织的分裂活动实现，也不能通过建立一个“超级管理机构”来实现，必须通过“协同”工作（joined-up working）来实现。“协同”工作是在不消除组织边界本身的条件下进行“跨界性”运作，实现公共政策的目标。这些边界活动是部门间的，以区域为中心的和由公共组织、私人组织、志愿者组织联合构成的任务。实现“协同”的关键是用不同的文化、动机、管理制度与目标相互促进，结成各种组织联盟。①多中心治理是一种与单中心权威秩序思维直接对立的理论。该理论由社会中多元行为主体（政府组织、企业组织、公民组织、利益团体、政党组织、个人）基于一定的集体行动规则，通过相互博弈、相互调适、共同参与合作等互动关系，形成协作式的公共事务组织模式来有效地进行公共事务管理和提供优质的公共服务，实现持续发展的绩效目标。②组织网络理论也要求政府建立“外协”关系，发展多元公共管理主体来有效地提供公共服务。在实践上，合作主义政策导向从政府治理工具的视角出发，把“外协”管理理论直接运用于政府改革活动中。正如奥茨所言：“我们需要的是政府间的权力与责任分担，而不是划分政府责任，我们已进入了一个‘合作联邦主义’时代。”③合作主义政策导向“倡导不同的行为主体在提供公共服务的活动中以互惠、合作的态度，共同分担公共服务的责任，结成合作的伙伴。不同的行

① Ling T：Delivering joined–up government in the UK dimensions, issues and problems. Public Administration，2002，80（4）：615-642.

② [美] 迈克尔·麦金尼斯. 多中心体制与地方公共经济[M]. 毛寿龙，等，译. 上海三联出版社，2000：69-95.

③ Oates W The Changing Structure of Intergovernmental Fiscal Relations//Oates（Ed）. Studies in Fiscal Federalism. Brookfield: Edward Elgar Publishing Company. 1978: 47.

为主体应站在未来长期发展的高度，战略性地看待合作的价值和利益，以获取公共发展和社区福利，提供丰富的资源与广阔的空间，并依据公共服务的性质、发挥不同主体的特性和比较优势”，同时“关注不同组织行为主体之间的互动关系和围绕特定公共服务项目构建组织网络的能力”。[①]总之，建立“外协”合作关系，务必使各“协作”主体（政府、企业、市场中介组织等）基于共同的责任，获取所依赖的资源，构建合作性组织网络。

在中国构建和谐社会的进程中，借鉴协作管理理论有利于发展深化行政体制改革的“外协”合作关系。从本质上看，“内联”治理结构是协作管理理论应用于政府组织内部治理的最佳方式。而“外协”关系则是“内联”治理结构发展的必然要求。这是因为随着中国“行政管理”研究向“公共管理”研究的理论嬗变，行政体制的内涵不再局限于政府组织内部，还包括政府组织与各种私人组织、市场中介组织，以及各种活动主体之间的合作。即客观上要求建立行政体制改革的“外协”合作关系。

要发展“外协”合作关系，首先必须明确深化中国行政体制改革涉及哪些外协主体，然后在政府与这些主体之间发展良性的协作关系。行政体制改革如党的十八大报告指出的那样，必须加快推进政企分开、政资分开、政事分开、政府与市场中介组织分开，规范行政行为，加强行政执法部门建设，减少和规范行政审批，减少政府对微观经济运行的干预。可见，企业、公共资产、事业单位和市场中介组织是政府外协的基本主体。发展政府与其外协主体的合作关系可以通过“先分后协”两个步骤来实现。

第一步，实行政府与外协主体切实分开。①政企分开。必须从建立现代企业制度的本质出发、从行政体制改革创新视角出发来切实解决政企不分的症结。②政资分开。把政府公共事务管理者与国有资产出资者的职能分离开，使国有资产的投资管理权由专门的组织来行使。③政事分开。可以通过深化事业单位改革，对事业单位的职能进行梳理和分类，理清事业单位社会管理职责、公共服务职责和经营服务职责，将社会管理职能的事业单位保留在政府，将公共服务职责和经营服务职责的事业单位改制成为提供公共服务的独立机构。④政市分开。这要求把大部分社会职能交给市场中介组织，从根本上实现政府与市场中介组织之间的职能权限分开，明确各自的职责权限，使市场中介组织独立自主地根据自身的宗旨和所处区域的实情从事活动，成为政府的合作伙伴，而不是附属机构。总之，

① 孙柏英. 当代地方治理——面向 21 世纪的挑战[M]. 北京：中国人民大学出版社，2004：162-163.

“政企分开、政资分开、政事分开、政府与市场中介组织分开”中，“分”的基本内容就是理顺双方的职权、产权等关系，规范双方的行为。

第二步，在政府与外协主体之间建立良好的合作关系。政企、政资、政事与政市分开的“分”只是手段，不是目的，“分”是为了更好地实现“协”，即在公共事务管理与公共服务提供中政府与外协主体的密切合作：①发展协调的“政企关系”。这可以通过深化投资体制改革和加快推进行政审批制度改革实现，更大程度地发挥市场在资源配置中的基础性作用。如在行政审批程序上进行创新与突破，推行审批前置要件“一表制”，简化基础性审批环节，实行“一审一核”，或推行“并联审批”，各审批部门同时介入，联合勘验，统一审批。这样既能强化政府的宏观调控作用，又能巩固企业在投资与经营活动中的主体地位，建立和谐的政企关系。②发展协调的“政资关系”。协调好“政资关系”，既要改革国有资产管理体制，建立国有资产经营预算体系，也要进行政资分开，如成立国家资产管理委员会，专门负责管理国有资产。按照政府的社会经济职能和国有资产所有者职能分开的原则，把国家授权投资的机构或国家授权的部门改制为国有资产的投资主体（国家投资公司、国家控股公司等），依法对企业中的国有资产进行股权管理。③发展协调的“政事关系”。针对目前政事职能、政事组织、政事人事和政事产权不分等诸多弊端，必须把政府机关与事业单位置于公共服务过程中，形成一种服务提供者与服务生产者的合作关系。④发展协调的“政市关系”。鉴于中国市场中介组织大多是政府选择的结果，具有较强的“官办”色彩，今后应着力培育公民社会，加强社会选择，大力发展“草根性”市场中介组织，提倡志愿精神和鼓励利他善举，使“政市关系”走向和谐有序的发展轨道。

此外，自治性组织和广大民众也应成为政府“外协”的主体。尤其是在基层社会公共事务管理中，政府更要协调好公众及自治组织的关系，注意加强基层政权建设，完善政务公开、村务公开等制度，实现政府行政管理与基层群众自治有效衔接和良性互动。因此，建立健全“党委领导、政府负责、社会协同、公众参与的社会管理格局”是中国行政体制“外协”合作关系的努力方向和理想模式。

6.1.3　整体性公共服务行政体制的构建对策

“内联”治理结构和“外协”合作关系是地方政府迈向整体性公共服务行政体制的“两翼”，必须协调一致，同步进行，只有把二者有机地结合起来，才能最大化地发挥其整体功效。作者认为，实现“内联”和“外协”整合的两个关键性拉动环节就是转变政府职能和建设和谐行政文化。

转变政府职能是深化行政体制改革的关键和核心内容。从西方国家行政体制改革的历史发展看，转变政府职能主要经历了三个阶段：从亚当·斯密“守夜人”政府，到凯恩斯主张的“政府干预”，再到布坎南的“政府失灵”说，这三个阶段演绎了政府职能从“全能”到“有限”的发展逻辑。当代西方行政学界对政府职能的定位仍存在分歧：新公共管理的代表人物奥斯本认为政府的职能是“掌舵，而不是划桨”。[①]而新公共服务理论的代表人物登哈特则认为政府的职能是“服务，而不是掌舵”，[②]尽管两种理论在政府职能定位上存在明显分歧，但它们都主张服务行政、有限行政和法治行政等内容，提倡在公共服务中发挥各种公共管理主体的积极性、建立伙伴关系。同时，这两种理论也揭示了这样一个道理：正确的政府职能定位是建立行政体制“内联”治理结构和“外协”合作关系的关键。

在中国，整合“内联”治理结构和“外协”合作关系，主要通过增强政府的社会管理职能，完善公共服务体系，建设服务型政府来实现。首先，要把握“民生”这一公共服务的基点。因为民生问题，即把实现好、维护好、发展好最广大人民的根本利益的问题，是党和国家一切工作的出发点和落脚点。行政体制改革必须着力保障和改善民生，推进社会体制改革，扩大公共服务，完善社会管理，促进社会公平正义，努力使全体人民学有所教、劳有所得、病有所医、老有所养、住有所居，推动建设和谐社会。只有处理好了“民生”问题，才能真正实现行政体制内部治理结构的善治与外部合作关系的和谐，才能实现内外整合。其次，要把握政府公共服务职能市场化和社会化的方向。世界民营化大师萨瓦斯（2002）在论述建立公私部门的伙伴关系时，提出了民营化的三类方式：[③]①委托授权。即部分民营化，它要求政府持续、积极地介入，国家依然承担全部责任，只不过把实际的生产活动委托给民营部门。②撤资。这意味着政府放弃某一企业、某一职能或某一资产。③政府淡出。这是一种消极和间接的过程，实现政府的某些职能逐渐被民营部门取代。这三种方式为中国政府公共服务职能市场化和社会化提供了有益借鉴。它要求从根本上改变计划经济时代的那种“全能政府”模式，建立新的公共管理与公共服务模式：一是要树立新的施政理念，即树立以人为本的发展观、执政为民的政绩观、依法行政的法治观、科学民主的决策观和从严治政的责任观，并引入社会导向、任务导向、结果导向、顾客导向和市场导向等新理念。

---

① [美]戴维·奥斯本，特德·盖希勒. 改革政府[M]. 周敦仁，译. 上海：上海译文出版社，1996：8.

② [美]罗伯特·登哈特等. 新公共服务——服务，而不是掌舵[M]. 丁煌，译. 北京：中国人民大学出版社，2004：7.

③ [美]E. S. 萨瓦斯. 民营化与公私部门的伙伴关系[M]. 北京：中国人民大学出版社, 2002：6-7.

二是重新界定政府职能。协调好政企、政资、政事、政市四种关系，转变政府职能，由全能政府转变为有限政府，由中央集权的政府变为合理分权的各级政府，充分发挥各级政府的积极性；由权威主义政府变为民主行政政府，建立高效廉洁民主的运行机制；由管制型政府变为服务型政府，全心全意为人民服务。

建设和谐行政文化是深化行政体制、建立“内联”治理结构、发展“外协”合作关系的一个软支撑，也是公共管理主体持续协调与合作的黏合剂。行政体制各要素和整体模式革新都离不开和谐行政文化的内在推动。当前，建设和谐行政文化，促进行政体制的“内联”治理结构和 “外协”合作关系的整合，主要有以下两个方面内容：第一，培育责任意识与团队精神。强化公共管理主体“协作、互助”的团队意识，通过团队学习，参与公共项目，实现学习和工作的一体化；强化公共管理主体的责任意识，教育公共管理者和行政人员甘做人民的勤务员，全心全意为人民服务，提供优质、高效的公共服务，提倡“为民、务实、清廉”的崇高职业精神。第二，必须从传统的“和合文化”中汲取优秀因子。中国传统民族文化中具有丰富的“和合”思想，例如“和而不同”“和则多力”“和实生物”“协和万邦”，等等。到了今天，“和合管理”已成为一种儒家文化特质的管理模式。“和合管理”既强调和谐的管理理念，也重视管理主体内部与外部的和善、协调、联合与合作。建设和谐文化就必须把握“和合”的精神实质，充分吸纳“和合文化”的合理成分，用“和合”的理念实现行政体制内部治理结构的“整合”和外部合作关系的“协调”，并实现二者有机统一。

6.2　上承与下采：完善承接政府购买服务能力体系

政府购买服务已经成为中国地方公共服务提供的一个既定政策方针。2013年，《国务院办公厅关于政府向社会力量购买服务的指导意见》提出，“明确要求在公共服务领域更多利用社会力量，加大政府购买服务力度。”2014年12月，财政部、民政部和工商总局联合印发了《政府购买服务管理办法（暂行）》（下称《办法》）的通知，该《办法》于2015年1月1日正式实施，进一步提出，“加大社会组织承接政府购买服务支持力度，增强社会组织平等参与承接政府购买公共服务的能力，有序引导社会力量参与服务供给，形成改善公共服务的合力。”可见，地方政府购买公共服务是大势所趋，这提出两个方面的要求：一是如何有效地自下而上地承接政府购买服务的政策方针，二是如何有效地采集民众的社会公共服务需求，即“上承”政策方针和“下采”服务需求两个方面的任务。要完成这两个方面的任务，最关键的就是要深入地分析社会组织承接政府购买服务能力体系的存在问题，并提出相应的对策。

6.2.1 社会组织承接政府购买服务能力体系的问题分析*

在现阶段，社会组织能力建设还有很长的一段路要走。本书结合能力建设的体系，主要从责任承担中的资格准入问题、服务提供中的标准偏差问题和信誉维系中的持续发展问题这三方面来论述中国社会组织的能力建设中存在的问题，也是对能力体系模型的补充说明。

1. 责任承担中的资格准入问题

1）规范不足

政府在购买服务、外包服务的过程中，遇到一个突出问题就是因社会组织规范性不足而产生的资格准入问题。中国的社会组织不仅制度规范不健全，服务设备设施不先进，而且组织之间竞争力较弱，这导致政府在寻找服务承接者时往往会出现投标商不足的情况，导致采取竞争方式的公开投标难以施行。这样，政府往往采取邀请性投标方式或直接委托的方式向社会组织购买服务，以节约运作成本。①这种运作方式产生的负面效应是：当政府采用合同方式之外的整笔拨款、分类资助、整笔资助的形式对社会组织进行补助时，社会组织得到了一种既获得资金又不必担心责任的好处。社会组织往往忽视责任承担能力建设，而是把更多的精力投入到与政府搞好关系、为争取政府资金所必备的游说和写作项目书的技巧上面。社会组织的规范管理是社会组织能够承担责任的重要条件。上海市宇航学会是 1987 年成立的由上海地区学习宇航相关专业的科技爱好者组成的社会组织，是进行自我规范管理的社会组织的典型代表，在上海市宇航协会的官方网站上就有关于该学会的章程，其中详细规定了该学会的任务、业务范围、活动原则、会员和组织机构负责人的工作办法、财产的管理和处理，还有与学会管理密切相关的会籍管理制度、会费收缴制度、秘书长岗位职责、技术咨询管理办法以及职业道德等。因为宇航事业涉及国家机密，还有相关的保密制度等都有详细的单独说明。②上海宇航协会就是规范组织管理的典范。

---

* 这部分内容参见：曾维和，陈岩. 我国社会组织承接政府购买服务能力体系构建[J]. 社会主义研究，2014（3）。

① 黄晓勇. 中国民间组织报告（2010-2011）[M]. 北京：社会科学文献出版社, 2011：88-89.

② 上海市宇航协会. 协会章程、规章制度[OL]. 上海市宇航协会网站: http：//www. shsyhxh. cn/index1. asp.

2）登记困难

双重管理体制使得社会组织登记过程复杂和漫长，这种弊端引起的后果就是社会组织正规注册后选择在工商行政部门登记注册或者干脆不再登记注册。[①]于是，许多社会组织在真正需要承担责任时出现了资格不够的现象，变成了“非法”组织。在社会组织提供服务的过程中出现问题时，由于社会组织“半官方化”特点导致的服务与责任断裂，政府不得不介入善后，且往往要承担超出范围的“双重责任”。即使没有登记的复杂过程，也并不是所有的民办非政府组织都乐于登记。基金会对合法登记有比较迫切的需求，因为只有取得合法身份才能顺利募款，民办非企业单位需要得到政府购买服务项目，获得稳定资金来源。合法身份成为阻碍中国社会组织承担责任的重要因素。根据俞可平的估计，中国的社会组织中约有九成都是非法组织，游离于政府监管之外。[②]

3）资金瓶颈

导致社会组织无法承担责任的原因还包括中国的社会组织的资金缺位现象。关于社会组织的资金来源问题，本书从 Salamon 收录研究的全球 34 个国家公民社会组织收入来源中得出了结论（图 6-1）。

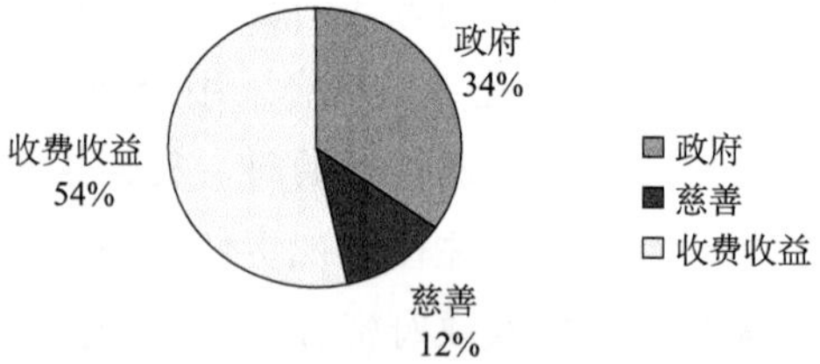

图 6-1　34 国公民社会组织收入来源情况

资料来源：《全球公民社会——非营利部门国际指数》（萨拉蒙和索可洛斯基,2007）

在全球 34 个国家中，公民社会组织的收费收益（主要是指这些组织提供服务所获取的收益，由投资所产生的商业收入以及会费和其他相关商务活动）占总收入的 54%；政府部门支持公民社会组织的资金占到了 34%，这些来自公共部门的资金主要是由政府或者是准政府机构通过拨款、合同或者是报销的方式实现的；来自各方面的私人赠与（个人、基金会或者是公司）只占到收入来源的 12%，大约是政府给予的 1/3，尚不足收费收益的 1/4。[③]

① 黄晓勇. 中国民间组织报告（2009~2010）[M]. 北京：社会科学文献出版社, 2009：75-89.

② 范传贵. 社会组织挪用善款时有发生 “双重管理”致双重难管[N]. 法制日报, 2011-07-20.

③ [美]莱斯特 · M. 萨拉蒙, S. 沃加斯 · 索可洛斯基. 全球公民社会——非营利部门国际指数[M]. 陈一梅，等，译. 北京：北京大学　出版社, 2007：34-36.

对比中国的社会组织资金来源的现状，以广西的相关数据为例，截至 2008 年，广西社科联所属的 118 个民办科研机构和学术团体中，活动经费绝大部分甚至全部由政府财政拨付的共计 30 个，占总体的 25.4%，全部经费都由组织自身筹集的有 33 个，占 28%。广西的科学学术社会团体，会费在其总经费中的比例不到 3%，这主要是由于本来会费的设定金额就比较低，并且会费的收交情况也往往不如预期。而且组织接收的捐赠金额往往都可以忽略不计。①相对于国外的社会组织，中国的社会组织在收费收入和慈善收入方面表现出了比较明显的缺陷。根据相关汇总数据，2010 年，中国的社会组织共接收社会捐赠 417.0 亿元；2011 年，中国社会组织共接收社会捐赠 393.6 亿元；2012 年，中国社会组织接收的捐赠额为接收社会捐赠 470.8 亿元。②而根据美国慈善中心统计，2008 年美国慈善组织获得的捐赠总数额为 3076.5 亿美元，占到美国国内生产总值的 2.2%。美国社会组织接收的捐赠数额与中国的社会组织接收的捐赠总额形成了鲜明的对比。③经过 2011 年红十字会的"天价饭费事件"和"郭美美事件"等负面危机事件，社会公众对向社会组织捐赠后社会组织的资金使用情况保持了一定的怀疑态度。

关于中国社会组织接收捐赠的数额较少的原因，也出现了很多相关的研究。其中，社会组织的社会捐赠受到个人捐赠的吸引力的影响比较具有代表性，非营利组织的个人捐赠吸引力的模型说明了社会组织的个人捐赠的吸引力受到品牌资产、组织绩效、专业化、服务质量、公益事项属性等的影响。经过实证研究，个人捐赠者认为品牌资产会使自身产生信赖的感觉，个人捐赠者也会产生自己的品牌偏好和情感指向。个人捐赠者会根据自身对各个公益事项的感知和偏好来判断其捐赠价值。此外，专业化和组织提供的服务质量会对个人捐赠产生影响。但是，非营利组织的绩效并不会产生较大的影响，因为人们经常在组织单位中完成捐赠。④我国社会组织的品牌资产、专业化还有服务事项等恰好与九大子能力中的品牌效应能力、专业设备能力、人力资源能力和专业技术能力（专业设备能力、人力资源能力和专业技术能力共同构成服务提供能力）形成了对应的关系。

中国的社会组织的筹集资金的能力有待加强，现在部分企业会主动进行捐赠以维持企业的形象，但是个人捐赠经常因捐赠者对社会组织的资金用途保持怀疑

---

① 刘俊. 从资金来源看中国非营利组织和政府的关系[J]. 广西大学学报（哲学社会科学版），2010（6）：24-29.

② 数据来源于中国民政部网站《社会服务发展公报》2010 年、2011 年和 2012 年.

③ 马庆钰. 社会组织能力建设[M]. 北京：中国社会出版社，2011：97.

④ 杜兰英，侯俊东，赵芬芬. 中国非营利组织个人捐赠吸引力研究[M]. 北京：科学出版社，2012：42-132.

态度而停滞不前。由于一系列危害组织形象的危机事件的发生，并且组织在事件发生之后没有采取适当的措施挽回自身形象，下一步社会组织要在公众中树立自身的形象才能使个人捐赠数额提升。在社会组织向公共部门募集发展资金时，该组织首先要有过硬的服务能力，并且要在竞争中改善不足，运用合法的竞争手段获取资金。中国的小规模的社会组织向政府募集资金时没有主动出击的观念，往往是被动等待政府分配资源。此外，由于中国的社会组织收费收益方面也相对薄弱，社会组织可以适当发展商业经营以弥补资金不足。

2. 服务提供中的标准偏差问题

萨拉蒙通过实证研究发现，承接政府购买服务的社会组织可能面临三个方面的潜在危险："首先，失去自治或独立性，尤其是会弱化该部门的倡导作用；其次，'卖方主义'，或者是，机构在寻求政府资金时扭曲自己的使命；第三，官僚化或过度专业化，失去灵活性和地方控制，而这些被认为是该部门的最大长处。"[①]这三重危险是社会组织服务提供中标准偏差的主要原因。中国社会组织在服务提供中显著地出现标准偏差问题，例如，许多社会组织具有"官办"色彩，在承接政府购买服务时成为了政府的附属品，破坏了组织的基本目标和志愿性；社会组织缺乏职业化能力强的领导人，社团、基金会等社会组织中 90%以上的员工没有接受过专业培训，部分机构组织的工作人员甚至依靠部分兼职人员在维持；[②]这些问题导致不少社会组织难以按照政府购买合同的条件与标准有效地提供公共服务。

1）独立性缺乏

关于中国社会组织独立性的缺乏，其中一个原因是文化环境所造成的中国长期以来公民社会发展条件不足。从中国长期历史发展中的社会环境来看，长期的封建社会中，君主控制民众，逐步催生了依附性的臣民政治文化。封建社会结束后，由于长期的战乱，中国一直没有建立起民主政治体制。新中国成立后的 30 年，由于计划经济体制，没有独立于国家以外的私人领域；改革开放之后，由于之前文化的残余加之市场经济下拜金主义盛行，社会也没有为中国的公民提供良好的文化条件。[③]社会组织独立性的缺乏，还由于政府的强制干预。中国政府转变

---

① [美]莱斯特 · M. 萨拉蒙. 公共服务中的伙伴——现代福利国家中政府与非营利组织的关系[M]. 田凯，译. 北京：商务印书馆, 2008：109.

② 王名，刘求实. 中国非政府组织发展的制度分析[J]. 中国非营利评论, 2007（12）：130.

③ 孔凡彬. 论中国公民社会成长的制约因素及其建构[J]. 党政干部论坛, 2010（11）：44-46.

政府职能、向社会放权，就是要将社会性、服务性、技术性、协调性的社会事务从政府部门中分离出来，交给社会组织承担。官办和半官办的社会组织经费、人员编制、业务、财务方面要与政府脱钩。[①]从资金困境部分的论述可以看出，中国的社会组织在资金上严重依赖政府部门。萨拉蒙在研究社会组织的独立性时指出，政府的资金会诱使非营利机构把精力集中在非营利组织自身认为并不重要或者不愿意去做的事情领域，政府的资金可能会扭曲非营利组织的使命。[②]在人员编制上，许多社会组织的负责人都是由公共部门在职领导兼任或者是由政府部门退休的公职人员担任。因此中国社会组织的独立性维系存在很大的困难（萨拉蒙，2008）。2004 年，国务院针对已经颁布的《基金会管理条例》中规定的“基金会理事长、副理事长和秘书长不得由现职国家工作人员兼任”中的“现职国家工作人员”作了补充通知，国家现职人员指的是党的机关、人大机关、政府机关、政协机关、审判机关、检察机关中的现职工作人员。[③]

2）专业技术能力不高

在服务提供过程中，专业技术能力的发展是社会组织保持服务的专业性、维持组织标准和品质的重要基础。广州市荔湾区逢源人家服务中心在与香港社会福利机构、社工机构合作中，获得了专业技术的支持。[④] 与其他同类机构建立技术上的合作、加强技术交流，不仅能够快速提升本组织的技术能力，而且可以节约技术成本。社会组织的专业技术能力还包括创新能力的提升。现阶段，中国很多学术性的社团创新能力不强，例如一些社科类的社团，学术活动组织能力不强，学术交流积极性不高，产出的科技产品少。[⑤] 在下一步的发展当中，社团和民办非企业单位要积极与同类组织、高校和企业加强合作，不断完善自身的创新发展能力。

3）人才建设滞后

中国社会组织人才建设方面也存在严重的问题。从总体上看中国社会组织的人才结构，根据 2009 年统计数据，全国社会组织有大专学历的工作人员 861 680 人，大学本科及以上学历的工作人员 421 679 人，2009 年年末的社会组织工作人

① 黄晓勇. 中国民间组织报告（2011~2012）[M]. 北京：社会科学文献出版社, 2012：139.

② [美]莱斯特·M. 萨拉蒙. 公共服务中的伙伴——现代福利国家中政府与非营利组织的关系[M]. 田凯，译. 北京：商务印书馆, 2008：111.

③《基金会内部治理与公信力建设》编委会. 基金会内部治理与公信力建设[M]. 北京：中国社会出版社, 2010：244.

④ 邓国胜. 社会创新案例精选[M]. 北京：社会科学文献出版社, 2013：114-116.

⑤ 邓有根. 多措并举加强社科类社会组织的自主创新能力[J]. 学会, 2014（1）：54-57.

员的总数为 4 758 332 人。大专学历的工作人员占到总人数的约为 18.1%，大学本科及以上比例为 8.9%，共计 27%左右。从受教育状况可以看出，中国社会组织工作人员学历水平有很大的上升空间。从职业资格水平情况来看，2009 年全国共有助理社会工作师 5682 人，社会工作师 225 人，相较于前面提出的全国职工总数，可见全国社会组织工作人员的职业资格水平情况并不乐观。吉林、福建、辽宁的助理社会工作师的数量占到了全国的前三位，人数分别是 858 人、590 人、589 人。辽宁、浙江、山东的社会工作师的数量占到了全国前三位，分别有 53 人、47 人、26 人。从职业资格水平情况来看，社会组织工作人员取得职业资格水平的情况并不理想，相较于学历状况来说，专业技能更有待于加强。全国社会组织工作人员年龄 35 岁以下的有 1 476 553 人，36~45 岁的有 1 980 817 人，46~55 岁的有 968203 人，56 岁及以上的有 332 759 人。（图 6-2）① 全国社会组织的工作人员的年龄结构趋于合理，中青年的人员成为主力军，但是人才队伍还有可以年轻化的余地，人才队伍年轻化可以进一步提升组织的活力，释放思维的火花。本书将社会组织按照社会团体、民办非企业单位和基金会划分，在受教育程度方面，社会团体的大专学历的工作人员有 427 749 人，大学本科及以上的人员有 178 318 人；民办非企业单位大专学历的工作人员有 432 773 人，大学本科及以上的工作人员有 242 130 人；基金会的大专学历人员有 1158 人，大学本科及以上的有 1231 人。社会团体 2009 年年末职工总数是 2 855 858 人，民办非企业单位是 1 892 060 人，基金会为 10 414 人。② 在社会团体中，大专学历的人员有约 15%，本科及以上学历的人员有 6%；民办非企业单位中大专学历占 22.9%，本科及以上占 13%左右；基金会中大专学历占 11%，本科及以上占 11.8%。民办非企业单位中从业人员学历相对较高。

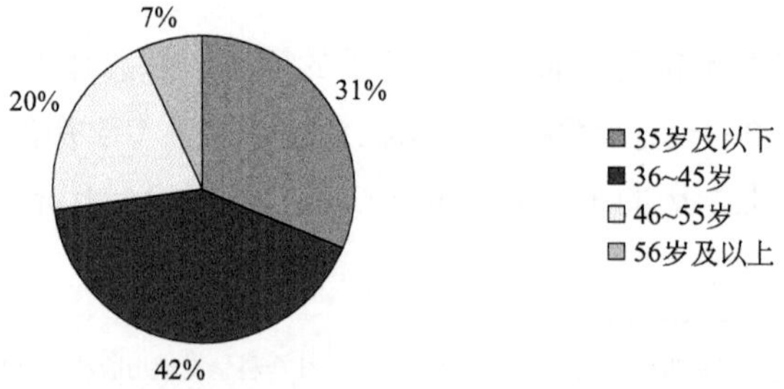

图 6-2　2009 年年底统计全国社会组织工作人员年龄结构

---

① 中国社会组织网研究资料库综合数据：http：//www. chinanpo. gov. cn/2201/42812/nextyjindex. html.

② 中国社会组织网研究资料库社会团体、民办非企业单位和基金会部分的统计数据：http：//www. chinanpo. gov. cn/2201/42812/nextyjindex. html.

4）设备设施不先进

社会组织的设备设施落后与社会组织的资金困境有着十分密切的联系。首先是政府的支持不能惠及所有的社会组织，一些刚刚发展起步的社会组织没有得到政府的资金支持，其自身的创收能力又较弱，不能够支持组织内部基础设备的完善。此外，有些接收政府资金支持的社会组织，随着业务的多方开展和不断增长的需求，政府的支持资金不随之上涨或者是涨幅较小，就不能支持组织的设备增设。例如，中国的社区社会组织、街道办事处每年投入社区社会组织承接政府公共服务方面的资金增多，但是相对于社区服务的需求，尤其是助老服务需求每年都在增长，这些资金是远远不够的。但是，一些助老设备又是不得不增加的，助老活动场地，以及床位都是助老服务中迫切需要增加的设施设备。①

3. 信誉维系中的持续发展问题

中国社会组织在发展中长期因诚信问题为人们所诟病，从早年的希望工程侵吞捐款，到后来中国红十字会的“天价饭费事件”和“郭美美事件”，无不引发人们对社会组织信誉及责任的深层思考。诚信问题不仅会影响社会组织致力于公益的美好形象，而且会吞噬社会组织持续承接政府购买服务的能力。地方政府在选择购买服务承接主体时往往看重社会组织的信用记录，例如，2014 年河北省政府共向社会力量购买 13 个领域的 88 项公共服务，“具有良好的社会和商业信誉”就是设立的五门槛规范之一，②《山东省民政厅关于确定具备承接政府职能转移和购买服务条件的社会组织指导意见》中把“在本行业、专业领域内具有较高的公信力和信誉度”作为优先条件。③ 这样，不具有良好的社会和商业信誉的社会组织就会被拒之政府购买服务主体选择的门外。中国社会组织在信誉维系中的持续发展问题主要有以下几方面。

（1）自律困境。美国的非营利组织在经历了一系列的丑闻之后，于 2004 年成立了“非营利部门工作小组”，该小组共由 25 人组成，他们都是来自美国著名私立基金会或者大型公共慈善组织的领导人。该小组发表了《良好的治理与道德行为准则》，该准则分为四大部分，分别是守法与信息披露、有效治理、财务监

① 王名. 社会组织论纲[M]. 北京：社会科学文献出版社, 2013：189-190.

② 赵建. 河北 88 个政府购买公共服务项目公布　五门槛规范[OL]. 燕赵都市网：http://yanzhao. yzdsb. com. cn/system/2014/02/09/013573151. shtml.

③ 山东省人民政府. 山东省民政厅关于确定具备承接政府职能转移和购买服务条件的社会组织指导意见[J]. 山东省人民政府公报, 2014（7）：30-31.

督、负责任的捐款。[①]影响中国的社会组织自律的因素主要集中在三大方面。一是组织内部没有明确的自律监督机制，并且没有配套的监督制度。二是由于人员素质的限制，社会组织负责人或者普通工作人员的公益精神不足，没有慈善精神，可能会做出损害组织形象的事件。三是信息的公开披露制度，红十字会在“郭美美事件”发生之后才完善了信息披露制度。但也有组织以此次红十字会的事件为契机，如一些公开透明的民间公益组织就成为一项对民众信仰的挽救行为。例如，为每位孩子每天提供三元标准的“免费午餐”，每一笔善款的支出都在网络微博得到了公示。[②]

（2）公关能力不强。社会组织的日常管理应当制定详尽的规章制度，时刻维护组织的纪律。并且，在危机事件发生之后也要及时采取适当的措施，做好公关工作，及时挽回组织的形象。本书就红十字会在处理危机、维护形象中的作为来进行针对性的说明。2011 年 6 月 21 日，新浪微博上出现了名叫“郭美美 Baby”的炫富事件，其认证身份是中国红十字会商业总经理，还有的网友猜测，郭美美是中国红十字会副会长郭长江的女儿，一时间出现了铺天盖地的对红十字会的指责和非议的言论。在长达半年的时间里，关于红十字会的讨论都是热点问题。郭美美炫富发生事件之后，红十字会第一反应就是否认其组织与郭美美有关，红十字会的这种划清界限、逃避责任的行为耽误了澄清事实的最佳时间。在事件刚开始的阶段，红十字会一直采取逃避责任、自证清白的消极手段来回应问题，导致了在之后的反应中一直处于被动回应的状态。此外，红十字会在郭美美事件爆出 8 天之后才召开了新闻发布会，体现了中国的社会组织应对危机的能力不足。[③]红十字会作为大型的社会组织，尚且不具备快速反应能力，其他社会组织可想而知。社会组织作为社会管理的第三方，在发生危机事件时，往往是自说自话，不具备权威性和说服力。

（3）品牌效应难以发挥。社会组织不仅要处理危机、树立组织的形象，还要打造组织的品牌。社会组织品牌效应的建立可以比照一些知名企业品牌效应建设方略，在具备强大的整合资源能力的基础上，逐步提高产品和服务的质量，建立起良好的企业信誉，并将组织的特点和优势向外推广。深圳市商业联合会是注重

① 黄晓勇. 中国民间组织报告（2013）[M]. 北京：社会科学文献出版社, 2013：189-190.

② 邓国胜. 社会创新案例精选[M]. 北京：社会科学文献出版社, 2013：160-161.

③ 陈先红，刘晓程，李华君. 公共传播研究蓝皮书：中国危机公关案例研究报告（2011 卷）[M]. 武汉：华中科技大学出版社, 2012：67-80.

打造自身的品牌，承办大型的活动，并且打造自身的会员服务体系。[①]武汉的民间环保组织“绿色江城”在发展中积极承担环保相关责任，并发展了一大批公众支持者，这些支持者也在与组织协同，为环保发声，无形中增加了组织的活动力量。并且，这些支持者也在帮助组织传播环保理念，为组织获得公众的信任和支持贡献了一份力量。[②]

社会组织信誉维系是组织发展的生命力，具有良好信誉维系能力的组织不仅要在管理运作中健全组织内部的规章制度，加强自身监督，发展品牌，还要学会应对危机，挽回形象。

6.2.2　能力生态视角下承接政府购买服务能力体系建设

能力生态学是生态学发展的一个新兴领域，主要研究组织的“能力—人—环境”生态关系的新兴学科。中国国内目前还没有关于社会组织与公共组织能力生态的系统研究，极少有学者研究政府能力生态位与能力生态的关系。一般而言，能力生态体系由能力生态因子、能力生态链和能力生态圈三个方面的内容构成。由此，本书借鉴能力生态体系的先进理念，提出社会组织承接政府购买服务的建设思路如下。

1. 优化能力生态因子，夯实社会组织责任承担能力

社会组织承接政府购买服务的能力生态因子主要有设备、资金、人员、规则、技术以及良好的信誉记录等。社会组织应当以这些生态因子为优化切入点，围绕九大子能力，“内外结合、软硬兼施”，健全内部治理结构与规则体系，引进与培训人才，制定员工的职业生涯发展规划，增强筹资能力，从根本上改变过去社会组织一遇到事情就争先恐后“卸责”“推责”的糟糕状况，使社会组织在承接政府购买服务中成为名副其实的责任主体。

（1）巩固自治生态因子，明晰责任承担的边界。自治生态因子，从直接相关的角度来说主要包括制度和人员等。要打造社会组织自治环境，政府首先要在登记管理制度方面进行改革，改善现存的双重登记管理制度。双重登记管理制度存在的问题已经十分明显，集中反映在两个方面：首先是造成大量的组织处于未登记状态，未登记的组织远远多于已登记的组织；其次是严重影响到组织的独立性，

① 徐家良. 社会组织的结构、体制与能力研究[M]. 北京：中央编译出版社, 2012：88-98.

② 邓国胜. 社会创新案例精选[M]. 北京：社会科学文献出版社, 2013：184-198.

造成组织与政府关系过于密切。[①]简化登记管理制度，使现存的许多“非法”组织以更小的成本投入变成合法组织。政府应该确定相关的规章制度改变现在许多社会组织的负责人由政府相关人员兼任，或者是由党政机关退休人员担任的情况。社会组织要想与政府形成权责明确的关系，就需要从人事上划清界限。

（2）完善设备生态因子，夯实责任承担的硬件条件。设备生态因子是社会组织正常运作的硬性条件，是社会组织正常运作不可或缺的硬件设施设备的总称。对北京市科技类社会组织的调查结果显示，在北京市 131 家科技类社会组织中，无偿借用办公场地的有 89 家，租房的有 23 家机构，4 家机构拥有自由产权房，15 家机构由挂靠单位有偿或者无偿提供办公用房。大部分机构都配备了基本的办公用品，如打印机、传真机、电脑等。近 40%的社会组织拥有专属的网站。专属网站从侧面反映了其事业规模。[②]拥有专属网站的社会组织与公众交流更加便利，有利于宣传组织理念，便于开展组织活动。随着网络时代发展为社会组织带来的机遇，社会组织也应该利用互联网平台宣传和推广组织。政府在基础设施方面给予组织一定的支持。社会组织应该主动出击，寻求政府和企业的支持。

（3）强化资金生态因子，巩固责任承担的物质基础。增强社会组织筹款能力是社会组织生存的必要因素。社会组织可以通过承接政府购买服务来筹集资金。因此，社会组织必须向政府要求和选择的社会组织标准发展。很多地方政府都详细规定了承接主体的条件，并且地方民政部门组织联合其他机构对社会组织做出了评级，在许多购买政策中都有向“2A”、“3A”或者是“4A”组织优先购买的要求。在向社会公众筹资的过程中，社会组织要有一定的吸引捐赠的吸引力。根据非营利组织个人捐赠吸引力模型的实证研究，集中影响个人捐赠的维度有四个，即品牌资产、专业化、服务质量和公益事项属性。[③] 社会组织如果面向社会筹资首先要加强这几方面能力的建设。社会组织在制定筹款战略时，首先要明确筹款的范围，社会组织资源的来源主要有以下几个方面：个人捐助、政府拨款、国际援助和发展基金、基金会拨款、公司赞助、商业赞助等。社会组织要根据每一种对象的特点制定相应的战略。筹集资源也需要社会组织利用公共关系，这种公共关系能力使用的目的是：首先，将公众的目光吸引过来，获得公众的关注和

① 刘志欣，孙莉莉，杨洪刚. 非政府组织管理结构功能与制度[M]. 北京：清华大学出版社, 2013：21-23.

② 马庆钰，钟开斌. 能力建设与社会组织发展[M]. 北京：中国科学技术出版社, 2013：6-7.

③ 杜兰英，侯俊东，赵芬芬. 中国非营利组织个人捐赠吸引力研究[M]. 北京：科学出版社, 2012：42, 124-125, 131- 132.

理解。其次，在竞争中树立自身的地位，展现其与众不同的方面。[①]政府对社会组织的资源支持占到社会组织资源来源的很大一部分，在下一步的发展中，政府应该利用更多的支持方式向社会组织提供支持，进一步优化政社关系。政府可以引导社会组织与企业建立合作关系，并且社会组织也应该主动寻求更多的资源。

（4）优化人力资源生态因子，留住和吸引责任承担的优秀人才。社会组织要加强组织内部人才队伍的建设。现在的社会组织缺乏人才与社会组织资金短缺有很大的关系。社会组织的筹款能力有限引起的资金短缺危机，导致了社会组织没有足够的能力吸引和留住人才。许多社会组织现有的工作人员缺乏专业的技能。在社会组织人力资源招聘中首先要根据工作任务，确定招聘的对象。社会组织在进行新进人员招募的过程中要对专业能力进行一定的测试和考察。为了留住社会组织中的人才，使人才能得到激励，社会组织内部也要建立人力资源的激励机制。首先，要确立组织的目标和使命，这个使命必须有足够的感染力，唤醒组织成员的责任意识，以实现让组织成员为达成组织的目标和使命而努力。其次，要给予成员自我发展的机会。[②]给组织成员表现的机会是让成员展现自我价值的重要组成部分。组织成员产生成就感和获得自我发展机会是留住组织成员的必要过程。现在的社会组织中工作人员的现状为学历和专业知识不匹配，学历优势没有充分发挥。许多社会组织的负责人专业知识不足，没有能力领导社会组织。此外，在组织内部人员管理上，没有执行有效的监督考核机制。首先，很多社会组织负责人认为，加入社会组织的工作人员本来就是具有志愿精神，是在助人为乐，因此不应该进行绩效考核。其次，在绩效考核中为了保护组织形象和组织成员的自尊心，所谓的考核只能流于形式，没有起到真正意义上的监督作用。[③]许多组织的负责人并不是专业人士，一些是从公共部门退休的干部，他们在处理社会组织的日常事务上独断专行，加上社会组织内部的民主机制不健全，在关于组织重大事件的决策上，并没有实现民主表决，导致组织的发展方向偏离。在社会组织人才队伍建设上，政府也应该帮助社会组织吸引优秀的人才，引导社会组织与高校合作，为社会组织人员培训建立合作平台。社会组织人力资源能力还包括志愿者队伍的建设。浙江省新昌县在招募社工方面进行了有益的探索，新昌县的民政部门和人事

① [美]末歇尔 · 诺顿. 全球筹款手册 NGO 及社区组织资源动员指南[M]. 张秀琴，江立新，译. 北京：中国人民大学出版社, 2005：62, 385.

② 刘志欣，孙莉莉，杨洪刚. 非政府组织管理结构功能与制度[M]. 北京：清华大学出版社, 2013：78-81.

③ 祁麟，李林. 我国非政府组织人力资源管理的困境与出路[J]. 中共合肥市委党校学报, 2010（1）：46-49.

部门联合向社会发布了招募社会工作者的通知，在这一批年轻的社区工作者的队伍中，有高中学历到大专学历不等的人员，县财政负责解决这一批社工的工资问题。在招募到的这一批社工中也有一些低收入人群和待岗人员，这种模式既缓解了失业现象，也保证了一定数量的社区工作队伍。[①]

（5）提高技术生态因子，保障责任承担过程。社会组织提供服务的专业能力是组织生存和发展的生命力。专业技术能力的完善和发展受到社会组织专业人才的影响。紧抓社会组织专业能力的发展，资金困境等都可能得到一定程度的解决，同样，解决资金短缺的难题也有利于组织专业能力的提高。这些因素都是社会组织能力生态链上的一部分。社会组织的创新能力是组织发展的核心能力。创新能力作为专业技术能力的衍生，社会组织不但要在专业技术方面创新，还要在提供的服务项目上创新。尤其是科技类的社会组织，要加强对外合作与交流，开展必要的学术活动。引进青年人才，使组织专业团队年轻化。在提高专业能力方面，要加强同类社会组织的合作，行业内的合作可以减少组织技术能力提高的成本，使合作组织之间实现互利互惠。只有技术和人才的共生共荣、协调发展，才能增强社会组织承担社会公共服务提供的责任能力。

2. 打造能力生态链，强化社会组织的服务提供能力

能力生态链是指在能力生态系统中，以社会组织承接政府购买服务能力要素（设备、资金、人员、规则、技术、知识、技能、劳动成果、经验、教训等）为纽带形成的具有紧密衔接关系的能力链条。打造能力生态链，关键是要把握社会组织承接政府购买服务能力的三个面向，构建社会组织的能力孵化机制，既增强社会组织承接服务的硬实力，也提升社会组织承接服务的软实力。

（1）保障性服务提供能力生态链。保障性服务提供能力是社会组织运作的硬性要求，它确保了运作性服务提供能力和发展性服务提供能力的效应发挥。保障性服务提供能力生态链中，包括社会组织的独立运作能力、自我监督能力和设备完善能力。社会组织首先保证独立性，才能够在提供公共服务的过程中，不受来自外部的压力影响，保持组织的品格。社会组织的自我监督能力的发展要基于独立运作能力的发展。因为，根据第 5 章服务偏差能力的描述，有时社会组织的服务偏差并不是由于社会组织内部的问题，而是受到政府的外部压力，如果社会组

① 吴锦良等. 走向现代治理：浙江民间组织崛起及社会治理的结构变迁[M]. 杭州：浙江大学出版社, 2008: 241.

织不能摆脱来自组织外部压力所造成的方向偏差，那么，自律监督也就显得毫无意义。设备完善能力是上述两个能力的基础保障，没有基础的设备，上述能力的发展都是徒劳的。三大保障性服务提供能力的整合是社会组织建设能力的基础。

（2）运作性服务提供能力生态链。运作性服务提供能力侧重于社会组织日常运作过程中所需要的业务型能力。运作性服务提供能力生态链中包括社会组织中的人力资源能力、资金筹集能力和品牌效应能力。其中人力资源能力的建设是为上述能力提供人才的基础。社会组织内部人才队伍得到建设，社会组织筹款能力、整合资源的能力都会得到提升。资金筹集能力为社会组织的人力资源建设提供了保障，许多社会组织不能留住人才的原因，就是内部缺乏资金，许多工作人员工资低，没有基本的生活保障。因此，影响了社会组织工作人员的公益精神的发挥。品牌效应能力首先能为组织带来资金收入，不论是通过营销还是品牌塑造后收到捐款数额的增加。三大运作性服务提供能力的建设为社会组织建设提供整体架构。

（3）发展性服务提供能力生态链。发展性服务提供能力是在社会组织发展的现有基础之上，引导组织向更强方向发展的一种战略性能力。发展性服务提供能力生态链包括社会组织中的形象塑造能力、专业技术能力和流程规范能力。流程规范能力保证了社会组织在承接服务中的准入资格，流程规范能力在准入资格中的作用相对于资金和登记来说，其软性特征更加明显。以规范的流程操作的社会组织会给服务转移方政府以及服务的受众社会公众增强组织的值得信赖的形象。良好的社会组织形象，提升组织在竞争中的实力，社会组织也就没有违反规范流程的必要性了。专业技术能力为社会组织在竞争中提供服务质量保证，并且能够对外提升组织形象。

社会组织的能力生态链并不是直线的能力生态链，社会组织的能力生态因子之间都会具有或多或少的能力生态关联。生态学的基本观点就是每一个个体都不是单独存在的，都会与周围的环境进行物质交换。能力生态因子也符合这个规律，即使两个因子之间没有确定明显的关联性，但是，也不能轻易排除这种关联性存在的可能。

3. 形塑能力生态圈，提升社会组织的信誉维系能力

能力生态圈是指社会组织在承接政府购买服务中的各利益相关者（政府、社会组织、公众等）相互联系、相互作用共同构成的一个合作平台。中国社会组织的现状是不仅其自身的专业能力缺乏，而且社会组织彼此之间以及它们与各种市场力量之间、各级政府媒体之间也没有充分的交流，不同的社会组织以及各种力

量的利益代表不同，这些力量之间相互较量，相互冲突，彼此关联和互动，在矛盾中均衡和整合。社会组织之间为了项目竞争冲突，相互斗争，关系交恶，甚至于组织内部也不是很和谐。①形塑能力生态，就是要形成以公信力建设为载体提升社会组织公共服务能力的生态环境，②主要做法有：构建社会组织的自律机制、他律机制和第三方评估机制，把社会组织的信誉建立在信息公开与制度规范的基础之上；加强政府的管理，形成“政府统一领导，财政部门牵头，民政、工商管理以及行业主管部门协同，职能部门履职，监督部门保障”的政府服务购买工作机制；在公众满意度调查基础上，改进服务质量，提升服务品质，树立服务品牌，在社会组织与公众之间建立良好的信任关系。

（1）完善社会组织形象维护内部的子生态圈。在信任逐渐瓦解的现代社会中，如何提高社会组织公信力是一项十分艰巨的任务。社会组织应该借鉴政府信息公开制度，将社会组织的日常运行也放在阳光下。社会组织不仅要公开信息让社会监督，其内部也要成立自我监督的小组。为了确保小组监督效果，首先要修订组织内部的章程规定，其次要保证规则的执　　行力。

社会组织要提升营销能力和公关能力。社会组织营销的目的是与服务对象加强交流，满足消费者的愿望。营销时首先要宣传价值观念，然后针对服务对象进行调查与预测和环境分析，在选定目标领域之后利用产品、价格、渠道地点、促销的手段进行基本的营销（马庆钰，2011）。③

中国社会组织在维护形象的现状中，最缺乏的是应对危机的能力。中国红十字会在“郭美美”事件发生之后，被动应对的行为给自身形象带来了负面的效果。许多社会组织在吸取了红十字会的教训后，首先完善了组织内部的信息公开制度，也逐渐认识到了危机应对能力的重要性。在2013年9月，国务院办公厅的《关于政府向社会力量购买服务指导意见》出台之后，各省市在出台相关政策时，也会将信息公开作为选择承接主体的参考条件。

（2）加强社会组织形象维护的外部子生态圈。当今网络迅速发展，各种传播媒介都在发挥作用。构建社会组织的监督体系需要内外兼顾。内部的监督体系要有制度的保证，外部的监督体系是由党政机关带领下的全方位评估监督体制。美国的社会组织具有很好的公信力，但这并不意味着从一开始他们就具有很好的公

① 王名. 社会组织论纲[M]. 北京：社会科学文献出版社, 2013：121-122.

② 孙燕. 以公信力建设为载体提升社会组织公共服务能力[J]. 中国社会组织, 2013（5）：33-35.

③ 马庆钰. 社会组织能力建设[M]. 北京：中国社会出版社, 2011：186-188.

信力。20 世纪 90 年代至 21 世纪初，由于非营利组织的数量和类别都迅速增加，相关的法律法规不健全，监督手段也存在缺位现象，当时的非营利组织也存在很严重的信任危机。后来相关部门在立法上做出努力，加强对非营利组织的管理与问责，才逐渐改变了这一现象。[①]我国社会组织发展也必然要经历这一阶段。

新成立的社会组织以及一些能力较弱的社会组织没有能力和资源管理自身形象时，政府与大型社会组织应该建立合作机制为刚刚起步的社会组织提供孵化支持。上海、南京、深圳等地方政府已经建立了公益组织的孵化机制。2009 年南京市民政局、建邺区政府和爱德基金会联合筹办了“爱德社会组织培育中心”。社会组织的孵化器需要政府、企业和社会大众的支持。发展较为完善的社会组织也可以参与到孵化器中来帮助刚刚起步的社会组织发展。[②]

（3）构建社会组织内外生态圈的协同机制。社会组织的内外生态圈要在许多方面进行合作。在资金方面，社会组织的内部要增强创收的能力，社会组织外部的政府和企业也要提供多方的支持。在人才建设方面，社会组织要进一步遴选适合社会组织工作的专业人才，还要和政府、高校联合起来为工作人员提供专业能力的培训。在专业技术方面，社会组织要发展组织的技术能力，还要与同行业的组织开展合作。总之，社会组织的能力建设需要内外协同、联动。并且在发展能力时，也要充分考虑到社会组织能力之间的关联，整体发展，有所侧重。

6.3　构建地方公共服务组织结构复杂适应需求模型

深化地方公共服务行政体制改革和完善承接政府购买服务能力体系建设是地方公共服务组织结构优化的两条基本路径。前者从行政体制改革方面针对地方公共服务组织内层结构进行优化，后者从政府购买的承接主体（社会组织）承接能力建设方面针对地方公共服务组织外层结构进行优化。这样，就形成了内层结构和外层结构两条优化路径。本书在这两条优化路径的基础上，以地方公共服务需求复杂性为直接驱动力，构建了一个地方公共服务组织复杂适应需求理论模型。

① 丁晶晶，李勇，王名. 美国非营利组织及其法律规制的发展[J]. 国外理论动态, 2013（7）：98.

② 王名，丁晶晶. 社会组织参与社会管理创新的基本经验[J]. 中国行政管理, 2013（4）：66.

6.3.1 复杂适应需求理论模型创建

本书通过对中国地方公共服务组织结构实践模式的分析，并借鉴了当代西方国家公共服务组织结构变革的经验，归纳出了决定公共服务组织结构变革的两个基本变量：公共服务需求复杂性程度和公共服务组织结构整合协同能力。公共服务需求复杂性程度是表示公共服务需求的发展速度、个性化和交叉性公共服务数量上的一个变量。公共服务组织结构整合协同能力包括内层组织结构的整合能力和外层组织结构的协同能力，是表示公共服务组织结构适应性的一个变量。随着公共服务需求复杂性程度的增加，公共服务组织结构整合协同能力也必须相应地增加，才能适应其内在的需要。

依据这二维变量，我们将公共服务组织结构进行四个象限分类，划分为四种理想类型（图 6-3）。从理论上看，第Ⅰ象限内的 A 类型表示弱组织结构整合协同能力、低公共服务需求复杂性，这主要是与传统社会相适应的，如漫长的封建社会所实行的政府组织结构;第Ⅱ象限内的B类型表示强组织结构整合协同能力、低公共服务需求复杂性，这主要是与官僚制组织结构相对应的，是与工业社会相适应的组织结构；第Ⅲ象限内的 C 类型表示弱组织结构整合协同能力、高公共服务需求复杂性，这主要是与新公共管理组织结构相对应，是从工业社会向后工业社会转变的过渡性组织结构;第Ⅳ象限内的D类型表示强组织结构整合协同能力、高公共服务需求复杂性，这主要是整体政府时代改革的产物，是一种整合性与跨界协同的组织结构创新的产物，主要与后工业社会相适应的组织结构模式。

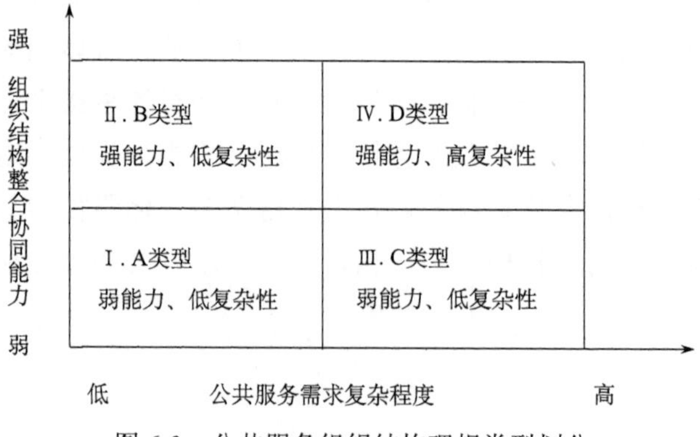

图 6-3 公共服务组织结构理想类型划分

在公共服务需求渐增复杂性的条件下，公共服务组织结构的整合协同能力（内部要素更加整合、外部主体更加协同）必须相应地增强，才能适应服务需求复杂性的变化。因此，与复杂性公共服务相适应的 D 类型组织结构模式将代表未来的发展趋势，以 D 类型组织结构模式为参照，可以构建一个地方公共服务组织结构变革复杂适应需求模型（图 6-4）。

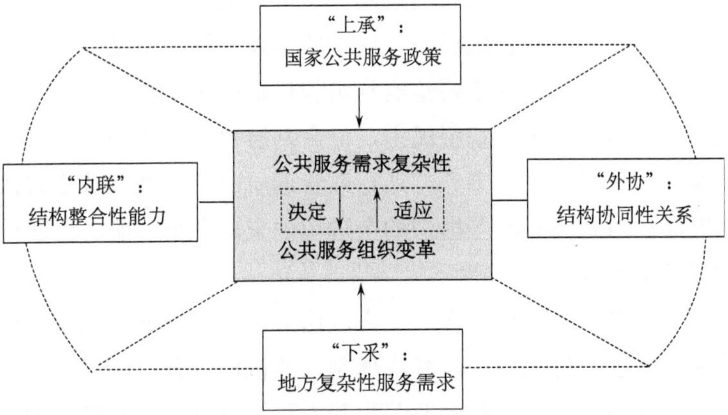

图 6-4　地方公共服务组织结构变革复杂适应需求模型

6.3.2　复杂适应需求模型的运作机理

地方公共服务组织结构变革复杂适应需求模型包括"一性四维"的运作机理。"一性"即公共服务需求复杂性。在经济全球化的背景下，随着中国社会主义市场经济体制的健全与和谐社会建设进程的推进，公共服务需求复杂性成为中国构建服务型政府必须面对的基本问题，也成为地方公共服务组织结构最主要的挑战。地方公共服务需求复杂性主要表现为渐增性、多样性和交叉性三个方面，它是地方公共服务组织结构变革的直接驱动力，在地方公共服务组织结构变革中发挥着决定性作用，而地方公共服务组织结构变革在很大程度上都是为较好地适应地方公共服务复杂性的需求。

"四维"是地方公共服务组织结构变革的四个向度，即"上承"国家公共服务政策、"下采"地方复杂性服务需求、"内联"的结构整合性能力和"外协"的结构协同性关系，其具体内容可以表述如下。

一是畅通国家公共服务政策的承接机制。首先，公共服务组织结构变革在原则上必须与国家的大政方针保持一致（当然在具体的变革过程中可以坚持原则性与领域性的统一）。其次，要发挥政策协调的作用，发挥党的政策对管理领域的调控作用，有效地分配公共资源与公共价值，从而提升公共服务的品质。最后，还要发挥智囊团和智库解读政策的作用，因为当公共服务项目比较复杂时，“政府可能会采用一些接近顶端的分析才能勉强过关。政策智库或学术界的专业思考者会为高层决策者揭示正确的答案（约翰等，2015）。”

二是完善地方公共服务需求表达机制。这可以从政治与管理两个层面着手和努力：从政治层面完善权利表达机制。这主要是发展社会主义民主，切实保障人民当家作主的民主权利，特别是要落实党员和群众的选举权、知情权、参与权、表达权和监督权。进一步扩大基层民主，健全基层自治组织和民主管理制度，让民众更好地参与管理基层公共事务。从行政管理层面必须切实地实行政务公开制度，让民众能够参与到公共服务提供的全过程中来，在公共服务供给的过程中发出声音，实现预期需求。

三是建立“内联”的结构整合性能力。这必须按照科学发展观的要求，运用统筹兼顾的根本方法，建立一种以解决体制内的机构重叠、职责交叉、政出多门等问题作为基本着力点，以大部制改革为基本路径依赖，以信息技术和大数据核心技术为基本工具，切实加强政府组织内部结构性要素的整合。

四是发展“外协”的结构性协同关系。“外协”合作关系是“内联”的整合性能力的逻辑延伸，这要求以协作性公共管理、多中心治理、网络化治理等跨部门协同理论为基础，把伙伴关系作为一个基本的操作化工具，使各种公共服务“协作”主体（政府、企业、市场中介组织等）基于共同的责任，获取所依赖的资源，构建合作性网络结构，在地方公共服务提供中结成良性互动的伙伴关系。

总之，通过公共服务组织结构变革适应服务需求复杂性将成为一种基本的组织管理倾向，它将公共服务提供的“无序状态转化为创造性的有序状态”（海恩斯，2008），实现了复杂社会条件下的地方公共服务提供的高品质和地方政府善治。

参 考 文 献

白长虹, 刘春华. 2014. 基于扎根理论的海尔、华为公司国际化战略案例相似性对比研究[J]. 科研管理, 35(3): 99-107.

包颖. 2014. 《中国社会组织评估发展报告(2013)》蓝皮书发布让评估等级成为公众捐赠指南[J]. 中国社会组织, (2): 24-27.

本刊编辑部. 2011. 案例内容: 政府购买基本公共卫生服务的基本做法[OL]. 龙源期刊网 http://www. qikan. com. cn/Article/jcbp/jcbp201105/jcbp20110510-2. html[2011-5-10].

蔡凌萍. 2011. 社会组织能力建设需求调查[J]. 中国预防医学杂志, (1): 78-83.

蔡一璇, 张多蕾. 2011. 基金会组织自律机制研究[J]. 西部财会, (6): 75-77.

操世元, 姚莉. 2007. 论中国行政体制的扁平化改革[J]. 湖州师范学院学报. 29(4): 54-58.

曹剑光. 2010. 公共服务的制度基础——走向公共服务法治化的思考[M]. 北京: 社会科学文献出版社.

陈华等. 2012. 社会组织参与社会管理和服务研究: 南京的探索和实践[J]. 中共南京市委党校学报, (5): 52-58.

陈姣娥. 2010. 基于扎根理论的网民公共政策态度形成研究[J]. 公共管理学报, 7(3): 89-94.

陈朋. 2015. 民族高校图书馆资源整合与服务集成初探[J]. 图书馆工作与研究, (1): 63-66.

陈绍军. 2014. 加快建立我国联防联控机制的建议[J]. 前进论坛, (4): 55-56.

陈威, 郭书晋. 2013. 中国农业信息化技术发展现状及存在的问题[J]. 农业工程学报, 29(22): 196-205.

陈为雷. 2011. 新时期基层社会组织能力建设研究[J]. 中国城市经济, (23): 360-361.

陈先红, 刘晓程, 李华君. 2012. 公共传播研究蓝皮书: 中国危机公关案例研究报告(2011卷)[M]. 武汉: 华中科技大学出版社.

陈向明. 2000. 质的研究方法与社会科学研究[M]. 北京: 教育科学出版社.

陈振明. 2002. 政府再造——公共部门管理改革的战略与战术[J]. 东南学术, (5): 16-22.

程云蕾. 2014. 公益组织的诚信危机与治理[J]. 人民论坛, (8): 134-136.

迟福林. 2015. 公共需求变化与政府转型[J]. 中国经贸导刊, (17): 32-33.

楚天金报. 2014. 武汉民政 1490 万元购买社会服务[OL]. 中国政府采购网, http: //www. ccgp. gov. cn/jrcj/zfcgdt/201404/t20140417_3395780. shtml[2014-4-17].

崔正, 王勇, 魏中龙. 2012. 政府购买服务与社会组织发展的互动关系研究[J]. 中国行政管理, (8): 48-51.

达霖・格里姆赛, 莫文・K・刘易斯. 2008. 公私合作伙伴关系: 基础设施和项目融资的全球革命[M]. 济邦咨询公司译. 北京: 中国人民大学出版社.

大众日报. 2014. 山东: 政府买服务首选3A级以上社会组织[OL]. 中国政府采购网, http: //www. ccgp. gov. cn/dfchannel/shandong/201404/t20140404_3372965. shtml[2014-4-4].

戴中光. 2009. 高校组织结构的检视和“扁平化”组织结构设想[J]. 长沙航空职业技术学院学报. 9(4): 6-8.
邓国胜. 2004. 非营利组织“APC”评估理论[J]. 中国行政管理, (10): 33-37.
邓国胜. 2013. 社会创新案例精选[M]. 北京: 社会科学文献出版社.
邓宁华. 2011. 发达国家的非营利组织能力建设[J]. 外国问题研究, (2): 78-82.
邓锁. 2011. 政策实施的网络视角与社会服务整合[J]. 江苏社会科学, (1):26-31.
邓有根. 2014. 多措并举加强社科类社会组织的自主创新能力[J]. 学会, (1): 54-57.
丁国光, 吴孔凡, 易赟. 2009. 以村为单位打造财政资金整合新机制——重庆市建立村级公共服务中心的做法与启示[J]. 中国财政, (10): 37-39.
丁晶晶, 李勇, 王名. 2013. 美国非营利组织及其法律规制的发展[J]. 国外理论动态, (7): 95-102.
丁亮. 2013. 基于云计算的手机图书馆服务整合探析[J]. 无线互联科技, (12): 181-182.
董慧凝, 周京, 赵伟. 2013. 论我国慈善组织法人管理弊端及完善途径[J]. 中国行政管理, (3): 69-72.
董健, 李兆友. 2014. 服务型政府建设中的现代官僚制[J]. 社会经纬理论月刊, (5): 153-157.
杜兰英, 侯俊东, 赵芬芬. 2012. 中国非营利组织个人捐赠吸引力研究[M]. 北京: 科学出版社.
杜秋梅. 2013. 社区扁平化管理与社会工作——基于对无锡市社区扁平化管理模式的调研[J]. 青年与社会, (16): 174-175.
樊丽明, 解垩. 2009. 公共服务均等化背景的城乡医疗保险整合: 山东的调查[J]. 改革, (6): 86-92.
范绍庆. 2005. 官僚制精神与中国行政组织文化的重建[J]. 行政论坛, (1): 72-76.
方向文. 2011-7-22. 不断提升社会组织参与社会公共管理与服务的能力[N]. 南方日报, (A05).
丰云. 2007. 论我国行政组织的扁平化趋势及设计[J]. 山西高等学校社会科学学报, 19(4): 31-34.
冯锋, 刘斌. 2003. 非服务型企业的服务特点及服务整合的基本原则[J]. 软科学, 17(6): 37-39.
冯君. 2014. 我国开出政府购买服务改革时间表, 服务采购迎来“大提速”[J]. 中国招标, (8): 8-11.
弗雷德里克 · 泰罗. 1984. 科学管理原理[M]. 冯风才译. 北京: 中国社会科学出版社.
高慧军, 高萍, 郝东英. 2015. 信息可视化推进城市公共服务信息化研究——基于“智慧城市”公共服务功能的分析[J]. 现代传播: 中国传媒大学学报, 37(9): 139-143.
郜文英. 2005. 论我国第三部门发展的路径选择[D]. 苏州: 苏州大学.
顾朝曦. 2014. 改革社会组织管理制度充分激发社会组织活力[J]. 中国社会组织, (1): 8-10.
广东省中小企业局. 2011. 创新机制, 整合资源推进中小企业服务体系健康发展[J]. 中国经贸导刊, (1): 68-69.
国家行政学院“优化行政层级与行政区划研究”课题组. 2014. 优化行政层级与行政区划设置势在必行[N]. 社会科学报. 001.
韩央迪. 2010. 英美社区服务的发展模式及对我国的启示[J]. 理论与改革, (3): 24-29.
何冰. 2006. 网络组织的兴起及其利益分析[J]. 科技信息, (11): 18.
何灿, 李静. 2011. 社会多元治理视角: 社区社会组织参与公共服务效能分析[J]. 创新, 5(3): 107-110.
何华兵, 万玲. 2014. 提升社区社会组织服务能力的运行机制研究[J]. 云南行政学院学报, (1):

137-140.
何琼峰. 2014. 基于扎根理论的文化遗产景区游客满意度影响因素研究——以大众点评网北京5A景区的游客评论为例[J]. 经济地理, 34(1): 168-173.
侯雷. 2014. 城市公共安全服务供给的基本机制及其整合——以城市社会治安服务为例[J]. 东北师大学报, (3): 58-62.
胡鞍钢, 马伟. 2012. 现代中国经济社会转型: 从二元结构到四元结构(1949—2009)[J]. 清华大学学报(哲学社会科学版), (1): 16-29.
胡彬. 2011. 长三角城市集群——网络化组织的多重动因与治理模式[M]. 上海: 上海财经大学出版社.
胡昌平. 2005. 面向用户的资源整合与服务平台建设战略——国家可持续发展中的图书情报事业战略分析(2)[J]. 中国图书馆学报, 31(2): 5-9.
胡忠毅. 2010. 深化财政税收体制改革的思考[J]. 现代经济信息, (19): 6.
沪社团. 2010. 优化发展环境开突出能力建设——上海积极探索新社会组织科学发展的长效机制[J]. 社团管理研究, (2): 16-17.
华安德. 2007. 转型国家的公民社会: 中国的社团[J]. 中国非营利评论, (1): 44-71.
黄桂晶, 黄荣怀, 张进宝, 等. 2007. 我国教育信息化发展的三大趋势[J]. 教育发展研究, 33(19): 13-17.
黄景章. 2012. 中国行政层级改革的必然: 省直管县[J]. 产业与科技论坛, 11(18): 5-6.
黄丽萍, 鲍晓梅, 王维兰. 2006. 整合区域信息资源 构建公共信息服务平台——天津开发区档案、图书、情报一体化管理模式分析[J]. 北京档案, (8): 27-27.
黄晓勇. 2009. 中国民间组织报告(2009-2010)[M]. 北京: 社会科学文献出版社.
黄晓勇. 2011. 中国民间组织报告(2010-2011)[M]. 北京: 社会科学文献出版社.
黄晓勇. 2012. 中国民间组织报告(2011-2012)[M]. 北京: 社会科学文献出版社.
黄晓勇. 2013. 中国民间组织报告(2013)[M]. 北京: 社会科学文献出版社.
《基金会内部治理与公信力建设》编委会. 2010. 基金会内部治理与公信力建设[M]. 北京: 中国社会出版社.
贾丽坤. 2011. 信息技术的发展及其对公共行政的影响[J]. 改革与开放, (4):143.
贾文德. 2012. 社会组织加强能力建设的五大着力点[J]. 社团管理研究, (7): 44-46.
简·E·芳汀. 2004.构建虚拟政府: 信息技术与制度创新[M]. 邵国松译. 北京: 中国人民大学出版社.
江苏省财政厅. 2014. 充分发挥财政资金支持引导作用, 积极助推社会养老服务体系建设[OL]. 中国政府采购网, http: //www. ccgp. gov. cn/llsj/llts/201403/t20140313_3337138. shtml.
姜晓萍. 2006. 政府流程再造的基础理论与现实意义[J]. 中国行政管理, (5): 37-41.
姜晓萍. 2015. 建设服务型政府与完善地方公共服务体系[M]. 北京: 中央编译出版社.
蒋亚华, 朱原谅, 张红亚, 曹夷. 2010. 图书与随书光盘整合服务探索[J]. 常熟理工学院学报, 24(11): 118-120.
金杭庆, 刘文伟. 2011. 冲突与融合: 信息技术嵌入与组织结构重构——基于"技术执行分析框架"的视角[J]. 中共南京市委党校学报, (5): 12-16.
敬乂嘉. 2010. 政府扁平化: 通向后科层制的改革与挑战[J]. 中国行政管理, (10): 107-113.

康宗基. 2010. 我国民间组织的兴起与发展——基于制度变迁理论的分析[J]. 合肥工业大学学报(社会科学版), 24(4): 48-53.
孔凡彬. 2010. 论中国公民社会成长的制约因素及其建构[J]. 党政干部论坛, (11): 44-46.
孔祥利, 邓国胜. 2013. 公益慈善组织参与扶贫: 制度困境与发展建议——基于广东省的实证研究[J]. 新视野, (1): 72-76.
拉塞尔 • M. 林登: 2012. 无缝隙政府——公共部门再造指南 [M]. 汪大海, 吴群芳译. 北京: 中国人民大学出版社.
莱斯特 •M. 萨拉蒙, S. 沃加斯 •索可洛斯基. 2007. 全球公民社会——非营利部门国际指数[M]. 北京: 北京大学出版社.
莱斯特 • M. 萨拉蒙. 2008. 公共服务中的伙伴——现代福利国家中政府与非营利组织的关系[M]. 田凯译. 北京: 商务印书馆.
冷功业. 2010. 中国公共物品非营利组织供给研究[D]. 成都: 西南财经大学.
李长江, 陶诚华. 2011. 中国农村信息化境况与公共信息服务网络平台建构——以浙江金华市为例[J]. 华东经济管理, 25(11): 35-42.
李传军, 陈阳. 2013. 烟草行业电子公共服务资源整合实证分析[J]. 电子政务, (10): 65-73.
李传军. 2000. 信息技术对公共行政的影响[J]. 中国行政管理, (8): 28-30.
李德仁, 姚远, 邵振峰. 2012. 智慧城市的概念、支撑技术及应用[J]. 工程研究, (4): 313-323.
李广建, 王巍巍. 2013. 基于生活事件的信息服务整合方法及其应用[J]. 图书与情报, (6): 32-40.
李广乾. 2006. 充分发挥行政服务中心在地方电子政务建设中的作用[J]. 信息化建设, (9): 17-20.
李海娟. 2011. 试析公共文化服务发展的整合战略[J]. 毛泽东邓小平理论研究, (11): 21-26.
李和中. 2012. 中国地方政府规模与结构研究[M]. 北京: 科学出版社.
李瑾, 赵春江, 张正. 2009. 三网融合与农村信息化: 机遇、困境及路径选择[J]. 农业经济问题, (10): 105-109.
李静. 2011. 基于合作式治理视角的政府购买公共服务机制创新研究——以长沙市政府购买居家养老服务为例[J]. 北京邮电大学学报(社会科学版), 13(2): 26-30.
李静云. 2010. 语义网格环境下数字图书馆的服务整合[J]. 现代情报, 30(8): 52-54.
李军鹏. 2001. 研究公共供求关系, 推进中国行政改革. 江西行政学院学报, (3):8-11.
李军鹏. 2004. 公共服务型政府. 北京: 北京大学出版社.
李军鹏. 2007. 公共服务学——政府公共服务的理论与实践[M]. 北京: 国家行政学院出版社.
李俊倩. 2001. 整合金融服务: 促进中小企业发展[J]. 南方金融, (4): 48-60.
李林, 冉安平. 2012. 产品与服务整合下的商业模式创新[J]. 中文核心期刊要目总览, (5): 33-34.
李树, 蒲勇健. 2001. 论企业组织机构的扁平化[J]. 商业研究, (7): 46-47.
李涛等. 2013-3-12. 国家食品药品监督管理总局是大部制改革典型样板——专访国家行政学院公共管理教研部教授、《大部门制改革推进策略研究》课题组组长宋世明[N]. 中国食品安全报.
李巍. 2008. 基于复杂性思维范式的中国非营利组织领导问题研究[D]. 长春: 吉林大学.
李砚, 卢海霞. 2007. 网络营销新概念服务整合: 做大水果网络零售[J]. 营销策略, (23): 111-112.
林雄弟. 2007. 政府间关系调整的一种新视野: 从等级制模式到网络模式[J]. 南京财经大学学报, (1): 15-17.

林泽斐. 2012. 基于 OpenAPI 的图书馆社会网络服务整合平台构建[J]. 图书情报工作, (9): 105-109.
林志扬, 林泉. 2008. 企业组织结构扁平化变革策略探析[J]. 经济管理. (2): 4-9.
蔺丰奇, 杨欢. 2008. 论我国行业协会的服务能力建设[J]. 社团管理研究, (7): 13-17.
刘光容. 2007. 论图书馆联盟组织结构的扁平化[J]. 学术论坛, (5): 24-26.
刘江. 2007. 公共服务视角下集权与分权的均衡博弈[J]. 石家庄法商职业学院教学与研究, (4).
刘俊. 2010. 从资金来源看中国非营利组织和政府的关系[J]. 广西大学学报(哲学社会科学版), 32(3): 24-29.
刘昆雄, 李游. 2011. 面向长株潭两型社会建设的公共图书馆信息服务整合研究[J]. 高校图书馆工作, 31(6): 63-65.
刘美萍. 2008. 论政府培育和发展非政府组织的策略[J]. 河南广播电视大学学报. 21(2)@ 8-10.
刘平. 2014-1-9. 大力培育社会组织 充分激发社会活力[N]. 中国社会报.
刘武, 杨雪. 2006. 论政府公共服务的顾客满意度测量[C]//“落实科学发展观推进行政管理体制改革”研讨会暨中国行政管理学会 2006 年年会论文集, (08): 129-132.
刘志欣, 孙莉莉, 杨洪刚. 2013. 非政府组织管理结构功能与制度[M]. 北京: 清华大学出版社.
卢晓慧. 2003. 中美政府网站及其信息资源的比较分析[J]. 中国信息导报, (8): 30-32.
陆春萍. 2010. 我国政府购买公共服务的制度化进程分析[J]. 华东理工大学学报, (4): 102-107.
吕清, 张淑芳. 2014. 增能视角下社会组织的能力建设探究——以江苏省江阴市青年点点爱心港为例[J]. 广东工业大学学报(社会科学版), 14(1): 56-60.
罗伯特•阿格拉诺夫, 迈克尔•麦圭尔. 2007. 协作性公共管理: 地方政府新战略[M]. 北京: 北京大学出版社.
罗立政. 2010. 进一步完善“四个机制”提高社会组织可持续发展能力[J]. 中国民政, (6): 45.
马茨 · 艾尔维森, 卡伊 · 舍尔德贝里. 2009. 质性研究的理论视角: 一种反身性的方法论[M]. 陈仁仁译. 重庆: 重庆大学出版社.
马克思, 恩格斯. 1956. 马克思恩格斯全集: 第 12 卷[M]. 北京: 人民出版社.
马克斯 · 舍勒. 2015. 人在宇宙中的地位[M]. 李伯杰译. 贵阳: 贵州人民出版社.
马克斯 · 韦伯. 1998. 经济与社会[M]. 林荣远译. 北京: 商务印书馆.
马青艳, 周庆华. 2005. 非政府组织的制度分析[J]. 中国行政管理, (8): 99-104.
马庆钰, 钟开斌. 2013. 能力建设与社会组织发展: 对北京市科技类社会组织的实证研究[M]. 北京: 中国科学技术出版社.
马庆钰. 2010. 论“政社分开”与社会组织管理改革[J]. 行政管理改革, (7): 56-59.
马庆钰. 2011. 社会组织能力建设[M]. 北京: 中国社会出版社.
马伊里. 2008. 合作困境的组织社会学分析[M]. 上海: 上海人民出版社.
毛濛. 2011. 西方分权化改革对我国省管县体制的启示[J]. 重庆科技学院学报, (8): 16-18.
苗建军, 崔俊富. 2007. 南京都市圈城市政府能力生态位分析[J]. 南京社会科学, (11): 118-123.
苗俊玲. 2013. 论信息技术对官僚制组织沟通的维护[J]. 行政论坛, (6): 25-29.
民间组织管理局. 2014. 上海: 社会组织有失信记录政府购买服务将受限[OL]. 民政部网站, http://mjj. mca. gov. cn/article/xzglxw/201401/20140100572334. shtml[2014-10-5].
牟忠林, 袁清, 刘谦. 2007. 区域卫生信息系统建设初想[C]//2007 年中华医院信息网络大会论文集.
南姆. 卡朴库, 周洁. 2004. 无等级的合作: 公共部门与非营利部门合作伙伴关系[J]. 国家行政学院学报, (1): 93-96.
彭新敏, 吴晓波, 吴东. 2011. 基于二次创新动态过程的企业网络与组织学习平衡模式演化——海天 1971~2010 年以向案例研究[J]. 中国工商管案例研究, (4): 138-149.
祁麟, 李林. 2010. 我国非政府组织人力资源管理的困境与出路[J]. 中共成都市委党校学报, (3): 46-49.
齐海丽. 2012. 政府购买社会组织公共服务的现实困境与未来趋势[J]. 中共天津市委党校学报, (6): 45-49.
齐琳娜. 2013. 大部制改革的特点、目的与难点思考[J]. 人民论坛, (18): 34-35.
齐永智, 张梦霞. 2015. 零售企业多渠道整合服务质量能提高顾客忠诚吗? [J]. 经济问题, (4): 71-77.
芮明杰. 2009. 管理学[M]. 3 版. 北京: 高等教育出版社.
塞缪尔·鲍尔斯, 赫伯特·金迪斯. 2003. 社会资本与社区治理[M]. 上海: 上海三联书店.
山东省人民政府. 2014. 山东省民政厅关于确定具备承接政府职能转移和购买服务条件的社会组织指导意见[J]. 山东省人民政府公报, (7).
上海市宇航协会. 2013. 协会章程、规章制度[OL]. 上海市宇航协会网站, http: //www. shsyhxh. cn/index1. asp[2013-12-22].
社会公共问题研究课题组. 2005. 公共需求增长与有效供给不足探析[J]. 国家行政学院学报, (4): 53-56.
沈广和. 2011. 政府扁平化: 概念, 问题与展望[J]. 深圳大学学报(人文社会科学版). 28(3): 91-96.
生活报. 2014. 黑龙江: 政府"掏腰包" 居民可享八类社工服务[OL]. 中国政府采购网, http: //www. ccgp. gov. cn/dfchannel/heilongjiang/201403/t20140307_3329702. shtml[2014-3-7].
盛晓奇. 2008. 加强档案资源整合拓展公共服务功能[J]. 档案与建设, (1): 4-5.
施绍琴. 2012. 铜陵市——撤销街道办两年间[EB/OL]. 新华网安徽频道: http: //www. ah. xinhuanet. com/xingfutl/2012-08/07/content_25530806. htm. [2012-8-7]
石黄慧. 2006. 构建扁平化政府组织结构的建议[J]. 广西大学学报(哲学社会科学版),(S2): 142-143.
石言波. 2002. 对农业银行组织结构扁平化改革的思考[J]. 济南金融, (3): 38-39.
史蒂文·凯尔曼. 2013. 发动变革——政府组织再造[M]. 扶松茂译. 上海: 上海人民出版社.
斯蒂芬·戈德史密斯, 威廉·D. 埃格斯. 2008. 网络化治理: 公共部门的新形态[M]. 孙迎春译. 北京: 北京大学出版社.
苏明, 贾西津, 孙洁, 等. 2010. 中国购买公共服务研究[J]. 财政研究, (1): 9-17.
孙华. 2013. 从弱权到增权: 社会组织能力建设研究——以南京社会组织发展为例[J]. 今日中国论坛, (21).
孙凯民, 黄河, 陈亚男. 2007. 当前我国社会治理结构中的 NGO 缺失及其培育[J]. 内蒙古大学学报(人文社会科学版), (1): 74-78.
孙伟林. 2011. 把握机遇 突出重点 提升能力为新时期全面加强社会管理注入创新活力——第

四届社会组织创新与发展论坛主题报告[J]. 社团管理研究, (12): 5-7.
孙晓莉. 2007. 公共服务论析[J]. 新视野, (1): 51-53.
孙燕. 2013. 以公信力建设为载体提升社会组织公共服务能力[J]. 中国社会组织, (5): 33-35.
孙迎春. 2014. 发达国家整体政府跨部门协同机制研究[M]. 北京: 国家行政学院出版社.
谭日辉. 2014. 社会组织发展的深层困境及其对策研究[J]. 湖南师范大学社会科学学报, (1): 32-37.
唐俭. 2014. 社会组织参与社会管理创新的困境及出路[J]. 山东行政学院学报, (1): 24-29.
唐任伍, 赵国钦. 2012. 公共服务跨界合作: 碎片化服务的整合[J]. 中国行政管理, (8): 17-21.
唐秀英. 2012. 当代中国社会价值观的演变与和谐社会的构建[J]. 学术论坛, 35(4): 65-73.
唐彦. 2011. 如何提升社会组织承接政府购买服务的能力[C]//海南省社科类社会组织工作创新研讨会论文集. 文昌: 海南省社会科学界联合会.
田毕飞. 2008. 基于全球价值链整合的中国企业服务外包承接战略[J]. 商业研究, (4): 135-141.
万静芳. 2007. 基于扁平化模式的商业银行组织结构控制创新[J]. 华东经济管理, (6): 150-154.
汪国梁. 2014-3-31. 2559 个社会组织完成“脱钩”今年继续开展党政领导干部社会组织兼职专项清理[N]. 安徽日报, 3-31.
汪锦军. 2012. 走向合作治理: 政府与非营利组织合作的条件、模式和路径[M]. 杭州: 浙江大学出版社.
王达梅. 2012. 政府购买社会组织服务的影响因素与机制创新——一个三维分析框架[J]. 兰州大学学报(社会科学版), 40(6): 103-108.
王海波. 2010. 湖南省“强县扩权”改革试点研究[D]. 长沙: 湖南大学.
王海龙. 2008. 公共服务的分类框架: 反思与重构. 东南学术. (6): 48-58.
王慧军. 2008. 政府网站公共服务的 6 个问题[J]. 中国信息界, (11): 61-69.
王洛忠. 2012. 中国非营利组织的筹资困境及改善对策——以美国非营利组织的筹资经验为借鉴[J]. 新视野, (1): 82-85.
王名, 丁晶晶. 2013. 社会组织参与社会管理创新的基本经验[J]. 中国行政管理, (4): 67-69.
王名, 李长文. 2012. 中国 NGO 能力建设: 现状、问题及对策[J]. 中国非营利评论, (2): 149-169.
王名, 李勇, 黄浩明. 2009. 英国非营利组织[M]. 北京: 社会科学文献出版社.
王名, 刘求实. 2007. 中国非政府组织发展的制度分析[J]. 中国非营利评论, (1): 102-155.
王名, 刘同翰, 何建宇. 2001. 中国社团改革——从政府选择到社会选择[M]. 北京: 社会科学文献出版社.
王名. 2004. 清华发展研究报告 2003: 中国非政府公共部门[M]. 北京: 清华大学出版社.
王名. 2013. 社会组织论纲[M]. 北京: 社会科学文献出版社.
王名. 2014. 我国社会组织改革发展的前提和趋势[J]. 中国机构改革与管理, (2): 69-74.
王鹏. 2012. 财政转移支付制度改革研究[D]. 长春: 吉林大学.
王浦劬, 莱斯特·M. 萨拉蒙. 2010. 政府向社会组织购买公共服务研究——中国与全球经验分析[M]. 北京: 北京大学出版社, 2009.
王清, 庄骐. 2004. 电子政务一站式服务框架[J]. 计算机工程, 30(5): 45-48.
王世停, 鹿琳. 2014. 政府购买+社企合作+社校合作: 民政部认可南京经验[OL]. 中国政府采购网, http: //www. ccgp. gov. cn/jrcj/zfcgdt/201404/t20140414_3386751. shtml[2014-4-14].

王婷婷, 徐耀耀, 马秋芳. 2011. 基于扎根理论的旅游虚拟社区分享帖功能研究[J]. 北京第二外国语学院学报, (9): 11-17.
王晓伟. 2013. 从港前服务整合角度谈港口物流服务供应链优化[J]. 世界海运, (10): 11-14.
王玉明, 王沛雯. 2014. 政府向社会组织购买服务: 问题与对策[J]. 广东行政学院学报, (1): 10-15.
王振海, 王义. 2011. 地方政府购买民间组织服务的现状与对策[J]. 天津行政学院学报, (5): 59-63.
王仲伟, 胡伟. 2014. 国家能力体系的理论建构[J]. 国家行政学院学报, (1): 18-22.
未歇尔 • 诺顿. 张秀琴, 江立新译. 2005. 全球筹款手册 NGO 及社区组织资源动员指南[M]. 北京: 中国人民大学出版社.
魏炳锋. 无锡市社区扁平化管理[EB/OL]. 人民网, http: //expo. people. com. cn/GB/57923/228800/231774/16968550. Html.
魏中龙, 王小艺, 孙剑文, 等. 2010. 政府购买服务效率评价研究[J]. 广东商学院学报, (5): 21-25.
温带宝. 2012. 特色资源建设与专业服务整合研究——以音乐图书馆为例[J]. 图书馆学研究, (6): 70-73.
文军, 蒋逸民. 2010. 质性研究概论[M]. 北京: 北京大学出版社.
翁和永, 郁笑春. 2011. 从现状看我国信息资源整合、信息服务整合战略和发展方向[J]. 图书情报工作, (19): 63-67.
吴长剑. 2014. 我国基本公共服务城乡一体化的路径再造——"并轨与整合分析框架" [J]. 湖北社会科学, (9): 27-32.
吴春梅, 乐琴. 2011. 公共服务项目中政企合作主体间的利益关系整合[J]. 安徽农业科学, (11): 6846-6848.
吴红萱, 江大纬. 2006. 无锡 11 项公共事业实行"政府购买服务" [J]. 中国社会学报, (6).
吴锦良等. 2008. 走向现代治理: 浙江民间组织崛起及社会治理的结构变迁[M]. 杭州: 浙江大学出版社.
吴娟. 2011. 基于电子治理的政府组织结构变革展望[J]. 重庆科技学院学报, (2): 12-14.
吴雷钊. 2011. 转型期间我国非政府组织官民两重性现象研究——来自宁夏扶贫与环境改造中心的调研报告[M]//蔡拓. 中国准政府组织发展现状研究. 天津: 天津人民出版社.
吴维宁. 2008. 水产品网络营销中网络零售的服务整合[J]. 农业网络信息, (10): 123-125.
吴晓波, 马如飞, 毛茜敏. 2009. 基于二次创新动态过程的组织学习模式演进——杭氧 1996-2008 纵向案例研究[J]. 中国工商管理案例研究, (2): 152-164.
吴玉征. 2007-4-9. 不可复制的青岛模式[N]. 计算机世界, B07.
吴智峰. 2009. 财政体制变迁与经济增长——基于地方政府行为的研究[D]. 南昌: 江西财经大学.
伍威 • 弗里克. 2001. 质性研究导引[M]. 孙进译. 重庆: 重庆大学出版社.
夏峰. 2009. 行政省直管县的海南远谋[J]. 新理财(政府理财), (8).
夏建中, 张菊枝. 2014. 我国社会组织的现状与未来发展方向[J]. 湖南师范大学社会科学学报, 43(1): 25-31.

徐斌. 2005. 分权的政治经济学与中国的分权化改革[J]. 长春师范学院学报, 24(6): 1-3.
徐惠芳. 2012. 北美大学图书馆“服务整合”案例研究[J]. 大学图书馆学报, (5): 53-57.
徐家良. 2012. 社会组织的结构、体制与能力研究[M]. 北京: 中央编译出版社.
徐剑, 盛清林, 齐明. 2006. 中小物流企业聪明物流服务整合模式研究[J]. 中国科技产业, (6): 67-68.
徐增辉. 2005. 新公共管理研究——兼论其对我国行政改革的启示[D]. 长春: 吉林大学.
许庆瑞, 吴志岩, 陈力田. 2013. 转型经济中企业自主创新能力演化路径及驱动因素分析——海尔集团 1984~2013 年的纵向案例研究[J]. 管理世界, (4): 121-134.
许小玲. 2012. 政府购买服务: 现状、问题与前景思想战线[J]. 38(2): 75-78.
许滢. 2014. 政府购买服务“试卷”怎么答[EB/OL]. 中国政府采购网, http: //www. ccgp. gov. cn/cgzn/alfx/201404/t20140411_3383954. shtml[2014-4-11].
许芸. 2009. 从政府包办到政府购买——中国社会福利服务供给的新路径[J]. 南京社会科学, (7): 101-105.
薛澜, 邓国胜. 2012. 鼓励社会力量兴办公益 构建公益服务新格局[J]. 学会, (11): 28-30.
鄢高翔. 2005. 教学管理结构扁平化与管理效率[J]. 中国农业教育. (2): 29-30.
闫洪芹. 2009. 公共组织理论: 结构、规则与行为[M]. 北京: 北京大学出版社.
严鹏理. 2009. 省管县财政体制改革研究[D]. 西安: 西北大学.
杨宝. 2011. 政府购买公共服务模式的比较及解释——一项制度转型研究[J]. 中国行政管理, (3): 41-45.
杨光志. 2013. 永川政府热线外包政府购买公共服务的鲜活案例[EB/OL]. 华龙网: http: //opinion. hexun. com/2013-12-06/160367514. html[2013-12-06].
杨敏杰. 2003. 创新型企业如何构建扁平化无边界组织结构[J]. 商业研究, (12): 35-37.
杨庆国, 陈敬良. 2013. 农村出版公共服务资源整合及其评价指标研究[J]. 现代出版, (2): 10-13.
杨团. 2001. 社区公共服务设施托管的新模式: 以罗山市民会馆为例[J]. 社会学研究, (3): 77-86.
杨振闻. 2016. 中国社会转型与生存方式变迁[J]. 理论探讨, (1): 54-57.
杨正喜, 唐鸣. 2007. 论我国 NGO 发展面临的法律障碍及解决途径[J]. 北京交通大学学报(社会科学版), (3): 88-92.
姚志洪. 2013. 医疗卫生信息化十大视点[J]. 医学信息学杂志, 34(1): 2-9.
伊强. 2011. 关于政府购买社会组织服务问题的思考[J]. 中共郑州市委党校学报, (5): 69-71.
易玉珏. 2006. 省直管县财政体制改革研究[D]. 长沙: 湖南大学.
于凤荣, 孔繁娟. 2001. 网络时代政府组织结构与管理战略的变革[J]. 国家行政学院学报, (5): 41-42.
于水波, 曹堂哲. 2011. 社会组织能力评估的系统权变观[J]. 云南行政学院学报, (6): 33-36.
俞可平. 2006. 中国公民社会: 概念、分类与制度环境[J]. 中国社会科学, (1): 109-122.
俞晓波. 2014. 大都市政府结构扁平化研究——以上海市为例[M]. 上海: 复旦大学出版社.
俞晓波. 2014. 政府结构扁平化的理论界定与认识偏差[J]. 学习月刊, (12).
袁红军. 2015. 图书馆学科服务知识整合情境分析[J]. 现代情报, (1): 141-144.
曾爱武. 2009. 整合资源, 强化服务——论新时期报业集团图书资料服务工作[J]. 图书馆, (4): 134-135.

曾楚江, 王斌. 2011. 信息技术与组织结构: 观点比较与研究展望[J]. 财经科学, (3): 83-91.
曾维和. 2008. “整体政府”——西方政府改革的新趋向[J]. 学术界, (3): 285-290.
曾维和. 2009. 发展中国家分权化治理的进程、框架及际遇考察——从分权化改革到分权化治理[J]. 甘肃行政学院学报, 3.
曾维和. 2010. 当代西方国家公共服务组织结构变革——基于服务需求复杂性的一项探讨[M]. 北京: 中国社会科学出版社.
曾维和. 2012. 整合性公共服务——当代西方国家公共服务提供的新模式[J]. 上海行政学院学报, 13(1): 42-49.
曾维和. 2013. 当代西方国家公共服务组织结构变革——基于服务需求复杂性的分析框架[J]. 经济体制改革, (6): 146-150.
张成福, 党秀云. 2011. 公共管理学[M]. 北京: 中国人民大学出版社.
张创新, 崔雪峰. 2009. 当前中国大部制改革研究述评[J]. 成都行政学院学报, (4): 4-7.
张创新, 滕霞. 2011. 地方政府信息化平台建设存在的问题与对策分析[J]. 行政与法, (5): 1-3.
张纯. 2006. 突破转型时期非营利组织发展瓶颈的良药——完善治理结构提高社会公信度[J]. 财政研究, (12): 19-21.
张鼎良. 2011. 我国省直管县体制改革研究——以贵州省实施省直管县体制为例[D]. 南京: 南京大学.
张福宾. 2007-8-13. 一站式服务的门户网站[N]. 计算机世界, B15.
张根生. 2006. 政府向社会购买公共服务“无锡模式”急剧升温[EB/OL]. 搜狐财经, http://business. sohu. com/20060814/n244786173. shtml[2006-8-14].
张红娟等. 2015-3-1. 政府机构改革——六大要点解读[N]. 华商报.
张江河. 2002. 论利益与政治[M]. 北京: 北京大学出版社.
张菊梅. 2013. 以大部制改革促进城市管理信息化——基于广州城市建设管理监控指挥中心的分析[J]. 广州大学学报: 社会科学版, 12(2): 35-39.
张康之. 2008. 论官僚制组织的等级控制及其终结[J]. 四川大学学报(哲学社会科学版), (3): 5-11.
张礼祥. 2005. 政府机构改革视野中的非政府组织研究[D]. 武汉: 武汉大学.
张琳. 2012-11-23. 山东省安市泰山区嘉德社区: 建立“一二三四”模式 提升社会组织服务能力[N]. 中国社会报.
张冉. 2014. 社会转型期我国非营利组织声誉研究: 危机溯源与重塑路径[J]. 浙江大学学报(人文社会科学版), (1): 100-122.
张汝立, 陈书洁. 2010. 西方发达国家政府购买社会公共服务的经验和教训[J]. 中国行政管理, (11): 98-102.
张瑞芬. 2010. 海南省直管县体制改革研究[D]. 海口: 海南大学.
张润韬. 2015. 由广东顺德政府改革看大部制改革[J]. 现代交际, (7): 7.
张述存. 2012. 适应经济社会转型构建扁平化政府管理体制[J]. 经济体制改革, (5): 10-14.
张为华. 2009. 论复合图书馆时代的信息服务整合[J]. 新世纪图书馆, (5): 61-63.
张毅, 郑俊田. 2010. 地方善治及其分权化改革的制度设计模式[J]. 中国行政管理. (7): 95-98.
张玉琢. 2008. 无锡社区扁平化管理改变了什么[EB/OL]. 中华人民共和国民政部中国社会新闻

出版总社, http: //cbzs. mca. gov. cn/article/shxw/yw/201108/20110800173036. shtml. [2011-8-1]
张中喜. 2013. 在创新与发展中提升社会组织服务能力[J]. 中国社会组织, (10): 43.
赵定涛, 卢正刚. 2004. 我国行政服务中心存在的问题及对策研究[J]. 行政论坛, (2): 21-23.
赵建. 2014. 河北 88 个政府购买公共服务项目公布五门槛规范[EB/OL]. 燕赵都市网, http: //yanzhao. yzdsb. com. cn/system/2014/02/09/013573151. shtml[2014-2-9].
赵晓明. 2013-7-15. 能力不足: 社会组织承接服务的扼喉之痛[N]. 中国社会报.
赵永建. 2014. 把脉政府结构变革研究[M]. 成都: 西南交通大学出版社.
郑杭生. 2009. 改革开放三十年: 社会发展理论和社会转型理论[J]. 中国社会科学, (2): 10-19.
中共广东省委党校科社教研部课题组, 文小勇. 2012. 推进广东社会组织承接政府公共服务职能[J]. 岭南学刊, (2): 16-17.
中国社会组织. 2009. 中国社会组织网研究资料库社会团体、民办非企业单位和基金会部分的统计数据[EB/OL]. 中国社会组织网, http: //www. chinanpo. gov. cn/2201/42812/nextyjindex. html[2009-10-13].
中国社会组织. 2009. 中国社会组织网研究资料库综合数据[EB/OL]. 中国社会组织网, http: //www. chinanpo. gov. cn/2201/42812/nextyjindex. html[2009-12-8].
中华人民共和国民政部. 2007. 中华人民共和国行政区划简册 2007[M]. 北京: 中国地图出版社.
重庆市社会科学界联合会. 2011. 推进西部民间社会组织建设 提升发展能力[C]//西部省区市社科联第四次协作会议暨西部发展能力建设论坛论文集. 贵阳: 贵州省社会科学界联合会.
周刚志, 黄庆向. 2007. 联邦主义理论与我国的国家机构[J]. 中南大学学报, (1): 28-34.
周俊. 2010. 政府购买公共服务的风险及其防范[J]. 中国行政管理, (6): 13-18.
周伟. 2011. 区域公共问题治理与地方政府协作机制构建[J]. 吉首大学学报(社会科学版), 32(4): 102-105.
周湘智. 2009. 我国省直管县(市)研究中的几个问题[J]. 科学社会主义, (6): 76-80.
周艳, 童勋. 2005. 网络组织的发展趋势[J]. 科学与管理, (3): 31-32.
周毅. 2009. 论政府信息服务整合平台的构建[J]. 情报理论与实践, (12): 51-55.
周勇义. 2012. 依托学科优势, 整合优质资源, 创建高水平企业科技服务平台[J]. 实验技术与管理, (2): 20-23.
朱湘. 2010. 我国省直管县改革模式研究[D]. 上海: 复旦大学.
朱晓红, 陈吉. 2012. 北京市政府购买社会组织服务放入组团模式解读[J]. 北京航空航天大学学报, 25(4): 1-5.
诸大建, 李中政. 2007. 网络治理视角下的公共服务整合初探[J]. 中国行政管理, (8): 34-36.
祝智庭. 2002. 现代教育技术: 走向信息化教育[M]. 北京: 教育科学出版社.
Aaron P. 2010. The customer service effect: a seamless conversion helps hospital deliver cutting-edge medical treatment at half the cost [J]. Healthcare Purchasing News. 34(4), 48-49.
Agranoff R. 1991. Human services integration: past and present challenges in public administration[J]. Public Administration Review, 51(6): 533-541.
Archambault E. 2006. Social services in France: a public/private partnership[J]. Changing Administration–Changing Society. Challenges for Current Social Policy, 223-241.

Baum J A C, Singh J V. 1994. Evolutionary Dynamics of Organizations[M]. Oxford University Press.

Bruns J W J. 1989. A review of Robert K. Yin's case study research: design and methods[J]. Journal of Management Accounting Research, 1: 157.

Cho S, Gillespie D F. 2006. A conceptual model exploring the dynamics of government–nonprofit service delivery[J]. Nonprofit and Voluntary Sector Quarterly, 35(3): 493-509.

Cigno K, Gore J. 1999. A seamless service: meeting the needs of children with disabilities through a multi-agency approach[J]. Child and Family Social Work, 4(4): 325-335.

Conklin J. 2001. Wicked problems and social complexity[J]. CogNexus Institute.

Connolly P, York P. 2002. Evaluating capacity-building efforts for nonprofit organizations[J]. Od Practitioner, 34(4): 33-39.

Crisp B R, Swerissen H, Duckett S J. 2000. Four approaches to capacity building in health: consequences for measurement and accountability[J]. Health Promotion International, 15(2): 99-107.

Danvers L, Freshwater D, Cheater F, et al. 2003. Providing a seamless service for children with life - limiting illness: experiences and recommendations of professional staff at the Diana Princess of Wales Children's Community Service[J]. Journal of Clinical Nursing, 12(3): 351-359.

De Vita C J, Fleming C, Twombly E C. 2001. Building nonprofit capacity[J]. Building capacity in nonprofit organizations, 5.

Economic O. 2013. Environmental and Social Statistics[J]. France: OECD Publication Service.

Eisenhardt K M, Graebner M E. 2007. Theory building from cases: opportunities and challenges[J]. Academy of Management Journal, 50(1): 25-32.

Elizabeth Kollbert, Metro Matters; A Map to Suing the City, or 6, 000 Pages on the Sidewalks of New York[N], The New York Times, 20 April, B1.

Franks T. 1999. Capacity building and institutional development: reflections on water[J]. Public Administration and Development, 19(1): 51-61.

Freeman T, Peck E. 2006. Evaluating partnerships: a case study of integrated specialist mental health services[J]. Health and social Care in the Community, 14(5): 408-417.

Frumkin P, Salamon L M. 1996. Partners in Public Service: Government-Nonprofit Relations in the Modern Welfare State[J]. American Journal of Society, 101(5): 1451-1453.

Gabriel E, Nitha P. 2011. Stakeholder Collaboration in New Zealand: Adding Value and Legitimacy [J]. Journal of Corporate Citizenship, 43: 79-101.

Glaser B G. 1967. The Discovery of Grounded Thepry: strategies for Qualitative Resea[M]. Chicago, ldine de Gruyter.

H. 法约尔. 1982. 工业管理与一般管理[M]. 北京：中国社会科学出版社.

Hansman H B. 1980. The role of nonprofit enterprise[J]. Yale Law Journal, 89(3): 835-898.

Hawley A H. 1968. Human ecology[M]//David L S. International Encyclopedia of the Social Sciences. NewYork: Macmillan.

Hayes N. 2000. Doing psychological resarch: Gathering and analysing data[J]. Open University Press.

Ian M P S M. 2012. Accountability and governance in a joined-up world[J]. Auditor-general for Australia, 6.

Imershein A W, Chackerian R, Martin P, et al. 1983. Measuring organizational change in human services[J]. New England Journal of Human Services, 3(4): 21-28.

Lavery B K. 1999. Smart Contracting for Local Government Services: Processes and Experience[M]. Greenwood Publishing Group.

Layne K, Lee J. 2001. Developing fully functional E-government: a four stage model[J]. Government Information Quarterly, 18(2): 122-136.

Leon E I, Lester M S, Karla W S. 2009. Outsourcing Social Services to CEOs: Lessons from Abroad[C]//The World Bank: 154.

Longton, S. 1983. Public-private partnership hope or hoax?[J]. National Civic Review, 75(5): 256-261.

Markus M L, Robey D. 1988. Information technology and organizational change: causal structure in theory and research[J]. Management Science, 34(5): 583-598.

McNulty T, Ferlie E. 2004. Process transformation: limitations to radical organizational change within public service organizations[J]. Organization Studies, 25(8): 1389-1412.

Morrow C E, Mansoor E, Hanson K L, et al. 2010. The starting early starting smart integrated services model: improving access to behavioral health services in the pediatric health care setting for at-risk families with young children[J]. Journal of Child and Family Studies, 19(1): 42-56.

Nugent M, Nolan K C, Brown F, et al. 2008. Seamless service line management[J]. Healthcare Financial Management: Journal of The Healthcare Financial Management Association, 62(5): 70-75.

OECD. 2008. OECD Public Management Reviews—Ireland: Towards an Integrated Public Service[M], OECD Publishing.

OECD. 2008. Public-Private Partnerships: In Pursuit of Risk Sharing and Value for Money[M]. OECD Publishing.

OECD. 2010. Government Outsourcing in Government at a Glance 2011[M]. OECD Publishing.

Perryer C. 2009. Construct validation of the customer orientation(organizational climate)scale in a public sector service organization[J]. Public Administration and Management, 14(2): 238-253.

Peters B G. 1998. Managing horizontal government: the politics of co-ordination[J]. Public Administration, 76(2): 295-311.

Pettigrew A. M. 1990. The Fifth Discipline: the Art and Practice of the Learning Organization[M]. New York: Doubileday.

Pollitt C. 2003. Joined-up government: a survey[J]. Political Studies Review, 1(1): 34-49.

Rochlin G I. 1997. Trapped in the Net: the Unanticipated Consequences of Computerization[M]. Princeton University Press.

Salamon L M, Elliott O V. 2002. The Tools of Government: a Guide to the New Governance[M]. Oxford University Press.

Salamon L M, Sokolowski S W, and Associates. 2010. Global Civil Society[M]. 3rd edition.

Salamon L. 1987. Partners in public service: the scope and theory of government-non-government relations[J]. The Nonprofit Sector: a research handbook: 99-117.

Snell L. 1998. Indianapolis parks bloom under church management [J]. Privatization Watch, October.

Stephenson M O. 1991. Whither the public-private partnership a critical overview[J]. Urban Affairs Review, 27(1): 109-127.

Strauss A L. 1987. Qualitative Analysis for Social Scientists[M]. Cambridge University Press.

Van Slyke D M. 2002. The public management challenges of contracting with nonprofits for social services[J]. International Journal of Public Administration, 25(4): 489-517.

Wengraf T. 2001. Qualitative Research Interviewing: Biographic Narrative and Semi-structured Methods[M]. London: Sage.

Wimmer M A. 2002. Integrated service modelling for online one-stop government[J]. Electronic Markets, 12(3): 149-156.

Winner L. 1978. Autonomous Technology: Technics-out-of-control as a Theme in Political Thought[M]. Mit Press.

Woodward J. 1980. Industrial organization: theory and practice[M]. Oxford University Press.

Yin R K. 1994. Case study research: Design and methods.[M]. 2nd eelition. London: Sage.

Zorn T E, Page D J, Cheney G. 2000. Nuts about change multiple perspectives on change-oriented communication in a public sector organization[J]. Management Communication Quarterly, 13(4): 515-566.

后　记

本书是我之前出版的《当代西方国家公共服务组织结构变革研究》的“兄弟篇”，主要是从中国场景中研究地方公共服务组织结构变革的创新模式、内在机理和优化路径。书稿付梓出版，难能说如释重负，这只是一个高校科研工作者研究征途中的一个阶段性总结，漫漫科研路，我将上下而求索。衷心地感谢对本书写作过程中提供过帮助的人们！感谢王腾飞编辑的辛勤付出！感谢家人的理解与支持！

从教以来，我坚持鼓励本科生参与高级别的课题研究，努力地把科学研究和人才培养有机的结合起来。本书正是我指导的南京信息工程大学公管院云团队 6 名主力队员集体智慧的呈现，其中一部分内容整合了我们团队发表在《社会主义研究》《上海行政学院学报》《华中科技大学学报》（社会科学版）和《内蒙古社会科学》（汉文版）等 CCSSCI 期刊的论文的主要观点，这些论文有的被人大复印资料全文转载，有的获得了江苏省社科应用研究精品工程奖；另一部分内容则构成了这些年我指导的本科毕业论文的核心组成部分，这些论文分别获得了 2 篇江苏省优秀本科毕业论文一等奖和 1 篇省优秀毕业论文二等奖。本书写作历时 3 年，封闭了 3 个暑假进行实证调研和集中改稿，学生们有过迷茫和退却，但都坚持下来了，在这一破茧、蜕变过程中，充满着美好梦想和懵懵懂懂的本科生开始慢慢的触摸学术，进而热爱学术，学会了“责任、坚持和担当”，快速成长起来，她们多人获得了国家奖学金、国家励志奖学金和优秀学生干部荣誉称号，元瑾同学考取了中国人民大学研究生、陈岩推免保送中央民族大学研究生、韩茜薇考取了西北大学研究生，王瑞、钟倩华、徐艺嘉已成为在校学生中的佼佼者，既有专业排名的年级第一，也有学生会中的主力干将。专著成稿的喜悦和学生的成长，或许是我一直坚持带着本科生做科研的最大动力和强劲鼓励。

本书由曾维和进行研究框架和提纲设计，其他队员在此基础上进行写作，之后由曾维和完成统稿，周小俊对全书进行了校对和编辑，各章节的具体分工如下：

第 1 章　曾维和，韩茜薇。研究现状部分由韩茜薇撰写初稿，其他部分由曾维和完成。

第 2 章　曾维和，王瑞、钟倩华、徐艺嘉。第 1 节　“地方公共服务需求复杂性及其对组织结构变革的影响” 由王瑞、钟倩华、徐艺嘉完成；第 2 节“两层级地方公共服务组织结构变革分析框架”由曾维和完成。

第 3 章 王瑞、钟倩华、徐艺嘉、韩茜薇。第 1 节“技术职称：信息化进程中的整合性结构变革”由徐艺嘉完成：第 2 节“一站式服务：整合性结构“江东模式”纵向案例分析”和第 3 节“整合性组织结构变革的理论解释模型”由韩茜薇完成。

第 4 章 陈岩、王瑞、钟倩华。第 1 节 “分权化改革：地方公共服务组织权力结构重组”由王瑞完成；第 2 节“扁平化改革：地方公共服务组织层级结构压缩”由钟倩华完成；第 3 节“社会化变革：承接政府购买服务能力体系结构”由陈岩完成。

第 5 章 曾维和、元瑾。第 1 节“整合性公共服务：整合性组织结构模式”和第 2 节“公共服务中的伙伴：协同性组织结构模式”由曾维和完成；第 3 节“政府购买服务：承接性组织结构模式”由元瑾完成。

第 6 章 曾维和、元瑾。第 1 节“内联与外协：深化地方公共服务行政体制改革”由曾维和完成，第 2 节“上承与下采：完善承接政府购买服务能力体系”由元瑾完成；第 3 节“构建地方公共服务组织结构复杂适应需求模型”

本书试图以一个两层级的新型分析框架解释中国地方公共服务组织结构变革的实践图景和理论路径，难免存着理论创新中的不足与缺陷，请专家、读者批评指正。

曾维和

2016 年 11 月 8 日